終極所有權結構、
社會資本與銀行貸款契約

肖作平、張 櫻 著

崧燁文化

摘　要

　　銀行貸款是公司獲取外部融資資金的重要來源，銀行貸款契約一直是財務學研究的熱點和難點議題。銀行貸款契約的設計和安排可能受到公司特徵、公司治理、制度環境等的影響，而基於終極所有權結構視角（一種公司治理結構）和社會資本視角（一種非正式制度環境）研究銀行貸款契約則是近年來財務學研究領域的前沿課題。本書在對銀行貸款契約影響因素實證研究文獻進行綜述回顧的基礎之上，對中國上市公司的融資制度背景進行了全面的剖析，對社會資本的發展脈絡、定義內涵和度量方法進行了詳細的闡述，結合中國融資制度背景構建適合中國上市公司的社會資本綜合度量指標體系，并對上市公司社會資本的指數特徵進行了深入的分析。本書在委託代理理論、社會資本理論和契約代理理論的框架內，結合中國特殊的融資制度背景，基於代理衝突視角和信息不對稱視角理論推演終極所有權結構、社會資本如何影響銀行貸款契約，以及終極所有權結構與銀行貸款契約之間的關係如何受社會資本的影響。在理論分析的基礎上，以一個包含2007—2014年的690家非金融上市公司組成的平衡面板數據為樣本，分別構建靜態和動態面板計量經濟模型，運用OLS回歸、固定效應回歸、隨機效應回歸、Probit回歸、二元Logistic回歸、有序Logistic回歸等靜態估計技術，系統GMM、差分GMM等動態估計技術以及參數檢驗（T檢驗）和非參數檢驗（Kruskal—Wallis檢驗、Median檢驗）等方法實證檢驗終極所有權結構、社會資本與銀行貸款契約之間的關係。本書共分7章：

　　第1章是緒論。論述研究背景和研究意義、研究目標、研究框架和主要研究內容、研究方法和技術路綫、關鍵術語的界定。

　　第2章是文獻研究綜述。對銀行貸款契約相關研究文獻進行系統的綜述和梳理。

　　第3章是上市公司融資制度背景分析。從公司股權結構模式、法律制度環境和金融制度環境三個方面對中國融資制度背景進行全面的剖析。

　　第4章是社會資本的內涵、度量及其特徵分析。對社會資本的理論發展脈絡、定義內涵、度量方法進行系統的梳和詳細的闡述；構建適合中國上市公司的社會資本綜合度量指標體系；從宏觀環境、行業類別和地域特徵三個方面對上市公司社會資本指數特徵進行詳細的分析。

　　第5章是終極所有權結構、社會資本與銀行貸款契約的理論分析。理論推演終

極所有權結構、社會資本如何影響銀行貸款契約，以及終極所有權結構與銀行貸款契約之間的關係如何受社會資本的影響。

第6章是終極所有權結構、社會資本與銀行貸款契約的實證研究。運用靜態和動態估計技術實證檢驗終極所有權結構、社會資本對銀行貸款契約的影響。

第7章是結論部分。包括全文的主要研究結論、研究創新點、政策性啓示和未來研究展望。本書的主要研究結論如下：

（1）中國上市公司面臨獨特的融資制度背景。具體表現爲：與其他東亞國家和西歐北美國家相比，國有產權屬性居主導地位，終極所有權結構較爲普遍；投資者權利的法律保護較弱，契約的法律執行質量較差，會計信息披露制度較爲欠缺；金融市場的發展規模、活躍度、有效性較低，銀行業系統的不良貸款問題較嚴重。

（2）社會資本的理論發展經歷了萌芽期、成長期和繁榮期三個重要階段；社會資本的概念內涵包括宏觀和微觀兩層定義；中國上市公司的社會資本度量指標體系包含宏觀層面的社會信任、社會規範、社會參與、社會組織以及微觀層面的政府關系網絡、銀行關系網絡、社會關系網絡；對於不同的宏觀經濟、行業類別和地域分布中國上市公司的社會資本指數存在顯著的差異性。

（3）終極所有權結構是影響銀行貸款契約的重要因素。具體表現爲：終極控制股東的控制權越強、控制權和現金流量權之間的分離程度越大、金字塔控制層級越多，銀行貸款契約的緊縮性程度越高（貸款利率越高、貸款金額越小、貸款期限越短、貸款擔保要求越嚴格）；終極控制股東的現金流量權越多、終極控制股東類型爲國有時，銀行貸款契約的寬鬆性程度越高（貸款利率越低、貸款額度越大、貸款期限越長、貸款擔保要求越寬鬆）。

（4）社會資本是影響銀行貸款契約的重要因素。具體表現爲：社會資本的指數水平越高，銀行貸款契約的寬鬆程度越高，社會資本對銀行貸款契約具有正面的影響。

（5）終極所有權結構與銀行貸款契約之間的關係受社會資本的影響。具體表現爲：高水平的社會資本能減弱控制權、控制權和現金流量權的分離度、金字塔股權結構對銀行貸款契約的負面影響；能增強現金流量權、國有型終極控制股東對銀行貸款契約的正面影響。

關鍵詞：終極所有權結構；社會資本；銀行貸款契約；公司治理；制度環境

Abstract

Bank loan is an important source for companies to acquire external financing, bank loan contract has become the hot and difficult issues in financial academics. The design of bank loan contract may be influenced by many factors, such as firm characteristics, corporate governance, institutional environment and so on. Doing research on bank loan contract from the perspective of ultimate ownership structure and social capital has been in the forefront of financial research fields in recent years. Based on the literature review of empirical research on the bank loan contracts and its influence factors, the paper not only illustrates the Chinese financing institutional background systematically, elaborates the history development, definition, and measurement of social capital in detail, but also builds a set of comprehensive measurement index system of social capital suitable for Chinese listed companies combining with Chinese financing background, and analyses the social capital's index characteristics of listed companies deeply. Based on consideration of Chinese special financing institutional environment, the paper analyses how ultimate ownership structure and social capital impact bank loan contracts, and how social capital impact the relationship between ultimate ownership structure and bank loan contracts theoretically according to the Principal—Agent Theory, the theory of social capital, and the Agency Theory of Covenants from the perspective of agency conflict and information asymmetry. And then based on theoretical analysis, the paper uses a sample of 690 nonfinancial listed companies from 2007 to 2014 to form a balanced panel data, constructs static and dynamic models respectively, and analyses the relationship among ultimate ownership structure, social capital and bank loan contracts empirically by applying static estimating technique, such as OLS regression, fixed—effect regression, random—effect regression, Probit regression, binary Logistic regression, ordered Logistic regression, and dynamic estimating technique, such as System — GMM, Difference—GMM, and parametric and nonparametric test and so on. The paper is divided into six chapters:

Chapter 1, Introduction. This chapter describes the contexts and implications for the research, the objectives, frameworks and contents of the research, the methodology and technical route, the key terms and concepts.

Chapter 2, Literature Review. This chapter reviews the related literature in terms of bank loan contract systematically.

Chapter 3, Analysis of the financing institutional background. This chapter dissects the

Chinese financing institutional environment from the aspect of ownership structure pattern, legal institutional environment and financial institutional environment of Chinese provinces comprehensively.

Chapter 4, Definition, measurement and analysis of characteristics of social capital. This chapter illustrates the history development, definition and connotation, measurement of social capital in detail, builds a set of comprehensive measurement index system of social capital suitable for Chinese listed companies, and then analyses the characteristics of social capital's index of listed companies from the perspective of macroeconomic environment, industrial classification and geographical distribution respectively.

Chapter 5, Theoretical analysis on the relationship among ultimate ownership structure, social capital and bank loan contract. This chapter analyses how ultimate ownership structure and social capital impact bank loan contracts, and how social capital impact the relationship between ultimate ownership structure and bank loan contracts theoretically.

Chapter 6, Empirical study on the relationship among ultimate ownership structure, social capital and bank loan contract. This chapter examines the impact of ultimate ownership structure and social capital on the bank loan contracts in view of static and dynamic estimating technique.

Finally, the Conclusion section includes the main content of the paper, innovation points, policy recommendations, and future research prospects. The primary research results of the book are as follows:

(1) The Chinese listed companies are confronted with unique financing institutional background. Compared with other East Asian countries, Western European countries and North America countries, state—owned property rights of listed companies play a leading role and the phenomenon of ultimate ownership structure is pervasive in China. The degree of legal protection of investors' property rights is weaker, the quality of law enforcement concerned with contracts is poor, and the information disclosure institution is deficient comparatively. The development scale, degree of activity, and effectiveness

of financial market are lower relatively, and the problem of non-performing loans in banking system is relatively serious.

(2) The theoretical development of social capital experiences three phases: stages in germination, stages of growth and stages of prosperity. The definition and connotation of social capital contains two levels, namely macro level and micro level respectively. The book builds a set of comprehensive measurement index system of social capital for listed companies by selecting indicators of social trust, social norms, social participation and social organizations from macro-level and indicators of government network, bank relationship network and social network from micro-level simultaneously. There are significant differences in the characteristics of social capital' index among different macroeconomic environment, industrial classification, and geographical distribution.

(3) The ultimate ownership structure is an important factor to influence the bank loan contracts. The control rights of ultimate controlling owner, the degree of separation of ultimate controlling shareholder's control rights to cash flow rights and the layers of pyramidal structure are all significantly positive to the degree of tightness of bank loan contracts (loan rate will be more higher, loan amount will be more smaller, loan maturity will be more shorter, and loan guarantee will be more tighter). On the contrary, the cash flow rights and state-owned property rights of ultimate controlling owner are significantly positive to the degree of looseness of bank loan contracts (loan rate will be more lower, loan amount will be more bigger, loan maturity will be more longer, and loan guarantee will be more looser).

(4) Social capital is also an important factor to influence the bank loan contracts. The development level of social capital is significantly positive to the loose degree of bank loan contracts. Social capital has a positive impact on the design of bank loan contracts.

(5) The relationship between ultimate ownership structure and bank loan contracts is rely on the development level of social capital. Higher level of social capital will weaken the negative impact of control rights, separation of control rights to cash flow rights and pyramidal structure on bank loan contracts, and it will also strengthen the positive impact of cash flow rights and state-owned property rights of ultimate controlling shareholders on bank loan contracts.

Keywords: Ultimate Ownership Structure; Social Capital; Bank Loan Contract; Corporate Governance; Institutional Environment

目　錄

第 1 章　緒論 / 1
1.1　研究背景和研究意義 / 1
 1.1.1　研究背景 / 1
 1.1.2　研究意義 / 4
1.2　研究目標和研究內容 / 4
 1.2.1　研究目標 / 4
 1.2.2　研究框架 / 5
 1.2.3　研究內容 / 6
1.3　研究方法和技術路線 / 6
 1.3.1　研究方法 / 6
 1.3.2　技術路線 / 7
1.4　關鍵術語界定 / 9
 1.4.1　銀行貸款契約 / 9
 1.4.2　終極所有權結構 / 9
 1.4.3　社會資本 / 10

第 2 章　文獻研究綜述 / 11
2.1　債務人特徵和銀行貸款契約 / 11
2.2　經濟制度環境和銀行貸款契約 / 14
2.3　公司內部治理結構和銀行貸款契約 / 15
2.4　法律制度環境和銀行貸款契約 / 20
2.5　社會制度環境和銀行貸款契約 / 22
2.6　本章小結 / 26

第 3 章　公司融資制度背景分析 / 28

3.1　公司股權結構模式 / 29
3.2　法律制度環境 / 35
3.2.1　法律制度體系 / 35
3.2.2　法律保護和法律執行制度 / 38
3.2.3　信息披露制度 / 44
3.3　金融制度環境 / 46
3.3.1　金融體系概況 / 47
3.3.2　資本市場發展水平 / 49
3.3.3　銀行系統發展現狀 / 55
3.4　本章小結 / 62

第 4 章　社會資本的內涵、度量及其特徵分析 / 64

4.1　西方社會資本理論的發展脈絡 / 65
4.1.1　萌芽階段：社會資本概念的提出 / 65
4.1.2　成長階段：社會資本理論的形成和在各個研究領域的推廣 / 65
4.1.3　繁榮階段：社會資本理論的不同學派之爭 / 66
4.2　社會資本的定義內涵 / 69
4.3　社會資本的度量方法 / 74
4.3.1　社會資本度量方法的文獻綜述 / 74
4.3.2　社會資本度量指標體系的構建 / 79
4.3.3　上市公司社會資本綜合指數的計算 / 85
4.4　社會資本指數的特徵分析 / 92
4.4.1　宏觀經濟和社會資本指數 / 92
4.4.2　行業類別和社會資本指數 / 95
4.4.3　地域分佈和社會資本指數 / 106
4.5　本章小結 / 115

第 5 章　終極所有權結構、社會資本與銀行貸款契約的理論分析 / 117

5.1　終極所有權結構對銀行貸款契約的影響 / 119
5.1.1　控制權與銀行貸款契約 / 119
5.1.2　現金流量權與銀行貸款契約 / 121

- 5.1.3 控製權和現金流量權的分離度與銀行貸款契約 / 124
- 5.1.4 金字塔結構與銀行貸款契約 / 127
- 5.1.5 終極控製股東類型與銀行貸款契約 / 129
- 5.2 **社會資本對銀行貸款契約的影響** / 132
- 5.3 **終極所有權結構和社會資本對銀行貸款契約的交互影響** / 138
- 5.4 **本章小結** / 140

第 6 章　終極所有權結構、社會資本與銀行貸款契約的實證研究 / 142

- 6.1 **研究變量的定義** / 142
  - 6.1.1 被解釋變量的定義 / 142
  - 6.1.2 解釋變量的定義 / 144
  - 6.1.3 控製變量的定義 / 146
- 6.2 **數據來源和樣本選擇** / 146
  - 6.2.1 數據來源 / 146
  - 6.2.2 樣本選擇 / 147
  - 6.2.3 描述性統計和相關性統計 / 147
- 6.3 **實證模型的設定** / 152
  - 6.3.1 靜態面板計量經濟模型 / 152
  - 6.3.2 動態面板計量經濟模型 / 153
- 6.4 **實證結果分析** / 154
  - 6.4.1 靜態估計結果分析 / 154
  - 6.4.2 動態估計結果分析 / 193
  - 6.4.3 進一步檢驗 / 205
- 6.5 **本章小結** / 210

第 7 章　結論 / 212

- 7.1 **主要研究結論** / 212
- 7.2 **主要研究創新點** / 214
- 7.3 **政策性啟示** / 215
- 7.4 **未來研究展望** / 217

參考文獻 / 219

第 1 章　緒論

1.1　研究背景和研究意義

1.1.1　研究背景

在公司財務領域中，債務融資問題不僅是公司財務理論的核心概念，也是現代財務理論歷久彌新的研究難題之一，一直備受財務經濟學家的關注。Jensen 和 Meckling（1976）開拓性地提出了「契約代理理論」，闡述了債務契約條款的核心原理：股東和債權人之間存在利益衝突，導致公司管理層以股東利益為重採取損害債權人利益的行為，而抑制管理層的這種財富轉移行為以緩解代理衝突，降低代理成本的方法之一是債務契約條款的合理設計。而銀行債務融資正逐漸成為全球各國公司獲取外部資金的最重要來源之一（Chava 等，2009），尤其是對於金融體系特徵表現為以銀行為主導的新興市場國家而言，銀行貸款契約的成交額度通常比股票和債券融資的成交額度更大（Beck 等，1999）。任何其他類型的外部融資來源（包括發行債券等）都不能完美地替代銀行貸款在公司融資及投資過程中所發揮的獨特作用（James，1987）。銀行貸款契約與發行債券的關鍵性差異在於：典型的銀行貸款契約通常僅涉及一個債權人，且這個債權人對公司債務享有被擔保的優先索取權。此外，銀行貸款契約包含的大量條款有利於債權人在必要時期強制債務人提前還款，且債務人可以與債權人就長期貸款融資安排的相關條款進行重新協商談判。與之相反，發行債券通常涉及多個債權人，且這些債權人無法對公司債務享有被擔保的優先索取權。另外，債券包含的契約條款數量較少，針對契約條款進行的重新協商談判在債券發行人和債券投資者之間是幾乎不可能發生的。對債務契約條款進行有效的設計和合理的安排有利於抑制債務人的機會主義行為、緩解債務人和債權人之間的代理衝突矛盾並降低信息不對稱程度（Jensen & Meckling, 1976; Myers, 1977; Smith & Warner, 1979）。債務人的代理風險和信息風險越高，違約風險相應越高，債權人越有可能通過提高價格型和非價格型條款的緊縮性程度以應對貸款前的逆向

選擇問題和貸款後的道德風險問題。因此，如何設計一個合理、有效的銀行貸款契約不僅是理論界十分關注的熱點問題，也是各國金融市場建設實踐亟待解決的關鍵問題。中國企業在外部債務融資方面面臨嚴重的約束問題，尤其是民營企業。中國的公司債券市場不發達，公司債券規模小，金融性債務資金主要來自銀行貸款（肖作平和廖珙，2007）。另外，按照黨中央、國務院的統一部署，近年來，中國的利率市場化改革不斷穩步推進並取得進展。因此，在中國開展銀行貸款契約相關問題研究具有重要的理論和現實意義。

鑒於銀行貸款市場對於全球金融市場的重要性程度，大量財務學研究文獻基於信息不對稱視角和代理衝突視角考察了銀行貸款契約的影響因素。先前文獻主要探討了公司特徵、經濟環境等對銀行貸款契約的影響（Cantillo&Wright，2000；Bradley&Roberts，2004；Benmelach等，2005；Zhang，2008）。近年來，隨著公司治理理論的不斷發展，部分文獻開始研究公司治理對銀行貸款契約的影響，如董事會特徵、股權結構、股東權利等公司治理因素（Francis等，2009；Piot&Franck，2009；Roberts&Yuan，2010）。但先前有關股權結構與銀行貸款契約關係的研究主要集中於管理者、大股東或機構投資者的直接持股如何影響銀行貸款契約（Filatotchev&Mickiewicz，2001；Roberts&Yuan，2010），鮮有文獻基於終極所有權結構視角考察對銀行貸款契約的影響。然而，近年來，越來越多的研究發現全球大多數國家公司的股權通常集中在終極控制股東手中（La Porta等，1999；Claessens等，2000，2002；Faccio&Lang，2002；Lemmon&Lins，2003；Laeven&Levine，2008）。公司治理議題的研究實際上經歷了從 Berle 和 Means（1932）範式到 La Porta 等（1999）範式的演變過程。Berle 和 Means（1932）範式假設公司的所有權高度分散，實際控制權掌握在管理者手中，研究焦點是管理者的行為和激勵，核心問題是管理者和外部股東之間的利益衝突。La Porta 等（1999）範式則假設公司的所有權高度集中，公司的控制權掌握在控制股東手中，研究焦點是控制股東的行為和激勵，核心問題是內部人（控制股東/管理者）和外部投資者（小股東/債權人）之間的利益衝突。因此，基於所有權集中的當代公司治理研究應全面考慮終極控制股東及其擁有的控制權和現金流量權，研究焦點是終極控制股東的行為和激勵問題。這一意義上的所有權結構（即終極所有權結構）才是剖析股東行為、研究公司治理的一把「金鑰匙」。終極控制股東（主要是家族或國家控制）普遍通過金字塔、交叉持股或多重表決權等方式實現控制權和現金流量權的分離而獲得超強的控制權進而對公司實施有效控制（La Porta 等，1999；Claessens 等，2000，2002；Faccio&Lang，2002；Laeven&Levine，2008；Lin 等，2011）。終極控制股東通過「隧道」掠奪外部投資者利益（Johnson 等，2000；Faccio&Lang，2002；Claessens 等，2002；Djankov 等，2008）。同時，較少的現金流量權「保護」控制股東避免承擔掠奪行為的直接成本。控制權和現金流量權的分離度越大，終極控制股東的「隧道」動機越強烈。「隧

道」行為提高了公司財務危機、違約風險和預期破產成本，導致嚴重的代理衝突和信息不對稱問題，最終影響銀行貸款契約。因此，只有追溯終極所有權結構，研究終極所有權結構對銀行貸款契約的影響，才能真正釐清股權結構與銀行貸款契約之間的關係。

近年來，隨著「社會資本」研究領域經典著作的相繼問世（Coleman，1988，1990；Putnam，1993，1995；Fukuyama，1995，1997），社會制度學與經濟學或金融學之間的跨學科研究逐漸成為研究熱點。一方面，經濟學家將社會資本視為與物質資本、人力資本、技術資本並列的第四類資本要素，研究社會資本與一個國家（或地區）經濟發展之間的關係（Durlauf，2002；Fabio，2006；Engbers 等，2013）；另一方面，金融契約是一種信任度較高或信用密集型的契約關係，社會資本通過影響信任水平從而對金融契約產生影響，金融學家常用社會資本來解釋不同國家（或地區）的金融發展（Guiso 等，2004，2008；Ang 等，2010）。先前文獻大多考察了社會資本對經濟發展（Knack & Keefer，1997；Guiso 等，2007，2009）、金融發展（Guiso 等，2004）、公司政策（Karlan 等，2009；Jha，2013）等的影響，鮮有文獻把研究視野轉向社會資本這種非正式社會制度與銀行貸款契約之間關係上。金融交易活動鑲嵌於社會關係網路之中，這種社會網路不僅能為金融交易活動提供獨特的交易渠道，而且能影響金融交易成本。社會資本既具有提高團結合作、促進交易活動發展、降低交易活動成本、提高社會運行效率等潛在功能（Woolcock & Narayan，2000），同時還有利於提高信任水平（Guiso 等，2004）。社會信任水平越高、社會關係網路越發達，代理衝突和信息不對稱所導致的違約風險越低，貸款成本、貸款金額、貸款期限或貸款擔保要求等債務契約條款的設計和安排可能受社會資本發展水平的影響。由此可見，銀行貸款契約理論框架的確需要持續不斷地吸收、融合、借鑑社會制度相關理論才能得到更好的發展（Petersen & Rajan，1994）。另外，由於經濟、法律、社會等制度環境存在一定程度的差異，一些適用於西方發達國家制度環境的融資行為理論可能並不適用於發展中國家的制度環境（Booth，2001；Fan 等，2012）。而且發展中國家和新興市場國家的正式法律制度不夠健全，那麼非正式社會制度例如社會資本能充當法律制度的部分替代機制以保證金融交易活動的正常運行（Guiso 等，2004）。另外在傳統上，中國經濟一直是關係導向型經濟，與西方國家的宗教信仰或文化背景不同，中國的儒家思想認為個體是家庭和社會的基本組成單位，中國的商業合作主要依賴社會網路建立的一種可信賴的人際關係脈絡（Farh 等，1998）。因此，在中國這樣的制度背景中開展社會資本與銀行貸款契約之間關係的研究具有重要的理論價值和現實意義。為了考察社會資本對銀行貸款契約設計和安排的影響機制，本書將探討當社會資本被視為一種信任、合作、規範、網路等信號時，是否對銀行貸款契約具有影響，使社會資本與銀行貸款契約之間關係的理論研究轉向更為現實的視角。

由於文化和制度的差異，在西方發達經濟環境開發出來的融資決策理論可能並不

適用於發展中國家。本書重點研究能降低契約失敗可能性的作用機制——社會資本，探討當社會資本被視為一種信任信號時如何影響金融契約的設計。本書將結合中國制度背景，系統考察終極所有權結構、社會資本與銀行貸款契約之間的關係，在一定程度上對既有的相關研究文獻提供有益的補充。具體而言，本書擬回答以下幾個問題：①終極所有權結構（控製權、現金流量權、控製權和現金流量權的分離度、金字塔控製層級、終極控製股東類型）如何影響銀行貸款契約的設計和安排？②社會資本［宏觀層面的社會信任、社會規範、社會參與、社會組織，以及微觀層面的政府關係網路（公司與政府部門的關係）、銀行關係網路（公司與銀行等金融機構的關係）、社會關係網路（公司與商業協會、客戶、供應商和其他公司的關係）］如何影響銀行貸款契約的設計和安排？③社會資本是否以及如何影響終極所有權結構與銀行貸款契約之間的關係？這些無疑是中國金融市場發展過程中亟待回答和解決的理論議題和實踐問題。

1.1.2　研究意義

在中國開展終極所有權結構、社會資本與銀行貸款契約之間關係研究具有重要的理論和應用價值，主要體現在以下幾方面：

第一，探究終極控製股東的掠奪行為，深刻瞭解終極控製股東與債權人之間的代理衝突和信息不對稱問題，揭示終極所有權結構在銀行貸款契約設計中的作用機理，為公司治理結構的設計和金融業的改革等提供依據，推動公司治理的規範化進程，促進信貸資源的有效配置。

第二，揭示社會資本在銀行貸款契約設計中的作用機理，探討終極所有權結構與銀行貸款契約之間的關係如何隨著社會資本的變化而變化，探尋有利於提高貸款契約功效性的非正式制度因素，為保護債權人利益等相關制度的建設提供政策建議，促進金融市場的健康發展。

第三，探討社會資本、公司治理和銀行貸款契約等相關問題研究的新方法、新思路，拓展和充實現有的研究，豐富公司治理、社會學和金融學等理論體系。

1.2　研究目標和研究內容

1.2.1　研究目標

本書的研究目標在於進一步增強公司治理和社會學理論在金融研究中的應用。第一，通過檢驗銀行貸款契約設計的作用機制，進一步將公司治理、社會學研究拓展到金融契約研究領域中；第二，擬揭示公司治理和社會資本理論在銀行貸款契約設計中如何發揮作用，以提高銀行貸款契約的功效性；第三，重點關注銀行作為一

個經濟部門在金融市場中扮演著怎樣的仲介角色,這方面的研究曾經被忽視但現在的確值得密切關注。

本書立足於中國金融市場,搭建了一個描述終極所有權結構、社會資本與銀行貸款契約之間關係的理論框架,實證檢驗終極所有權結構、社會資本如何影響銀行貸款契約,以及社會資本如何影響終極所有權結構與銀行貸款契約之間的關係。通過對上述問題的研究,使人們能夠全面系統地認識和把握終極所有權結構、社會資本在銀行貸款契約設計中的作用機理,揭示終極控製股東的掠奪和信息操縱行為,拓展和充實公司治理、社會資本和銀行貸款契約等相關研究,提升人們對銀行貸款契約如何受公司治理和非正式制度影響的理解,豐富和完善公司治理、社會學和金融理論體系。在理論和實證研究的基礎上,針對這些研究對象,提出解決方案,並提供建議給政策制定部門,推動公司治理的規範化進程,提高銀行貸款契約的功效性,促進金融市場的健康發展和資源的有效配置。

1.2.2 研究框架

本書的研究內容可用研究框架圖1-1加以概括。

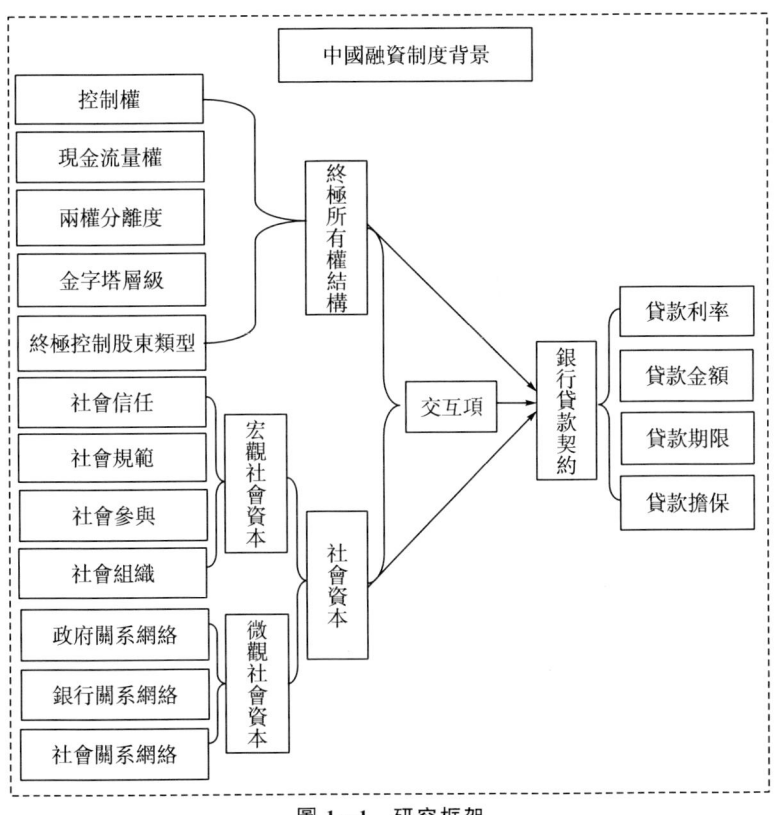

圖 1-1 研究框架

1.2.3 研究內容

根據研究框架圖 1—1 所示的終極所有權結構、社會資本與銀行貸款契約之間的關係，全文總共分為 7 章，各章的主要研究內容安排如下：

第 1 章是緒論。本章論述研究背景和研究意義、研究目標、研究框架和主要研究內容、研究方法和技術路線、關鍵術語的界定。

第 2 章是文獻研究綜述。本章對銀行貸款契約相關研究文獻進行系統的梳理和回顧，總結現有文獻存在的問題和不足之處，掌握最新的國內外研究動態。

第 3 章是上市公司融資制度背景分析。本章對中國融資制度背景進行系統全面的剖析，主要包括公司股權結構模式、法律制度環境和金融制度環境三方面，為解釋銀行貸款契約的設計和安排提供制度背景和理論依據。

第 4 章是社會資本理論及其度量方法。本章梳理了西方社會資本理論的發展脈絡；從宏觀和微觀兩個層面闡述了社會資本的豐富內涵；在對社會資本的度量方法進行系統梳理和總結的基礎上，結合中國融資制度背景和社會資本相關數據的可獲得性，對社會資本的度量指標進行補充和修正，構建中國上市公司社會資本的綜合度量指標體系；從宏觀環境、行業類別、地域特徵等方面分析了上市公司社會資本指數的不同特徵。

第 5 章是終極所有權結構、社會資本與銀行貸款契約的理論分析。結合不完全契約理論、委託代理理論和社會資本理論，基於代理衝突視角和信息不對稱視角，本章理論分析終極所有權結構、社會資本、終極所有權結構和社會資本的交互項對銀行貸款契約的影響機制，提出相關研究假設。

第 6 章是終極所有權結構、社會資本與銀行貸款契約的實證研究。基於靜態和動態兩個視角，應用 OLS 迴歸、固定效應迴歸、隨機效應迴歸、Probit 迴歸、二元 Logistic 迴歸、有序 Logistic 迴歸、系統 GMM、差分 GMM 等估計技術實證檢驗終極所有權結構、社會資本、終極所有權結構和社會資本的交互項對貸款利率、貸款金額、貸款期限、貸款擔保的影響。

第 7 章是本書的結論部分。在上述 6 章分析的基礎之上，對主要研究結論進行總結，揭示創新性成果，根據研究結論提出政策啟示和建議，並對未來進一步研究進行展望和設想。

1.3 研究方法和技術路線

1.3.1 研究方法

本書以涉及公司治理、社會學和金融學的交叉學科研究課題為基礎，將綜合運

用公司治理、金融學和社會學等相關學科所採用的前沿研究手段。該課題主要採用理論分析和實證檢驗相結合的研究方法。具體的研究方法包括：

（1）文獻研究方法。廣泛搜集和閱讀國內外相關研究文獻，全面掌握國內外相關研究領域的最新動態和研究現狀，厘清相關領域的研究脈絡，界定本書研究的增量貢獻。

（2）比較研究方法。通過對先前文獻有關社會資本的度量方法進行系統的梳理和總結，擬對各類社會資本的度量指標進行比較分析，並結合中國融資制度背景和社會資本數據的可獲得性，對相關社會資本的度量指標進行補充和修正，探索適合中國國情的社會資本度量方法並構建社會資本的綜合度量指標體系。

（3）規範研究方法。本書擬結合中國融資制度背景，根據不完全契約理論、委托代理理論、信息不對稱理論和社會資本理論，理論推演終極所有權結構、社會資本如何影響銀行貸款契約，以及終極所有權結構與銀行貸款契約的關係如何隨著社會資本發展水平的變化而變化，探究公司治理結構、社會制度環境在銀行貸款契約設計和安排過程中的影響機制。

（4）實證研究方法。本書根據理論分析結果，採用大樣本研究，構建計量經濟模型，實證檢驗終極所有權結構、社會資本如何影響銀行貸款契約，以及社會資本如何影響終極所有權結構與銀行貸款契約之間的關係。具體的檢驗分析方法包括 OLS 迴歸、固定效應迴歸、隨機效應迴歸、Probit 迴歸、二元 Logistic 迴歸、有序 Logistic 迴歸等靜態估計技術，系統 GMM、差分 GMM 等動態估計技術，參數檢驗法（T 檢驗）和非參數檢驗法（Kruskal-Wallis 檢驗、Median 檢驗）以及主成分因子分析法等。

1.3.2　技術路線

本書的研究技術線路可歸納為三個階段、九個步驟。

三個階段：研究準備階段（或問題提出階段）→確立研究框架、進行研究階段→歸納形成結論、提出政策建議階段。

九個步驟如下：

（1）文獻搜集與研究。搜集國內外有關終極所有權結構、社會資本和銀行貸款契約等相關文獻，並對其進行整理分析。

（2）建立研究框架。在對文獻進行研究的基礎上，對銀行高管和公司財務經理進行訪談，以期獲得他們關於貸款契約設計和公司債務融資的看法和觀點，建立相應的研究分析框架。

（3）理論分析。在分析代理衝突、信息不對稱、契約理論和社會資本理論等基礎上，搭建一個描述終極所有權結構、社會資本與銀行貸款契約之間關係的理論框架。

（4）提出研究假設。在理論分析的基礎上，提出可供實證檢驗的研究假設。

（5）社會資本內涵的界定和度量研究。結合文獻研究法，對社會資本的內涵和度量方法進行系統的梳理和總結，構建適合中國國情的社會資本指標體系。

（6）實證模型研究。基於計量經濟分析，構建大樣本研究的實證檢驗模型。

（7）選擇研究樣本和搜集整理數據。第一，從 CCER 和 CSMAR 等數據庫搜集相關數據；第二，從公司年度報告中搜集相關數據；第三，從公司年報補充數據，幾大門戶網站，以及財經專業網站中搜集相關數據；第四，從相關統計年鑒中搜集相關數據；第五，從銀行等金融機構搜集相關數據。

（8）開展實證研究。根據確定的研究樣本和搜集整理的相關數據，選擇和運用適當的研究方法，對所提出的研究假設進行實證檢驗。

（9）歸納形成結論，提出政策建議。在對實證研究所得出的結果進行分析的基礎上，進行合理的歸納，形成項目的主要研究結論，並提出相應的政策建議。

本書的技術路線如圖 1－2 所示：

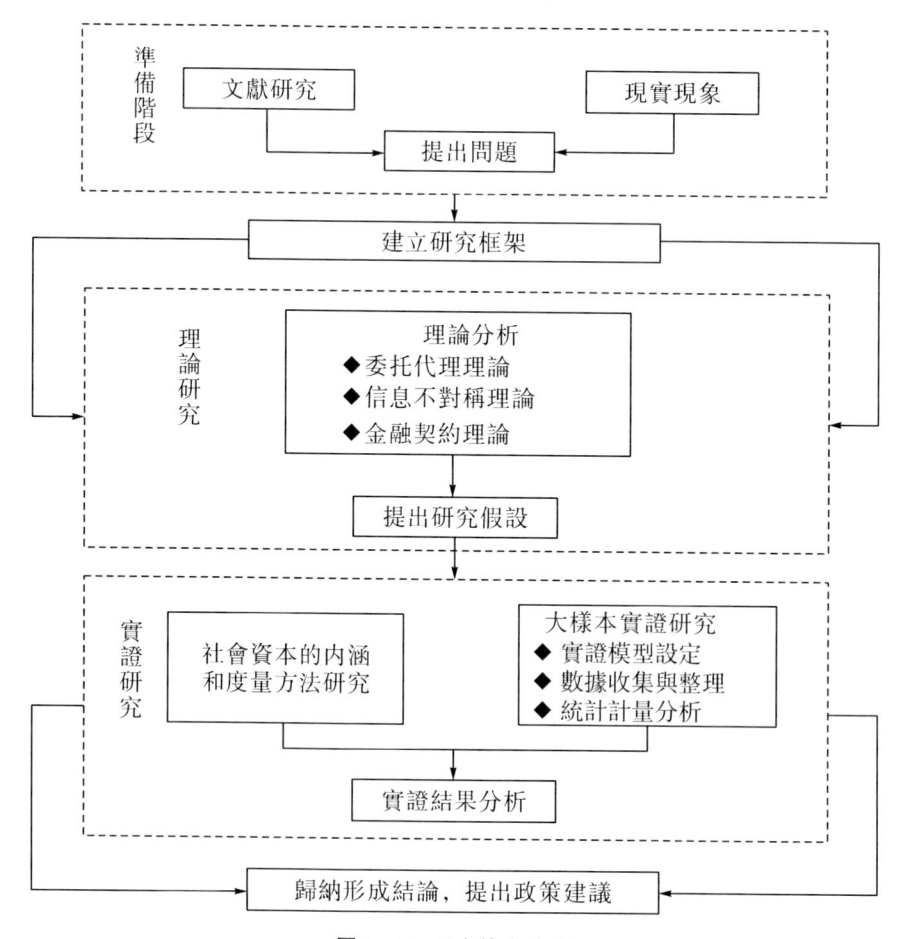

圖 1－2　研究技術路線

1.4 關鍵術語界定

1.4.1 銀行貸款契約

銀行貸款契約通常包含價格型（如貸款利率）和非價格型（如貸款金額、貸款期限、貸款抵押或限制性條款等）兩種契約條款類型，銀行貸款契約的設計和安排通常與債務人的違約風險特徵有關（Shockley & Thakor，1997）。針對違約風險較高的債務人，債權人不僅需要設計價格型條款（提高貸款價格），而且需要安排嚴格的非價格型條款（降低貸款額度、縮短貸款期限、提供貸款擔保或使用更多的限制性條款）以加強監督並控制風險（Strahan，1999）。銀行貸款契約的價格型和非價格型條款的協同作用、相互補充有助於克服代理衝突和信息問題。銀行通過設計不同結構特徵的貸款契約不僅能緩解貸款前的流動性風險和信用風險，而且能增強貸款後針對債務人行為的監督能力。據此，結合中國特殊的融資制度背景和銀行貸款契約數據的可獲得性，我們選取貸款利率、貸款金額、貸款期限、貸款擔保四個代理變量來描述和刻畫銀行貸款契約的結構特徵。

1.4.2 終極所有權結構

我們選取終極控制股東的控制權、現金流量權、控制權和現金流量權的分離度、金字塔股權結構、終極控制股東類型五個代理變量來描述和刻畫終極所有權結構。以錦江旅遊2014年的終極控制股東控股關係鏈圖為例進行說明，如圖1-3所示：

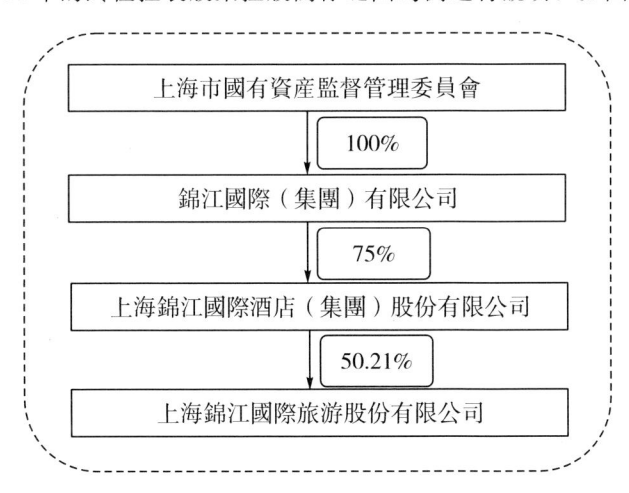

圖1-3 終極控制股東控股關係鏈圖（以錦江旅遊為例）

從圖1-3可見，終極控制人上海市國有資產監督管理委員會持有錦江國際（集

團）有限公司100%的股份，錦江國際（集團）有限公司持有上海錦江國際酒店（集團）股份有限公司75%的股份，而上海錦江國際酒店（集團）股份有限公司持有上海錦江國際旅遊股份有限公司50.21%的股份。由此可知，錦江旅遊的終極控製股東為上海市國有資產監督管理委員會，其控製權為50.21%（Min（100%，75%，50.21%）），現金流量權為37.66%（100%×75%×50.21%），兩權分離度為12.55%（控製權減去現金流量權）或133.32%（控製權除以現金流量權）或25.00%（控製權減去現金流量權再除以控製權），金字塔控製層級為3，終極控製股東類型為國有屬性。

1.4.3 社會資本

作為一種非正式社會制度，「社會資本」這一概念最初正式來源於Loury（1977）和Bourdieu（1986）。從宏觀層面來看，「宏觀社會資本」指的是由價值感、道德觀、聲譽、社會規範、社會信任、社會組織、團結協作、社會關係網路等社會資源相互融合、共同作用形成的一種社會制度環境，具有提高團結合作、促進金融交易活動發展等潛在功能（Guiso等，2004；Allen等，2005），有助於處理好各類道德風險問題、代理衝突矛盾以及行為激勵問題（Stiglitz，2000；Kim等，2009）。從微觀層面來看，「微觀社會資本」指的是鑲嵌於公司高管和其他經濟參與者（包括政府官員、銀行高管、其他公司高管等）之間的非正式人際關係網路之中的一種內在資源，這種社交關係網路通過禮尚往來、互惠互利、人情交往的潛規則逐漸得到增強和鞏固。無論公司的經營能力和發展前景如何，鑲嵌於社交關係網路之中的高管社會資本都將為公司帶來諸多利益（諸如私有信息、金融資本等稀缺資源）。

從社會資本內涵的宏觀層面和微觀層面兩個層次來看，「社會資本」的內涵非常豐富，不僅包含宏觀層面的社會關係內容（例如信任、聯繫、責任、尊敬）以及社會關係結果（例如信息、影響、團結協作），而且包含微觀層面的社交活動和非正式社會關係網路（例如公司高管與政府官員、銀行高管、其他公司高管、行業協會會員、公司雇員、供應商或客戶之間的人際關係網路）。

第 2 章 文獻研究綜述

銀行貸款契約屬於對交易雙方之間信任度要求較高的一種特殊類型的契約形式。就其本質而言，銀行貸款契約可被視為一種委托——代理信任關係，無論是信貸交易的委托方還是代理方，均需要與交易對方建立相互信任的聯繫紐帶，即委托人（債權人）和代理人（債務人）之間的相互信任關係，銀行等債權人期望每一位債務人都能遵守銀行契約的條款規定，履行契約、償還貸款。銀行貸款契約（價格型和非價格型條款）的設計和安排主要取決於債務公司違約風險的高低（Ge 等，2012）。伴隨著相關法律條文與金融理論的不斷發展（La Porta 等，1997，1998，2000，2006），部分學者研究發現，公司違約風險的高低一方面取決於微觀層面上的債務人風險特徵（Bradley&Roberts，2004）和公司治理結構（Francis 等，2009；Ge 等，2012），另一方面還依賴於宏觀層面上的制度環境特徵，不僅包括法律淵源（La Porta 等，1997，2000）、法律制度（Beck&Demirguc-Kunt，2005；Qian&Strahan，2007）、債權人權利保護（Bae&Goyal，2009；Haas 等，2010）等法律制度環境，還包括社會文化（Guiso 等，2006，2009；Giannetti&Yafeh，2012）、社會信任（Ang 等，2015）、社會關係網路（Karlan，2007；Allen&Babus，2008；Kuhnen，2009）、社會資本（Guiso 等，2004，2007；Du 等，2010，2015）等社會制度環境。先前的研究文獻主要從債務人特徵、經濟制度環境、內部治理結構、法律制度環境和社會制度環境等視角研究了銀行貸款契約設計。

2.1 債務人特徵和銀行貸款契約

Strahan（1999）研究發現，經營規模越大、盈利能力越強的公司，債務違約風險越低，銀行貸款利率越低、貸款金額越大、貸款期限越長、貸款擔保要求越寬鬆。資產透明度越低、財務槓桿比率越高的公司，將面臨越嚴格的銀行貸款契約條款。Cantillo 和 Wright（2000）研究發現，現金流量規模越高、現金流量越穩定、盈利能力越強的公司，債務違約風險越低；公司規模越大、可抵押資產比例越高的公司，財務破產成本越低。因此，債務違約風險和財務破產成本越低的債務公司，越容易

獲得契約條款優惠的銀行貸款。Denis 和 Mihov（2003）研究發現，經營規模越大、固定資產比例越高、盈利能力越強的公司，信息不對稱程度越低，信譽質量（或信用評級）越高，銀行貸款規模越大。Denis 和 Mihov（2003）研究發現，破產概率越高的公司獲得銀行貸款的可能性越低。另外，公司的未來成長機會與銀行貸款規模之間沒有顯著的相關性。Bradley 和 Roberts（2004）研究發現，公司規模越小、固定資產比例越低、成長機會越高、負債比率越高、現金流量波動性越大，不僅貸款價格越高，而且貸款契約的保護性程度也越高。Benmelech 等（2005）研究發現，可重置資產的規模越大，資產的清算價值越高，越有利於債務公司獲得利率較低、規模較大、期限較長、信用抵押擔保要求較低的銀行貸款，這與「不完全契約理論」（Aghion&Bolton，1992）和「交易成本理論」（Hart&Moore，1994）一致。Beck 等（2006）研究發現，經營年限越長、規模越大、外國投資者持股的公司，面臨的融資障礙程度越低。Jimenez 等（2006）研究發現，債務人信用風險和抵押擔保之間存在顯著的正相關關係；當有關債務人信用質量的私有信息無法被觀測到時，債權債務雙方之間的信息不對稱問題越嚴重，債權人將提高貸款的抵押擔保要求。Billett 等（2007）研究發現，成長機會越高、財務槓桿越高、債務期限結構越長的公司，貸款契約的保護性程度或限制性程度也相應越高。Beck 等（2008）研究發現，對於銀行等債權人而言，中小企業的高盈利性是獲得銀行貸款的有利因素；但發展中國家宏觀經濟的不穩定性以及發達國家的競爭性卻是獲得銀行貸款的融資障礙。債務違約風險和不良貸款率依然是銀行發放貸款的重要考量因素。Bharath 等（2008）研究發現，公司的會計報告質量越差，銀行貸款利率越高、貸款期限越短、貸款抵押擔保要求越嚴格。Graham 等（2008）研究發現，與財務重述之前的銀行貸款契約相比，財務重述之後，銀行貸款利率顯著更高、貸款期限更短、貸款擔保要求更嚴格、貸款條款的保護性程度更高。Demiroglu 和 James（2010）研究認為，流動比率越大、成長機會越高的公司，債務契約的限制性程度越低；公司違約風險越高，投資機會越少，債務契約的限制性程度越高。Kim 等（2011b）研究發現，與沒有採用國際財務報告準則（IFRS）的債務人相比，對於自願採用 IFRS 的債務人，銀行貸款利率越低，貸款規模越大，貸款期限越長，貸款契約條款的限制性程度越低。Murfin（2012）研究發現，債務人信用評級下降，債務違約風險越高，銀行將針對債務人的信譽質量進行越嚴格的篩選，銀行貸款契約的緊縮程度越高。此外，一旦債權人經歷過債務違約事件，銀行將針對所有的貸款申請者提高債務契約的限制性程度，即便新的貸款申請者與債務違約者屬於不同的行業或位於不同的地理區域。Hasan 等（2014）研究發現，避稅額度越大的債務公司，不僅銀行貸款成本越高，而且銀行貸款非價格型條款的緊縮程度越大（貸款抵押擔保要求越嚴格、貸款契約條款的限制性程度越高）。Huson 和 Roth（2015）研究發現，現金持有規模和貸款價格呈顯著負相關：現金持有規模越高的公司，貸款期限越長，貸款契約條款的數量越少、限制

性程度越低。Lin 和 Chou（2015）研究發現，商業信用的供給額度（比如應收帳款）和銀行貸款規模之間呈顯著正相關，而商業信用的需求額度（比如應付帳款）和銀行貸款規模之間呈顯著負相關。Carrizosa 和 Ryan（2015）研究發現，債務人的信用風險越高，債權債務之間的信息不對稱程度越大，債權人針對銀行貸款契約條款進行重新談判的可能性越高，債務人的私有財務信息（財務預測報告、季度財務報告、審計師書面意見三類非公開財務信息）和貸款契約重新修訂的可能性之間存在顯著的正相關關係。Aivazian 等（2015）研究發現，與經營業務單一化的公司相比，經營業務多元化的公司的貸款價格較低，貸款非價格型條款的限制性程度也較低（即貸款期限更長、貸款擔保要求更寬鬆、貸款條款的限制性程度更低）。Ge 等（2016）研究發現，與沒有離岸附屬子公司的債務公司相比，對於離岸經營的跨國公司而言，其銀行貸款契約條款的優惠程度相對更低（貸款利率更高、貸款金額更少、貸款擔保要求更嚴格、貸款條款的保護性程度更高）。此外，對於信息不對稱問題較嚴重的公司以及總部位於法律執行質量較差的國家或轄區內的公司，離岸經營對銀行貸款契約條款的這種負面影響效應將更加顯著。

　　胡奕明和唐松蓮（2007）研究認為，審計師規模越大，銀行貸款利率顯著越低；非標準審計意見將顯著提高銀行貸款利率。陸正飛等（2008）研究發現，盈餘管理行為、會計信息質量和銀行貸款規模之間不存在顯著的相關關係。廖義剛等（2010）研究發現，當審計師對陷入財務困境的上市公司出具持續經營審計意見後，銀行貸款利率顯著提高、銀行貸款規模顯著降低。潘紅波和餘明桂（2010）研究發現，集團化通過降低債務違約風險有助於提高銀行貸款規模、延長銀行貸款期限。林志偉（2011）研究認為，非標準審計意見與銀行貸款規模、銀行貸款期限之間沒有顯著的負相關關係。徐玉德等（2011）研究發現，提高會計信息的披露質量有助於增強債務人的銀行貸款融資能力。鄭軍等（2013）研究發現，完善內部控製制度、提高內部控製質量有助於提高銀行貸款規模、降低債務融資約束。

　　綜上所述，經驗證據表明，公司規模、經營年限、盈利能力、固定資產規模、清算資產價值、現金流量水平、商業信用的供給（應收帳款）、信譽質量（信用評級）、會計信息質量（內部控製質量或信息披露水平）、自願採用國際財務報告準則、企業組織結構（經營多元化或集團化）等債務人特徵對銀行貸款契約具有正面的影響，表現為貸款利率較低、貸款金額較大、貸款期限較長、貸款擔保要求較寬鬆或貸款契約條款的限制性程度較低。而財務槓桿、現金流量波動性、商業信用的需求（應付帳款）、信用風險、避稅行為、財務重述、債務人私有財務信息、離岸經營等債務人特徵則對銀行貸款契約具有負面的影響，表現為貸款利率較高、貸款金額較小、貸款期限較短、貸款擔保要求較嚴格或貸款契約條款的限制性程度較高。

2.2　經濟制度環境和銀行貸款契約

除債務人特徵之外，部分學者對經濟制度環境和銀行貸款契約之間的關係進行了實證檢驗。Chava 和 Purnanandam（2011）研究發現，一方面，從信貸的需求方來看，與通過公共債券市場渠道進行融資的債務公司相比，依賴銀行貸款渠道進行融資的債務公司由於銀行業危機所遭受的資產減值損失顯著更高；另一方面，從信貸的供給方來看，遭受金融危機重創的銀行業系統將縮減信貸供給規模、提高銀行貸款價格。Santos（2011）研究發現，與發生次貸危機之前相比，發生次貸危機之後，銀行貸款利率比倫敦銀行間同業拆借利率（LIBOR）顯著提高 16 個基點。此外，遭受信貸損失越嚴重的銀行，收取的貸款利率越高；與能通過債券市場渠道進行融資的債務人相比，對銀行貸款依賴程度越高的債務人，貸款利率的提高程度越大。Dewachter 和 Toffano（2012）研究發現，與緊縮性財政政策相比，擴張性財政政策對收益率曲線具有顯著的影響。具體表現為：執行擴張性財政政策期間，財政赤字每提高 1 個百分點，不僅同時期的長期貸款利率相應地顯著提高 10 個基點，而且這種長期收益率的提高還具有較強的累積效應。Hertzel 和 Officer（2012）考察了行業傳染效應對銀行貸款價格的影響作用。研究發現，在競爭對手公司破產之後的兩年之內，同行業內其他公司再次申請同一家銀行的貸款時，貸款價格將顯著提高，貸款契約的非價格型條款也將受到顯著性的影響。Choi 和 Triantis（2013）研究發現，信貸市場的擴張（收縮）不僅能降低（提高）銀行貸款利率，而且能降低（提高）銀行貸款契約條款的限制性程度和銀行貸款的抵押擔保要求。Waisman（2013）研究發現，在壟斷行業內部，債務公司被收購兼併的可能性越高，銀行貸款利率越高；在競爭性行業內部，對於經營規模較大、受到分析師更多關注、信用評級較高、非家族控股、貸款期限較短或貸款受抵押擔保的債務公司而言，被兼併收購的可能性對銀行貸款成本的負面影響效應將受到削弱。He 和 Wang（2013）研究發現，利率管制和利率市場化僅對銀行貸款利率而非銀行貸款額度具有顯著性的影響，即存款基準利率和市場化利率水平越高，銀行貸款利率越高；而銀行貸款額度僅受到來自中央銀行窗口指導的勸諭式的銀行信貸規模配額的影響。Zarutskie（2013）研究發現，1976－2003 年資產證券化市場的新興發展以及對銀行市場放鬆管制政策使得銀行業逐步提高了房地產貸款在銀行貸款組合中的比重。然而，不同類型的銀行的貸款組合的改變存在顯著差異，經營規模較大和經營年限較短的銀行偏向大規模地提高房地產貸款的組合比重；而經營規模較小和經營年限較長的銀行則傾向於維持較高比重的商業貸款和個人貸款。當經營規模較大的銀行提高商業房地產貸款的規模和比重的同時，銀行貸款利率更低，銀行貸款規模更大。Hu（2014）研究發現，公

司所處行業的競爭性程度越高，該行業公司所能獲取的平均銀行授信額度（無論是貸款數量抑或是貸款金額）越低，銀行貸款契約的緊縮性程度越高，具體表現為貸款利率越高、貸款規模越低、貸款擔保要求越嚴格。Anagnostopoulou 和 Drakos（2016）研究發現，一個國家良好的宏觀經濟環境有助於該國債務公司獲得契約條款限制性程度較低的銀行貸款。具體表現為：人均 GDP 增長率越高、失業率越低，銀行貸款利率越低；人均 GDP 增長率越高，銀行貸款期限越長；人均 GDP 增長率越高、政府債務率越高、通貨膨脹率越低、失業率越低，銀行貸款擔保要求越寬鬆；國際收支赤字率越高、政府債務率越高、失業率越低，貸款契約條款的限制性程度越低；宏觀經濟因素和銀行貸款規模之間沒有顯著的相關性。

蔡衛星和曾誠（2012）研究發現，貸款市場競爭度和商業銀行貸款增長率呈顯著負相關；產權改革和商業銀行貸款增長率之間沒有顯著的相關關係。朱博文等（2013）研究發現，貸款利率和同業拆借利率越高，銀行貸款規模越低，並且對於經營規模越小的債務公司，貨幣政策工具對債務人貸款規模的負面影響效應越顯著；法定存款準備金率越高，銀行貸款規模也越低，並且對於經營規模越小、資本充足率越低的銀行，貨幣政策工具對債權人貸款能力的負面影響效應越顯著。張合金等（2014）研究發現，產品市場的競爭性程度越高，銀行貸款價格越高，並且對於經營規模較小、現金流量水平較低、資產清算價值越低的債務公司，產品市場競爭性對銀行貸款價格的負面影響效應更顯著。

綜上所述，經驗證據表明，信貸市場的擴張性、金融創新、GDP 增長率、政府債務率、國際收支赤字率等經濟制度環境對銀行貸款契約具有正面的影響；而金融危機、擴張性財政政策、擴張性貨幣政策、行業傳染效應、信貸市場的競爭性、失業率、通貨膨脹率等經濟制度環境對銀行貸款契約具有負面的影響；此外，產品市場的競爭性等對銀行貸款契約的影響沒有達成一致的實證研究結論。

2.3　公司內部治理結構和銀行貸款契約

從債權人角度來看，傳統的銀行研究文獻（Freixas & Rochet，1997）認為，信用風險是銀行面臨的最主要的信貸風險，並且是決定銀行貸款定價最重要的影響因素之一。從債務人角度來看，Ge 等（2012）研究認為，負債成本取決於債務公司的違約風險，而公司違約風險則取決於未來現金流量是否充足以履行債務責任的可能性。評估公司未來現金流量取決於兩個重要因素：一是信息風險（信息不對稱問題），二是代理風險（代理衝突問題）。公司治理通過影響信息風險和（或）代理風險進而對銀行貸款契約產生影響作用。先前文獻主要考察了董事會特徵、管理者行為、股權結構等公司內部治理因素對銀行貸款契約的影響。

基於「法與金融」的相關研究文獻（La Porta 等，1997，1998，2000），Filatotchev 和 Mickiewicz（2001）研究發現，股權集中為大股東以犧牲小股東（或外部投資者）利益為代價而攫取控製權私利提供了可能性和渠道，股權集中度越高，大股東和外部投資者之間的代理衝突問題越嚴重，大股東的資產轉移動機和控製權私利的攫取動機越強烈，債務融資成本越高。Francis 等（2007）研究發現，一方面，公司治理質量越好，銀行貸款利率越低、貸款規模越高、貸款期限越長；另一方面，債權人權利保護越弱、法律制度環境越差，公司內部治理水平對銀行貸款契約的影響作用越顯著。研究結論意味著，銀行等債權人進行信貸決策時不僅需要考慮由較差制度環境所帶來的法律風險，而且還需要考慮由較低公司治理水平所帶來的違約風險（信用風險）。Byers 等（2008）研究發現，公司治理（內部治理和外部治理）可作為銀行監督的有效替代機制，公司治理水平越高，越有利於債務公司獲取條款更加優惠的銀行貸款契約。Al-Fayoumi 和 Abuzayed（2009）研究發現，管理者持股比例、大股東持股比例和銀行貸款規模顯著負相關；機構投資者持股比例和貸款規模之間沒有顯著的相關關係。研究結論意味著，外部債權人將內部管理者和大股東的「利益侵占」動機和「攫取」行為視為一種信用風險信號；同時證明了機構投資者的被動監督角色（Pound，1988）。Chava 等（2009）研究發現，與股東權利較弱的公司相比，對於股東權利較強的公司，併購之後的違約風險越大，銀行貸款成本顯著越高。Piot 和 Missonier-Piera（2009）研究發現，董事會的獨立性、薪酬委員會由非執行董事組成、機構投資者的持股比例這三個公司治理質量特徵因素和債務契約成本呈顯著的負相關關係；審計委員會的獨立性對債務融資成本沒有顯著的影響。Roberts 和 Yuan（2010）研究發現，機構投資者持股比例越高，銀行貸款成本顯著越低；伴隨著債務代理成本的不斷提高，機構投資者持股比例的提高將增加銀行貸款成本。總的說來，機構投資者持股比例和銀行貸款成本之間呈顯著的 U 形曲線關係。Francis 等（2011）研究發現，從價格型條款來看，與男性 CFO 控製的公司相比，對於由女性 CFO 控製的公司，銀行貸款價格相對更低；從非價格型條款來看，與男性 CFO 領導的公司相比，對於由女性 CFO 領導的公司，銀行貸款期限相對更長、銀行貸款抵押擔保要求相對更寬鬆。Kim 等（2011a）研究發現，公司內部控製質量越低、銀行貸款利率越高、銀行貸款非價格條款的保護性程度越高、獲得銀行貸款的難度也越大；一旦公司披露內部控製問題，銀行會提高貸款利率，而當公司修正之前報告的內控問題之後，銀行則會相應地降低貸款利率。Wang 等（2011）研究認為，CEO 持有的公司債權比例越高，銀行貸款利率越低，尤其當債權人面臨的利益侵占風險越高、CEO 預期退休時限長於貸款期限時，CEO 持有內部債權比例和銀行貸款利率之間的這種負相關關係越顯著。此外，CEO 持有的內部債權比例越高，銀行貸款的抵押擔保要求越寬鬆、銀行貸款契約條款的限制性程度越低。Fields 等（2012）研究發現，董事會規模越大、董事會獨立性越高、董事會成員的經驗越豐

富、董事會成員越趨於多元化，銀行貸款利率越低。此外，董事會規模越大、董事會獨立性越強，銀行貸款條款的限制性程度越低；董事的任期越長、董事性別為女性時，銀行貸款的抵押擔保要求越寬鬆。Francis等（2012）研究發現，董事會獨立性越高，銀行貸款契約的價格型條款（貸款利率）和非價格型條款（貸款擔保要求、貸款契約條款的限制性程度、績效定價條款等）的優惠程度越高。Ge等（2012）研究發現，公司內部治理越好，銀行貸款利率越低、貸款額度越大、貸款期限越長、貸款擔保要求越寬鬆、貸款契約條款的保護性程度越低；與法律制度環境較差的國家相比，在法律制度環境較強的國家，公司內部治理對銀行貸款契約的有利影響越顯著。Beladi和Quijano（2013）研究發現，CEO持有的股票期權薪酬比例越高，CEO和股東之間的利益聯盟效應越顯著，風險轉移動機越強烈，銀行貸款利率越高、貸款契約條款的限制性程度越高。Rahaman和Zaman（2013）研究發現，高水平的管理質量有助於降低銀行貸款成本、增強公司外部債務融資能力；同時，高水平的管理質量也有助於降低銀行貸款契約非價格型條款的限制性程度，比如貸款期限越長、貸款抵押擔保要求越寬鬆、契約條款的數量越少、保護性程度越低等。Francis等（2013）研究發現，首先，更加關注公司業績的管理風格有助於債務公司獲得利率更低、非價格型條款更加優惠的銀行貸款；其次，當這類關注公司業績管理風格的管理者調任至新公司工作之後，銀行將「追隨」這位管理者的工作變動路徑，願意繼續向管理者新繼任的公司提供條款優惠的銀行貸款契約。Adam等（2014）研究發現，與理性的管理者相比，對於樂觀主義管理者，公司價值較低，銀行貸款利率較高，貸款契約條款的保護性程度較高。此外，管理者年齡和銀行貸款契約的限制性程度呈負相關，但管理者性別、教育背景以及任期對銀行貸款契約沒有顯著的影響作用。Deng等（2014）研究發現，股東提起集體訴訟申請之後，被告公司的聲譽質量遭受較大的損害，導致銀行貸款成本和貸款費用更高、貸款契約條款的限制性程度更高、貸款抵押擔保要求更嚴格。此外，股東集體訴訟導致公司市場價值的損失額度和公司未來融資成本的增加額度呈正相關關係。Billett等（2015）研究發現，當管理者的控制權和現金流量權之間出現分離時，管理者和股東之間的利益衝突將導致管理者產生損害公司價值的動機，因此貸款成本越高、貸款規模越小、信用評級越差。Qian和Yeung（2015）研究發現，在銀行業系統被效率較差的國有銀行所主導的金融制度環境中，控製股東的「隧道」行為和銀行貸款融資能力呈顯著正相關，尤其對於債務融資能力較強（固定資產比例較高）的公司，以及位於銀行業效率較差地區的公司而言，這種正相關關係將更加顯著。與其他公司相比，「隧道」行為較嚴重的公司能以與之近乎相等的貸款成本繼續獲得新的銀行貸款。但從長期來看，由於「隧道」嚴重損害公司價值，銀行貸款融資能力最終和公司未來業績呈負相關。Lugo（2016）研究發現，當內部人持股比例較低時，以犧牲債權人利益為代價所獲取的控制權私利大於攫取成本（Jensen&Meckling，1976），此時銀行貸款成

本隨著內部人持股比例的增加而提高，並且持股比例越低，內部人的「隧道」動機越強烈；而當內部人持股比例處於較高水平時，內部人以犧牲債權人利益為代價攫取控製權私利的動機和其持股比例呈負相關（Shleifer&Vishny，1997），內部人有效控製公司資源的能力和追求公司價值最大化的動機則和其持股比例呈正相關，此時銀行貸款成本隨著內部人持股比例的增加而降低。

江偉和李斌（2006）研究發現，與民營公司相比，國有屬性公司的銀行貸款規模越大、貸款期限越長；在政府干預程度較低、金融發展水平較高的制度環境中，國有屬性和銀行貸款契約之間的相關關係受到削弱。肖作平（2010a）研究發現，公司內部治理水平越好（股權集中度越低、產權性質屬於國有屬性、管理者持股比例越高、董事會獨立性越高），銀行貸款期限越長。此外，審計委員會對銀行貸款期限的影響作用並不顯著。姚立杰等（2010）研究發現，公司治理水平對銀行貸款規模和貸款期限均沒有顯著的影響作用；監事會規模和銀行貸款成本呈負相關，股權集中度和銀行貸款成本呈正相關。李朝暉（2012）研究發現，機構投資者持股比例與銀行貸款規模之間呈倒 U 形曲線關係。祝繼高等（2012）研究發現，股權集中度越高，商業銀行經營業績越差、不良貸款率越高、貸款集中度越高；股權性質為國有屬性時，經營業績更差、不良貸款率更高；董事會獨立性能抑制控製股東的「隧道」動機和「攫取」行為。李小榮等（2015）研究發現，CEO 權利越大，銀行貸款規模越小、貸款期限越短；國有屬性會減弱 CEO 權利和銀行貸款規模之間的負相關關係。

綜上所述，經驗證據表明，董事會獨立性、董事會規模、監事會規模、管理者債權比例、管理者女性性別、「業績型」管理風格、管理質量、控製股東的「國有屬性」等公司治理結構對銀行貸款契約具有正面的影響；而管理者的「利益侵占」效應和「風險轉移」動機、管理者樂觀主義、CEO 權利、股權集中度、股東權利、股東集體訴訟、內部控製缺陷、控製股東的「隧道」效應等公司治理結構對銀行貸款契約具有負面的影響。此外，審計委員會特徵、機構投資者持股、內部人（管理者）持股、內部治理水平等公司治理因素對銀行貸款契約的影響沒有達成一致的研究結論。

近年來少量文獻開始考察終極所有權結構對銀行貸款契約的影響。Boubaker（2005）在 Bebchuk 等（2000）和 Faccio 等（2001a）有關兩權分離度研究的基礎上，考察了終極控製股東的控製權─所有權結構對公司債務融資行為的影響作用。研究發現，債務公司產生「利益侵占」動機的可能性越高（控製權和現金流量權之間的分離度越大），銀行貸款規模越小、銀行貸款契約條款的限制性程度越高。Boubakri 和 Ghouma（2010）研究表明，兩權分離度、家族型終極控製股東與銀行貸款成本之間呈顯著的正相關關係，和債券信用評級之間呈顯著的負相關關係；國有型終極控製股東對銀行貸款成本和債券信用評級沒有顯著的影響；當「利益侵占」風險較高、

債權人權利保護較差時，貸款成本和貸款契約條款的限制性程度呈負相關。Lin 等（2011a）研究表明，兩權分離度越大的公司，銀行貸款融資成本越高。研究結論意味著，控製權和現金流量權的分離導致公司的代理衝突矛盾從股東和管理者之間（Jensen&Meckling, 1976）轉移到大控製股東和其他投資者之間（Shleifer&Vishny, 1997），終極控製股東的道德風險行為將增加銀行等債權人所面臨的監督成本和信用風險。Lin 等（2012）研究發現，當控製權和現金流量權之間的分離度較高時，貸款銀團的集中度變得更高，銀團主要由與債務公司在地理位置上更接近的國內銀行組成，並且擁有更多的與債務公司所處行業有關的信貸專家。此外，控製權和現金流量權的分離度越高，銀行貸款規模越小、貸款期限越短、貸款契約條款的限制性程度越高。Lin 等（2013）研究證明，兩權分離度對銀行貸款融資能力具有顯著的負面影響，尤其對於家族控股公司、信息不對稱程度較高的公司以及陷入財務困境風險較高的公司而言，兩權分離度對銀行貸款融資能力的負面影響將變得更加顯著。此外，兩權分離度越高，銀行貸款期限越長、貸款抵押擔保要求越寬鬆，因為較短的期限和抵押擔保要求較高的債務的監督能力更強。Lin 等（2014）研究發現，終極控製股東控製權和現金流量權之間的分離度越低、大股東持股比例越高、被董事會擔保的股權比例越低、董事會獨立性越高以及不存在二元股權結構的債務公司，越有可能獲得利率較低的銀行貸款。此外，公司內部治理水平越好，銀行貸款規模越高、銀行貸款期限越長、銀行貸款抵押擔保要求越寬鬆，這與 Bhojraj 和 Sengupta（2003）有關「功能運行良好的公司治理有助於降低代理風險、信息風險和債務成本」的研究結論一致。

肖作平（2011）研究發現，終極控製股東的控製權越高、控製權和所有權的分離度越高，債務期限結構越短；終極控製股東類型為國有屬性時，緊密的政治關係有助於延長債務期限結構。肖作平和張櫻（2015）研究發現，一方面，終極控製股東的控製權越強、控製權和現金流量權之間的分離度越大、金字塔層級數量越多，銀行貸款契約越趨於緊縮；另一方面，終極控製股東的現金流量權越多、終極控製股東類型是國有屬性，銀行貸款契約越趨於寬鬆。肖作平和張櫻（2016）進一步研究發現，高水平的社會資本能削弱終極控製股東的控製權、兩權分離度、金字塔層級對銀行貸款契約的負面影響；能增強現金流量權、國有型終極控製股東對銀行貸款契約的正面影響。

綜上所述，經驗證據表明，終極控製股東的現金流量權對銀行貸款契約具有正面的影響；終極控製股東的控製權、兩權分離度、金字塔控製層級、家族型終極控製股東對銀行貸款契約具有負面的影響；國有型終極控製股東對銀行貸款契約的影響沒有達成一致的實證研究結論。

2.4　法律制度環境和銀行貸款契約

　　自從 La Porta 等（1997，1998，2000，2002）在「法與金融」領域對法律制度環境和公司價值、資本結構、公司治理以及金融發展水平之間的關係展開開創性的研究以來，越來越多的文獻研究表明，法律制度環境亦是債務融資政策（銀行貸款契約）的重要影響因素。La Porta 等（1997）研究認為，與普通法系國家相比，在大陸法系國家（尤其是法國），不僅債權人權利保護較弱，而且資本市場的發展程度較差。據此研究結論，La Porta 等（1997）創建了「法與金融」的理論框架：法律制度環境（法律淵源、法律規則、法律保護水平、法律執行質量）是決定國家資本市場發展規模和發展水平的重要因素。由於良好的法律制度環境能保護債權人免遭債務人「利益侵占」行為的侵害，因此良好的法律制度環境被債權人視為一種抵押擔保，其有助於提升潛在債權人的借貸意願，並進而擴大信貸市場的發展規模和發展水平。La Porta 等（1998）研究發現，首先，從法律淵源來看，普通法系國家對投資者的保護力度最強，法系國家對投資者保護力度最差，而德系國家和斯堪的納維亞系國家投資者保護力度居中；其次，從法律執行質量來看，德系國家和斯堪的納維亞系國家的法律執行質量最高，普通法系國家居中，法系國家的法律執行質量最差；最後，從股權集中度來看，會計準則、法律規則、投資者法律保護和股權集中度高度負相關，股權高度集中被視為資本市場功能運行較差的信號。總體而言，La Porta 等（1997，1998）的「法與金融」理論研究意味著，法律淵源能解釋國家金融市場發展水平的差異性。良好的法律制度環境能抑制債務人的「侵占」動機和道德風險行為，保護債權人的合法利益，鼓勵債權人願意以更加優惠的條款向債務人提供銀行貸款。

　　Esty 和 Megginson（2003）研究發現，在債權人權利保護越弱、法律執行質量越差的國家，銀團貸款規模越大（銀行數量越多），貸款分散度越高（集中度越低）；債權人保護、法律執行質量和銀行貸款期限正相關。Beck 和 Demirguc-Kunt（2005）研究發現，與普通法系國家相比，法系國家（大陸法系國家）公司將面臨相對更嚴峻的債務融資約束問題（銀行貸款期限越短、貸款擔保要求越嚴格），尤其對於規模較小的本國公司和家族控股公司，法律淵源對債務融資障礙的負面影響將變得更加顯著。Laeven 和 Majnoni（2005）研究發現，司法系統效率越高，銀行貸款利率越低，即債權人權利保護水平每提高 1 個百分點，銀行貸款利率平均下降 2.0～2.5 個百分點。Kaplan 等（2007）研究發現，在大陸法系國家中，美國式金融契約的契約結構特徵更經典完善。在執行美國式金融契約條款的過程中，面臨來自制度環境的障礙程度更低。經驗豐富的風險投資資本無須考慮法律制度風險就能夠有效地執行美國式契約。與法律制度或其他法規、會計、制度因素相比，風投資本的經驗性才

是解釋美國式契約條款差異性的重要因素。Qian 和 Strahan（2007）研究發現，債權人權利的法律保護越強，銀行貸款集中度越高、貸款利率越低、貸款期限越長；與德系國家相比，法系國家的銀行貸款利率相對更高、貸款期限更短、貸款擔保要求更嚴格。Djankov 等（2007）研究發現，債權人權利保護制度和信息共享制度均有助於擴大私人信貸規模，但對於發達國家而言，債權人權利保護對信貸規模的擴張效應更加顯著；法律淵源是債權人權利保護制度和信息共享制度的重要決定因素。Cole 和 Turk（2007）研究發現，與法系國家或社會主義系國家相比，英系國家的銀行貸款規模更高；債務契約的執行質量和執行效率越高，銀行貸款規模越高、債權人的信貸意願越強；當擁有更多的經營自主權時，銀行等債權人願意提供的信貸規模更大。Bae 和 Goyal（2009）研究發現，債務契約的法律執行質量越差，銀行貸款利率越高、貸款金額越少、貸款期限越短；債權人權利保護僅對銀行貸款利率具有顯著的影響（即債權人權利保護力度越強，銀行貸款利率越低），但債權人權利保護對銀行貸款金額和貸款期限的影響效應並不顯著。Haselmann 等（2010）研究發現，繼法律制度改革之後（債權人權利保護力度更強），銀行信貸規模顯著擴大；與破產法相比，資產抵押擔保法對信貸市場發展水平的重要性更強，抵押擔保法在信息不對稱問題較嚴重的新興市場國家和經濟轉型體國家中將扮演至關重要的角色；與有信貸經歷的債權人相比，沒有本國信貸經歷的新債權人對法律制度改革的反應更強烈。由於債權人法律保護力度的增強有助於降低外國銀行進入本國信貸市場所面臨的文化障礙和信息成本，因此，法律制度改革給外國銀行帶來的益處顯然更多。此外，與本國銀行（無論是私營還是國有）相比，外資銀行針對法律制度改革的信貸規模擴張程度更高。Fabbri（2010）研究發現，在法律成本較高（案件審判時間較長）的地區，銀行貸款成本更高、貸款規模更小；法律執行質量和銀行貸款規模之間不存在顯著的相關關係。法律執行質量有助於提高信貸契約條款的優惠程度（貸款擔保要求較低）。Haas 等（2010）研究發現，當銀行認為質押和抵押法律對債權人權利的保護質量較高時，銀行將擴大信貸組合中的抵押貸款規模。法律制度環境的改善將給所有不同類型的債務人帶來益處（銀行不僅向國有企業提供貸款，而且向私營企業，尤其是家庭提供貸款的意願更高）。Nana（2014）研究發現，債權人權利越強、契約執行質量越高、信息共享度越好，私人信貸市場規模越大，尤其是對於富裕程度越高的國家，債權人權利和法律執行對私人信貸市場規模的影響效應越顯著。Maresch 等（2015）研究發現，司法執行系統的效率越高（司法成本越低、解決司法糾紛所耗費的時間越短、司法程序數量越少），債權人權利的保護力度越強（法律系統的權威性越高、產權保護力度越高），公司面臨信貸約束（融資障礙）的可能性越低。Zhang（2016）研究發現，金融市場的發展水平、破產程序的執法效率、法律的公正性和執法權威性以及金融信息的透明度不僅對本國信貸市場的銀行貸款利率和貸款規模具有顯著性的影響作用，而且還對國際信貸市場的信貸規模具有顯著性的

影響作用。研究結論意味著，制度環境因素通過影響資本市場的整體有效性和法律系統的固有風險在公司債務融資決策過程中將扮演著至關重要的角色。

　　餘明桂和潘紅波（2008a）研究發現，法律制度環境越好、金融發展水平越高的地區，國有企業的銀行貸款規模越低、貸款期限越短；政府干預程度越高的地區，國有企業的銀行貸款規模越大、貸款期限越長。張健華和王鵬（2012）研究發現，法律制度環境越好，銀行貸款規模越大、銀行貸款風險越高。此外，地方政府干預程度越高，銀行貸款規模越大。錢先航等（2015）研究發現，首先，債權人權利保護力度越強的地區，銀行對個人貸款和公司貸款的區別性審核越嚴格，中小企業獲得的銀行貸款規模越低；其次，法律執行質量越高的地區，銀行對債務人有關會計信息、資歷背景等的貸款審核越寬鬆，銀行提供關聯性貸款的可能性越低、關聯性貸款規模也越低，銀行不良貸款率越低；最後，信用環境質量越好的地區，銀行對債務人有關會計信息、資歷背景、經營年限的貸款審核越寬鬆，農戶獲得的銀行貸款價格越低，銀行提供關聯性貸款規模越低，銀行不良貸款率越低、銀行經營績效越好。

　　綜上所述，經驗證據表明，債權人權利保護、法律執行質量、司法系統效率、信息共享制度、法律制度改革、抵押擔保法的執行、地方政府干預等法律制度環境對銀行貸款契約具有正面的影響；法律淵源（法系國家）、法律成本等法律制度環境對銀行貸款契約具有負面的影響。

2.5　社會制度環境和銀行貸款契約

　　由於經濟金融理論在解釋債務契約的「不完全性」方面存在固有的缺陷和局限性，除法律制度環境之外，近年來隨著社會學、制度經濟學、金融學等交叉學科理論的不斷發展，社會制度環境（諸如社會責任、社會倫理道德、社會關係網路、社會仲介組織、社會宗教信仰等）在彌補和緩解這些缺陷和局限性方面扮演著潛在的重要角色。例如 Bharath 等（2011）研究發現，債權人和債務人之間出於頻繁的信貸交易活動所建立的銀企關係網路越緊密，銀行貸款利率越低、貸款額度越大、貸款期限越短、貸款擔保要求越低，尤其是對於信息不對稱程度越高、道德風險問題越嚴重的債務人，社會關係網路對銀行貸款契約條款的影響作用越顯著。Goss 和 Roberts（2011）研究發現，企業社會責任水平越高，銀行貸款成本越低，表明銀行將企業社會責任視為除信用質量之外的決定銀行貸款利率的第二個重要因素。對於信用質量較低、代理風險較高的債務人而言，對企業社會責任的自主投資水平越高，面臨的銀行貸款利率越高、貸款期限越短，因為此時銀行將過高的社會責任投資水平視為一種與代理風險有關的過度投資行為；而對於信用質量較高的債務人而言，

企業社會責任自主投資水平的高低對銀行貸款利率、貸款期限等契約條款並沒有顯著的影響，表明從企業社會責任的投資水平來看，銀行對企業社會責任的反應取決於債務人的信用質量。Kim 等（2014）研究發現，債務人的倫理道德行為水平越好，銀行貸款利率越低，貸款條款的優惠程度越高，債權人和債務人之間在倫理、道德等價值觀方面的認同度和相似程度越高，倫理道德行為對銀行貸款條款優惠程度的影響效應越顯著。Yang 等（2014）研究發現，與沒有政府關係網路的公司相比，對於擁有政府關係網路的公司而言，銀行貸款期限相對更長；媒體監督的力量越強，政府關係網路對長期貸款的影響效應越不顯著。Houston 等（2011）研究證明由於受政府干預的影響，當媒體產權性質屬於國有屬性時，銀行在信貸決策過程中產生的貪污腐敗問題越嚴重。與 Houston 等（2011）的研究結論相反，Yang 等（2014）的研究結論顯示，媒體監督在一定程度上有助於抑制貪污腐敗問題。研究結論意味著，政府關係網路有利於提高公司的債務融資能力並延長銀行貸款期限。此外，媒體監督不僅能影響公司高管的聲譽，而且通過揭露公司謀取私利的不端行為對公司治理水平產生影響，因而能在一定程度上抑制政府關係網路對銀行貸款的影響作用。Houston 等（2014）研究發現，當債務公司的董事會成員擁有政府關係網路背景時，銀行貸款成本顯著更低。尤其是對於政府採購的依賴程度越高、關係型借貸水平越低（銀企關係網路越弱）、信用評級越低、對外貿易的競爭性程度越強、經歷過金融危機的債務公司而言，政府關係網路和銀行貸款成本之間的這種負相關關係將變得更加顯著。此外，在 2006 年美國民主黨選舉獲勝之後，與民主黨有政治關聯的公司的銀行貸款成本顯著下降，而與共和黨有政治關聯的公司的銀行貸款成本則顯著提高。進一步地，政治關係網路還有助於降低銀行貸款契約條款的限制性程度。Francis 等（2014）研究發現，政治環境的劇烈波動會額外增加債務公司的銀行貸款成本，即公司面臨的特定政治風險每增加 1 個百分點，銀行貸款成本將顯著提高 11.90 個百分點。此外，與銀企關係網路較弱的債權人相比，銀企關係網路較強的債權人在對債務人未來政治風險進行評價的過程中具有更強的信息優勢，即債權人和債務人面臨的信息不對稱程度是影響政治不確定性和銀行貸款成本之間關係的重要因素。Cen 等（2014）研究發現，首先，與大客戶之間建立長期的社會關係網路能顯著降低債務公司的銀行貸款成本。其次，建立（終結）供應商社會關係網路能降低（提高）銀行貸款利率；與供應商關係網路的建立時間短於三年的公司相比，建立時間長於三年的公司，其銀行貸款利率相對更低；尤其當銀行等債權人面臨的信息不對稱問題越嚴重時，長期的供應商社會關係網路對銀行貸款成本的削減效應越顯著。再次，當債務公司和大客戶供應商在銀團貸款中共同面對相同的貸款銀行時，供應商社會關係網路對銀行貸款成本的影響變得更加顯著。最後，大客戶供應商的信用質量越高，供應商社會關係網路對銀行貸款成本的影響越顯著。Oikonomou 等（2014）研究發現，與社會績效水平較差（違背社會公德）的公司相比，對於社會績效水平較

好的公司而言，銀行貸款成本越低、債券信用評級越高。研究結論意味著，高水平的社會績效向外部股東傳遞有關內部管理者高水平管理的積極信號，有助於降低公司的債務違約風險、提高信用質量。Chen 等（2015）研究發現，公司慈善水平越高，銀行貸款利率越低、貸款額度越大、貸款期限越長；與國有企業相比，對於非國有企業而言，公司慈善水平和銀行貸款契約之間的正相關關係將變得更加顯著，表明國有企業和非國有企業對社會慈善進行貢獻的動機可能存在差異。Hollander 和 Verriest（2016）研究發現，債務公司和債權銀行之間的地理距離越遠，信息不對稱問題越嚴重，貸款利率越高、貸款期限越短、貸款擔保要求越嚴格、貸款契約條款的保護性程度越高。因為地理距離越遠，債權人搜集債務人私人內部信息的能力越容易受到限制，由地理距離所導致的信息摩擦將影響銀行貸款契約的設計和安排。He 和 Hu（2016）研究發現，債務人所屬國家對宗教信仰的虔誠度越高，貸款利率越低、貸款金額越多、貸款契約的保護性程度越低。研究結論意味著，債務人所遵守的社會規範和信奉的宗教信仰有利於緩解信息風險和代理風險、降低債務違約風險。

餘明桂和潘紅波（2008b）研究發現，與沒有政治關係網路的企業相比，對於有政治關係網路的民營企業而言，銀行貸款金額越多、銀行貸款期限越長。尤其是對於金融發展水平越低、法律制度環境越差、政府干預程度越嚴重的區域，政治關係網路對銀行貸款契約的影響效應越顯著。連軍等（2011）研究發現，政治關係網路有助於提高民營企業的銀行貸款金額；尤其對於金融發展水平越差、債權人權利保護越弱、政府干預程度越嚴重的區域，政治關係網路對銀行貸款金額的影響效應越顯著。張敦力和李四海（2012）研究發現，社會信任水平越高的地區，銀行貸款成本越低、貸款規模越大、貸款期限越長；與沒有政治關係網路的企業相比，對於有政治關係網路的民營企業而言，銀行貸款成本越低、貸款規模越大、貸款期限越長；政治關係網路會削弱社會信任對銀行貸款契約的正面影響。錢先航和曹春芳（2013）研究發現，地區信用環境指數越高，個人貸款規模越大、銀行貸款期限越短、貸款擔保要求越寬鬆（信用貸款規模越大）。此外，對於債權人權利保護較弱的地區，社會信用環境對銀行貸款組合的影響更加顯著。祝繼高等（2015）研究表明，對於擁有銀行關係網路的上市公司，銀行貸款額度更高、貸款期限更長，表明銀行關係網路具有資源效應和信息效應；對於不屬於國家重點支持和明確鼓勵發展行業的上市公司，銀行關係網路和政治關係網路具有相互補充的作用；對於屬於國家重點支持和明確鼓勵發展行業的上市公司，銀行關係網路和政治關係網路具有相互替代的作用。

Putnam（1993，1995）和 Fukuyama（1995，1997）等有關「社會資本」的經典著作受到了經濟學家的廣泛關注，開啟了社會資本在管理學、經濟學以及金融學領域的研究熱潮。最近少量文獻開始直接考察社會資本和銀行貸款契約之間的關係。Uzzi 和 Lancaster（2001）基於「社會嵌入」理論的研究視角，考察了社會資本（由

社會信任、社會規範和社會關係網路所組成的一種綜合性概念）對銀行貸款契約成本的影響。研究表明，當債務公司通過嵌入式聯繫與銀行等債權人建立社會關係網路時，銀行貸款利率更低、銀行貸款抵押擔保要求更趨向於寬鬆。研究結論意味著，當商業交易鑲嵌於社會關係網路之中時，社會資本能降低債權人所面臨的銀行貸款契約的簽訂成本和銀行貸款績效的監督成本，因而有助於降低債務人所面臨的銀行貸款成本、緩解銀行貸款契約條款的限制性程度。Kim 等（2009）選取公司社會責任作為社會資本的度量指標。研究發現，債務人的倫理道德價值觀本身並不會對銀行貸款利率造成顯著性的影響，只有當債權人和債務人在有關社會責任的價值觀方面保持高度的一致性時（或者只當債權人同樣尊崇社會責任的價值觀時），才有利於債務人獲得契約條款優惠程度更高、價格更低的銀行貸款。研究結論意味著，任何有助於緩解信息不對稱問題的信號都非常具有價值，債務人的社會責任行為在債權人看來就是這樣一種有價值的信號，因為這意味著債務人具有較高水平的誠信度。Talavera 等（2012）選取社會活動時間、社會活動費用、是否是商業協會的會員、是否為中國共產黨黨員以及社會慈善貢獻水平等指標建立社會資本的綜合度量指標體系。研究發現，企業家對社會慈善所做的貢獻水平越高，申請銀行貸款獲得成功的概率越大。此外，對於國有銀行而言，債務人是否擁有政治關係網路背景是成功獲得銀行貸款的關鍵性影響因素；而對於商業銀行而言，債務人參與各類社會活動的時間越長、具備商業協會的會員資格，申請銀行貸款獲得成功的概率相應越高。Hasan 等（2015）研究發現，公司總部所屬區域的社會資本水平越高，銀行貸款利率越低、貸款擔保要求越寬鬆、貸款契約的保護性程度越低。由於社會資本能提供合作式社會規範和密集型社會關係網路，債權人將社會資本視為債務人所面臨的一種制度環境壓力，這將有助於約束債務人在債務契約的簽訂和執行過程中所產生的機會主義行為。Mistrulli 和 Vacca（2015）研究發現，雷曼兄弟破產危機爆發之後，與公司總部位於社會資本發展水平較低的區域的債務人相比，當公司總部位於社會資本發展水平較高的區域時，銀行貸款利率的提升程度更加溫和。進一步地，對社會資本的度量方法不同，社會資本和銀行貸款利率之間關係的迴歸結果也略微不同。當借鑑 Guiso 等（2004）選取無償獻血率和政治選舉參與率這兩個指標度量社會資本時，社會資本和銀行貸款成本呈顯著負相關；當選取一個社區或團體在信貸市場的合作意向，以及與信貸市場有關的社會關係網路來度量社會資本時，社會資本對銀行貸款成本沒有顯著的影響；當選取特定類型的社會關係網路（親朋好友之間的關係網路），以及根植於大眾普遍認可的道德價值觀之中的利他主義行為度量社會資本時，社會資本對銀行貸款成本的影響並不明確。研究結論意味著，社會資本的「公民規範」屬性（Guiso 等，2010）通過提高信任度能抑制債務人的道德風險行為，「關係網路」屬性（Bourdieu，1986）通過加強監督力度能緩解逆向選擇問題。由此可知，社會資本與信貸市場之間存在重要的相關性。

肖作平和張櫻（2014）研究發現，在社會資本發展水平越好的地區，社會信任度越高，銀行貸款利率越低；社會懲罰水平越高，公司信譽質量越好，銀行貸款金額越高；社會參與度越高，信息不對稱程度越低，銀行貸款期限越長；社會網路密度越高，社會虛擬擔保品價值越大，銀行貸款擔保要求越寬鬆。

綜上所述，經驗證據表明，社會關係網路、政府關係網路、銀企關係網路、公司社會責任、公司社會績效、社會慈善水平、倫理道德行為、社會宗教文化、社會資本等社會制度環境對銀行貸款契約具有正面的影響；政治風險等社會制度環境對銀行貸款契約具有負面的影響。

2.6　本章小結

本章通過對國內外銀行貸款契約相關研究文獻進行系統的總結和綜述可知：

先前有關影響銀行貸款契約設計和安排的研究文獻主要聚焦於債務人特徵、經濟制度環境和法律制度環境上。儘管最近部分研究文獻開始考察董事會特徵、管理者或大股東直接持股等公司治理機制，以及關係網路、社會責任、倫理道德等社會制度環境對銀行貸款契約的影響，但目前鮮有文獻基於終極所有權結構視角和社會制度環境中的社會資本視角研究銀行貸款契約。

先前少量有關終極所有權結構對銀行貸款契約影響的研究文獻大多選取兩權分離度或終極控制股東類型作為終極所有權結構的代理變量，目前鮮有文獻全面研究終極控制股東的控制權、現金流量權、兩權分離度、金字塔控製層級、終極控制股東類型對銀行貸款契約的影響機制。只有全面地考察終極所有權結構，才能全方位理解終極控制股東的行為和激勵問題。

先前少量有關社會資本對銀行貸款契約影響的研究文獻大多選取社會資本宏觀層面或者微觀層面的一個或幾個指標度量社會資本，目前鮮有文獻將社會資本的宏觀和微觀層面綜合起來系統完整地考察對銀行貸款契約的影響機制。具有多層次、多維度概念的社會資本內涵極其豐富，只有全面地考察社會資本，才能深刻理解社會資本在銀行貸款契約設計和安排過程中所扮演的重要角色。

終極所有權結構和社會資本對銀行貸款契約的交互效應至關重要，它反映出終極所有權結構與銀行貸款契約之間的基本關係如何依賴於社會資本的不同發展水平。先前研究文獻沒有考慮這種交互效應，因而無法深刻認識公司治理結構、社會制度環境對銀行貸款契約的影響機制。

另外，先前研究文獻在研究方法上存在一定問題：①多數研究採用靜態迴歸計量方法，沒有從動態視角考察終極所有權結構、社會資本和銀行貸款契約之間的關係。然而，銀行貸款契約的設計和安排是一個動態過程，因而應當構建動態計量經

濟模型進行實證檢驗。②多數研究缺乏對中國等發展中國家融資制度背景的深入分析。由於歷史、體制等社會制度原因，中國具有特殊的融資制度背景，西方發達國家有關銀行貸款契約設計和安排的理論和實證結論可能並不適用於中國。因此，研究中國銀行貸款契約問題必須結合中國特殊的融資制度背景。

第 3 章 公司融資制度背景分析

　　Williamson（2000）根據制約作用的強弱將制度分為四個層級：第一層級（最高層級）為社會嵌入性（Social Embeddedness），屬於社會學理論範疇，包含非正式制度、習俗、傳統、規範、宗教、制裁、禁忌、行為準則等，同時嵌入性包括四種類型，即認知型、文化型、結構型和政治型；第二層級為制度環境（Institutional Environment），屬於產權經濟學或實證政治學理論範疇，包含產權、政體、司法、官僚政治等正式博弈規則；第三層級為治理制度（Institutions of Governance），屬於交易成本經濟學範疇，包含將治理結構和交易行為進行有機結合等契約關係；第四層級（最低層級）為資源的分配和利用（Resource Allocation and Employment），屬於新古典主義經濟學或代理理論範疇，包含價格和數量、激勵聯盟等。基於 Williamson 的這四個制度層級，第 2 章有關銀行貸款契約的研究綜述表明：第一，社會文化（Guiso 等，2009；Giannetti&Yafeh，2012）、社會信任（Ang 等，2015）、社會慈善（Chen 等，2015）、社會關係網路（Bharath 等，2011；Houston 等，2014；Cen 等，2014）、宗教信仰（He&Hu，2016）、倫理道德（Kim 等，2014）、社會資本（Hasan 等，2015）等社會嵌入性制度（非正式社會制度）；第二，法律淵源（La Porta 等，1997，1998）、產權保護（Qian&Strahan，2007；Haas 等，2010）、法律執行（Bae&Goyal，2009；Zhang，2016）等正式法律制度；第三，董事會特徵（Fields 等，2012）、管理者行為（Adam 等，2014）、股權結構（Lin 等，2012，2013，2014）等公司治理制度；第四，財政政策（Dewachter&Toffano，2012）、貨幣政策（He&Wang，2013）、產品市場（Hu，2014）等經濟金融制度在解釋債務契約（或銀行貸款契約）的差異性上扮演著重要的角色。

　　由於不同國家（區域）在法律制度、金融體系等方面存在較大的差異，融資制度背景也許在解釋各國（區域）銀行貸款契約的差異性上與公司特徵、公司治理結構一樣重要。與西方發達經濟體健全的法律制度環境相比，對於發展中國家和轉型經濟體國家而言，不僅金融市場的發達程度和有效性較差（Allen 等，2005），公司治理機制和會計準則制度的發展程度較低，而且有關債權人權利保護和契約執行的法律制度體系也相對較弱（Allen 等，2012）。在投資者法律保護不健全、契約執行質量較差的新興市場經濟體中的銀行貸款契約不僅受到公司特徵以及公司治理的影

響，同時還將受社會制度、法律制度等的影響。另外，不同國家（區域）的社會資本發展水平和過去以及當前的制度環境之間存在高度的相關性（Putnam，1993；Guiso 等，2008；Buggle，2013）。中國正處於經濟結構轉型的關鍵期，經濟發展進入新常態，由於歷史、體制等各種原因導致體制機制弊端和結構性矛盾，因而存在特殊的融資制度背景。對中國融資制度背景進行深入分析，能夠為解釋銀行貸款契約的差異性提供現實背景和理論依據，有利於我們深刻理解終極所有權結構和社會資本對銀行貸款契約的作用機理，解釋終極控製股東的掠奪行為和信息操縱行為。本書擬從國別層面的股權結構模式、法律制度環境（法律保護和法律執行）、金融制度環境（金融體系概況、資本市場發展水平和銀行系統發展現狀）等方面剖析中國的融資制度背景特徵，並與西方發達國家和主要新興市場國家的制度環境進行國際比較。

3.1　公司股權結構模式

　　La Porta 等（1999）對全球 27 個發達國家公司的股權結構模式進行研究後發現：①所有公司都擁有所有者，Berle 和 Means（1932）的分散型股權結構模式並不普遍。②股權分散公司只有在對股東權益保護較好的國家才相對較普遍。③大部分大規模公司都由家族控製。④家族控股結構在對股東權益保護較差的國家更加普遍。⑤大部分上市公司多由國家（政府）控製，尤其是對股東權益保護較差的國家。⑥由股權分散的銀行或股權分散的公司所控製的控股結構並不普遍。⑦對於大規模公司而言，雖然控制權和現金流量權之間的分離度通常較低，但金字塔股權結構卻非常普遍。⑧在對股東權益保護較差的國家，金字塔股權結構和兩權分離現象更加普遍。⑨對於家族控股公司而言，所有權和管理權之間幾乎不存在分離現象。⑩對於同一家公司，控製股東和其他大股東並存的股權結構並不普遍。La Porta 等（1999）開創了終極所有權結構研究的先河，研究結論意味著，終極所有權結構模式的確具有全球普遍性，尤其是對於法律制度環境較差的國家。本部分將對中國和其他亞洲國家、歐洲國家、美洲國家等的股權結構模式進行國際比較。

　　中國上市公司的股東權利、股權結構和全球各國或地區公司的國際比較如表 3—1 所示。

表 3-1　上市公司股東權利和股權結構模式的國際比較：英系、法系、德系、北歐系國家或地區

國家/地區	董事會選舉權	併購決策權	薪酬計劃決策權	股票發行回購決策權	股東權利總計	內部人持股（%）	外國機構投資者持股（%）
\multicolumn{8}{c}{Panel A：英系法律淵源}
澳大利亞	91.0	95.3	74.2	96.5	86.8	33.6	3.3
加拿大	93.9	91.0	59.6	86.2	91.0	19.4	13.6
愛爾蘭	91.5	100.0	86.9	95.6	94.2	26.4	10.1
馬來西亞	91.8	97.0	39.9	95.1	92.1	49.3	2.1
新西蘭	96.0	100.0	81.1	94.7	95.8	49.8	3.1
新加坡	90.7	97.3	29.7	84.4	87.4	58.8	3.9
泰國	95.1	90.8	67.3	88.8	86.9	49.4	2.3
英國	93.5	93.4	88.8	96.7	95.0	23.5	4.4
英系總計	92.8	90.7	75.8	91.7	91.1	35.0	5.3
\multicolumn{8}{c}{Panel B：法系法律淵源}
比利時	91.4	96.3	63.9	84.3	88.0	38.1	3.8
法國	75.2	79.9	71.9	78.9	81.0	42.1	5.9
印度尼西亞	88.7	55.6	28.1	75.0	85.6	61.7	3.1
義大利	82.6	93.9	89.8	84.5	84.1	43.2	3.2
菲律賓	95.0	100.0	51.9	87.8	91.1	77.3	4.8
葡萄牙	90.4	100.0	46.3	87.8	83.6	53.3	2.5
西班牙	79.6	91.0	75.8	96.4	90.8	45.4	3.0
法系總計	85.5	80.3	74.1	85.6	86.4	47.9	5.3
\multicolumn{8}{c}{Panel C：德系法律淵源}
奧地利	94.2	99.4	62.2	87.2	90.5	47.9	4.1
德國	96.1	97.4	86.7	91.0	94.5	40.4	5.4
日本	95.1	75.0	73.9	85.0	89.9	37.7	2.9
俄羅斯	74.9	69.3	72.1	71.3	78.1	70.2	4.3
韓國	93.6	92.5	86.7	91.1	91.3	33.7	6.0
瑞士	94.1	100.0	63.4	93.7	88.1	32.8	7.3
臺灣	86.0	85.9	23.6	92.1	85.5	25.9	3.3
中國內地	92.7	89.3	53.9	55.0	88.6	62.7	3.3
德系總計	93.8	78.1	74.4	82.9	89.4	38.8	3.6

續表3-1

國家/地區	股東投票權（%）					內部人持股（%）	外國機構投資者持股（%）
	董事會選舉權	併購決策權	薪酬計劃決策權	股票發行回購決策權	股東權利總計		
Panel D：北歐系法律淵源							
丹麥	89.3	93.3	67.0	92.1	91.1	32.1	4.3
芬蘭	97.0	100.0	56.0	92.3	95.6	28.7	5.8
挪威	90.5	88.2	71.6	87.7	93.1	39.7	6.7
瑞典	92.6	89.1	84.4	93.3	94.7	26.0	4.0
北歐系總計	92.2	90.0	77.3	91.3	93.8	31.1	5.0

註：①董事會選舉權、併購決策權、薪酬計劃決策權、股票發行及回購決策權分別表示在公司股東大會上，股東擁有與之相關投票表決權的公司數量的百分比；②英系、法系、德系、北歐系國家/地區數據均來源於Iliev等的研究（2015）。

由表3-1可見，從股東投票權來看，中國內地上市公司股東投票權（88.6%）僅高於法系國家（86.4%），而低於英系國家（91.1%）、德系國家/地區（89.4%）以及北歐系國家（93.8%）的平均水平。而在位於德系的3個亞洲國家中，與日本（89.9%）和韓國（91.3%）相比，中國內地上市公司的股東投票權最低。從內部人持股比例來看，中國內地上市公司內部人持股比例（62.7%）遠高於英系國家（35.0%）、法系國家（47.9%）、德系國家/地區（38.8%）以及北歐系國家（31.1%）的平均水平，表明在中國內地，內部人持股集中程度較高，外部公眾持股比例較低，上市公司股權分散程度較低。從外國機構投資者持股比例來看，中國內地上市公司的外國機構投資者持股比例（3.3%）遠低於英系國家（5.3%）、法系國家（5.3%）、德系國家/地區（3.6%）以及北歐系國家（5.0%）的平均水平，表明在中國內地，外國機構投資者對中國上市公司的投資比例水平較低。

中國上市公司的終極所有權結構和全球各國/地區公司的國際比較如表3-2所示。

表3-2　上市公司終極所有權結構模式的國際比較：中國和東亞、西歐、北美國家/地區

國家/地區	公司數量（家）	控制權（%）	現金流量權（%）	兩權分離度	金字塔股權結構（%）	家族控制（%）	國家控制（%）
Panel A：東亞國家及地區							
印度尼西亞	178	33.68	25.61	0.784	66.9	68.6	10.2
日本	1117	10.33	6.90	0.602	36.4	13.1	1.1
韓國	211	17.78	13.96	0.858	42.6	67.9	5.1
馬來西亞	238	28.32	23.89	0.853	39.3	57.5	18.2
菲律賓	99	24.36	21.34	0.908	40.2	42.1	3.6

續表3-2

國家/地區	公司數量（家）	控制權（%）	現金流量權（%）	兩權分離度	金字塔股權結構（%）	家族控制（%）	國家控制（%）
新加坡	211	27.52	20.19	0.794	55.0	52.0	23.6
泰國	135	35.25	32.84	0.941	12.7	56.5	7.5
中國香港	330	28.08	24.30	0.882	25.1	64.7	3.7
臺灣	92	18.96	15.98	0.832	49.0	65.6	3.0
東亞總計	2611	19.77	15.70	0.746	38.7	54.2	8.4
Panel B：西歐國家							
奧地利	99	53.52	47.16	0.851	20.78	52.68	15.32
比利時	130	40.09	35.14	0.779	25.00	51.54	2.31
芬蘭	129	37.43	32.98	0.842	7.46	48.84	15.76
法國	607	48.32	46.68	0.930	15.67	64.82	5.11
德國	704	54.50	48.54	0.842	22.89	64.62	6.30
愛爾蘭	69	21.55	18.82	0.811	9.09	24.63	1.45
義大利	208	48.26	38.33	0.743	20.27	59.61	10.34
挪威	155	31.47	24.39	0.776	33.90	38.55	13.09
葡萄牙	87	41.00	38.42	0.924	10.91	60.34	5.75
西班牙	632	44.24	42.72	0.941	16.00	55.79	4.11
瑞典	245	30.96	25.15	0.790	15.91	46.94	4.90
瑞士	214	46.68	34.66	0.740	10.91	48.13	7.32
英國	1953	25.13	22.94	0.888	21.13	23.68	0.08
西歐總計	5232	38.48	34.64	0.868	19.13	44.29	4.14
Panel C：北美國家							
加拿大	1120	62.69	n.a.	n.a.	n.a.	40.85	2.02
美國	3969	30.20	28.39	0.940	3.38	19.94	0.079
北美總計	5089	46.45	n.a.	n.a.	n.a.	30.40	1.05
Panel D：中國內地							
中國內地	690	37.55	31.12	0.829	95.67	25.56	66.70

註：①終極控制股東至少持有10%及以上投票權；②控制權表示終極控制股東持有的投票權比例，現金流量權表示終極控制股東持有的最終所有權比例，兩權分離度表示現金流量權和控制權的比值；③金字塔股權結構表示終極控制股東利用金字塔結構作為控制工具的公司數量的百分比；④家族控制和國家控制分別表示終極控制股東類型為家族或政府的公司數量的百分比；⑤東亞國家及地區數據來源於Claessens等的研究（2000）、西歐國家數據來源於Faccio和Lang（2002）、北美國家數據來源於Gadhoum（2005）和Gadhoum等的研究（2005）；⑥中國內地上市公司數據根據國泰安數據服務中心股東研究數據庫2007—2014年上市公司年度報告數據整理得出。

从表3—2可见，第一，从控製權來看，中國內地上市公司控製權水平（37.55%）遠高於東亞國家及地區（19.77%）的平均水平，低於北美國家（46.45%）的平均水平，與西歐國家（38.48%）的平均水平持平。尤其是與日本（10.33%）、韓國（17.78%）、臺灣地區（18.96%）、菲律賓（24.36%）等9個東亞國家及地區相比，中國內地上市公司的控製權水平（37.55%）最高。表明在中國內地，終極控製股東手中掌握著較強的控製權。第二，從現金流量權來看，中國內地上市公司現金流量權水平（31.12%）遠高於東亞國家及地區（15.70%）的平均水平，略低於西歐國家（34.64%）的平均水平，略高於美國（28.39%）的平均水平。第三，從控製權和現金流量權的分離度來看，中國內地上市公司兩權分離度（0.829）高於東亞國家及地區（0.746）的平均水平，低於西歐國家（0.868）和美國（0.940）的平均水平。由於表中兩權分離度為現金流量權和控製權的比值，該比值越小，控製權和現金流量權之間的分離程度越嚴重，表明在中國內地，上市公司終極控製股東手中掌握的控製權超過現金流量權的程度較高。第四，從金字塔股權結構來看，95.67%的中國內地上市公司的股權結構特徵表現為金字塔股權結構，遠遠高於東亞國家及地區（38.7%）、西歐國家（19.13%）、美國（3.38%）的平均水平，表明在中國內地，金字塔股權結構較為普遍。第五，從終極控製股東類型來看，66.70%的中國內地上市公司由國有企業或國有機構所控製，遠遠高於東亞國家及地區（8.4%）、西歐國家（4.14%）、北美國家（1.05%）的平均水平，表明在中國內地，國有化程度較高，國有產權居主導地位，國家控製是典型特徵；25.56%的中國內地上市公司由家族所控製，遠低於東亞國家及地區（54.2%）、西歐國家（44.29%）、北美國家（30.40%）的平均水平，表明在中國內地，家族控製水平普遍較低。

中國上市公司的多個大股東控製權、現金流量權結構和全球各國/地區公司的國際比較如表3—3所示。

表3—3　上市公司多個大股東控製權和現金流量權結構模式的國際比較：
中國和亞洲、歐洲、美洲、澳洲國家/地區

國家/地區	公司數量（家）	控製權（%）第一大股東	控製權（%）第二大股東	控製權（%）前五大股東	現金流量權（%）第一大股東	現金流量權（%）第二大股東	現金流量權（%）前五大股東
Panel A：亞洲國家及地區							
韓國	38	16.98	3.28	22.02	15.78	2.31	19.88
中國香港	5	65.48	0.00	65.48	59.98	0.00	59.98
亞洲總計	43	41.23	1.64	43.75	37.88	1.16	39.92

續表3-3

國家/地區	公司數量(家)	控制權（%）第一大股東	控制權（%）第二大股東	控制權（%）前五大股東	現金流量權（%）第一大股東	現金流量權（%）第二大股東	現金流量權（%）前五大股東
Panel B：歐洲國家							
丹麥	27	48.21	6.82	61.23	36.39	9.01	47.94
芬蘭	20	27.01	9.46	47.94	21.27	8.85	37.32
挪威	14	28.77	6.99	45.51	21.60	7.55	36.46
瑞典	43	37.77	10.43	54.92	25.93	7.83	39.27
北歐總計	104	35.44	8.43	52.40	26.30	8.31	40.25
法國	9	51.02	4.02	59.39	36.83	3.52	53.84
德國	65	63.69	3.94	69.81	44.19	3.87	50.49
義大利	61	53.44	4.82	59.85	39.86	3.83	47.39
瑞士	36	47.59	3.04	51.89	33.64	2.28	38.84
英國	27	45.89	9.07	61.46	25.44	4.02	40.80
西歐總計	198	52.33	4.98	60.48	35.99	3.50	46.27
Panel C：美洲國家							
巴西	133	68.81	9.26	81.05	32.22	4.37	37.37
墨西哥	5	54.37	7.66	65.21	45.75	5.84	53.99
智利	7	64.52	1.70	67.20	54.51	0.85	55.85
南美總計	145	62.57	6.21	71.15	44.16	3.69	49.07
加拿大	64	49.67	3.77	53.54	20.01	1.56	23.59
美國	39	49.73	7.93	62.36	26.44	6.67	39.17
北美總計	103	49.70	5.85	57.95	23.23	4.12	31.38
Panel D：澳洲國家							
澳大利亞	3	44.81	6.15	53.65	33.58	4.74	40.26
Panel E：中國內地							
中國內地	690	37.26	2.19	48.33	30.88	1.82	40.05

註：①亞洲、歐洲、美洲、澳洲國家/地區數據均來源於Nenova（2001）；②中國內地上市公司數據根據國泰安數據服務中心股東研究數據庫2007—2014年上市公司年度報告數據整理得出。

從表3-3可見，從多個大股東的控制權結構來看，中國內地上市公司第一大控

製股東的控制權水平（37.26%）低於亞洲國家及地區（41.23%）、西歐國家（52.33%）、南美國家（62.57%）、北美國家（49.70%）、澳洲國家（44.81%）的平均水平，略高於北歐國家（35.44%）的平均水平；中國內地上市公司第二大控製股東的控制權水平（2.19%）略高於亞洲國家及地區（1.64%）的平均水平，遠低於西歐國家（4.98%）、南美國家（6.21%）、北美國家（5.85%）、澳洲國家（6.15%）以及北歐國家（8.43%）的平均水平。中國上市公司第一大控製股東和第二大控製股東的控制權比值（17.01）遠高於北歐國家（4.20）、西歐國家（10.51）、南美國家（10.08）、北美國家（8.50）、澳洲國家（7.29），低於亞洲國家及地區（25.14）。表明在中國內地，與第二、第三等其他大控製股東相比，第一大控製股東擁有絕對的控製權優勢，多個大股東之間的股權制衡效果較差。多個大股東現金流量權結構與控製權結構類似。

3.2　法律制度環境

La Porta 等（1997，1998，1999，2000，2002，2006）的系列研究證據表明：國家法律系統淵源和國家制度環境、金融發展、經濟產出之間存在重要的相關關係。具體而言，以英國為代表的普通法系國家對權益投資者和債權投資者的法律保護制度最健全，而以法國為代表的大陸法系國家的法律保護制度最差。進一步地，英系法律淵源國家的制度環境相對更好，諸如政府官僚的腐敗程度較低（La Porta 等，1999）、司法系統的執法效率較高（Djankov 等，2003）、會計準則的信息度較好（La Porta 等，1998）。良好的法律制度環境有助於提高金融體系的發展水平，例如，與位於法系法律淵源國家的公司相比，位於英系法律淵源國家的公司股權結構的分散程度較高（La Porta 等，1999）、通過外部資本市場渠道的融資能力較強（La Porta 等，1997）、托賓 Q 值（公司價值）較大（La Porta 等，2002）、進入一個新市場或新行業更加容易（Djankov 等，2002）。法律制度環境體系在促進金融發展和經濟增長方面扮演著至關重要的角色，是公司治理機制和融資渠道的優良替代品（Allen 等，2005）。本部分將對中國的法律制度環境（法律保護、法律執行和信息披露）與全球四大法律淵源國家的制度體系進行國際比較。

3.2.1　法律制度體系

中國的法律制度體系和英系國家/地區、法系國家、德系國家、斯堪的納維亞系國家的國際比較如表 3—4 所示。

表 3-4　法律制度體系的國際比較：中國和英系、法系、德系、斯堪的納維亞系國家/地區

國家/地區	政治體制的持久性	政治體制的穩定性	政府機構的有效性	立法（法規）質量	司法系統的獨立性	對官僚腐敗的控製
Panel A：英系國家/地區							
澳大利亞	1.40	1.03	1.95	1.62	1.82	2.02
加拿大	1.38	1.13	1.96	1.57	1.75	1.99
中國香港	0.21	1.30	1.49	1.89	1.42	1.57
印度	0.27	−0.81	−0.04	−0.59	−0.09	−0.31
愛爾蘭	1.30	1.22	1.48	1.63	1.62	1.61
馬來西亞	−0.36	0.38	0.99	0.44	0.52	0.29
新西蘭	1.47	1.51	2.05	1.78	1.93	2.38
新加坡	−0.13	1.48	2.25	1.87	1.82	2.44
泰國	0.24	−0.15	0.38	−0.01	−0.05	−0.25
英國	1.37	0.77	1.85	1.62	1.71	2.06
美國	1.21	0.47	1.80	1.22	1.58	1.83
英系平均	0.76	0.76	1.47	1.19	1.28	1.42
Panel B：法系國家							
比利時	1.35	0.94	1.71	1.25	1.47	1.53
智利	1.09	0.89	1.27	1.62	1.16	1.44
法國	1.24	0.53	1.42	0.91	1.33	1.44
希臘	0.91	0.53	0.74	0.85	0.75	0.56
印度尼西亞	−0.44	−1.38	−0.36	−0.42	−0.91	−0.90
義大利	1.06	0.31	0.58	0.97	0.74	0.66
荷蘭	1.49	1.15	2.00	1.67	1.78	2.08
菲律賓	0.02	−1.01	−0.23	−0.06	−0.62	−0.55
葡萄牙	1.31	1.06	0.92	1.14	1.16	1.23
西班牙	1.17	0.54	1.29	1.13	1.12	1.45
法系平均	0.92	0.36	0.93	0.91	0.80	0.89
Panel C：德系國家/地區							
奧地利	1.25	1.18	1.76	1.41	1.76	2.10
德國	1.38	0.92	1.38	1.29	1.66	1.90

續表3—4

國家/地區	政治體制的持久性	政治體制的穩定性	政府機構的有效性	立法（法規）質量	司法系統的獨立性	對官僚腐敗的控制
日本	0.98	0.99	1.21	1.04	1.39	1.19
韓國	0.73	0.45	0.95	0.69	0.67	0.17
瑞士	1.49	1.44	2.25	1.55	1.98	2.17
臺灣	0.95	0.52	1.15	1.29	0.83	0.64
德系平均	1.13	0.92	1.45	1.21	1.38	1.36
Panel D：斯堪的納維亞系國家							
丹麥	1.59	1.21	2.15	1.76	1.91	2.38
芬蘭	1.50	1.65	2.06	1.79	1.97	2.53
挪威	1.53	1.53	1.97	1.33	1.95	2.11
瑞典	1.52	1.38	1.92	1.54	1.85	2.20
斯堪的納維亞系平均	1.54	1.44	2.03	1.61	1.92	2.31
Panel E：中國內地							
中國內地	−1.54	−0.07	0.11	−0.45	−0.47	−0.51

註：中國、英系、法系、德系、斯堪的納維亞系國家/地區數據來源於Kaufmann等（2005）的研究。

從表3—4可見，與英系、法系、德系、斯堪的納維亞系國家/地區相比，中國內地的法律制度體系指數較差。從政府官僚機構的有效性來看，中國的政府機構有效性指數為0.11，與法系國家（0.93）的平均水平較為接近，但遠低於英系國家/地區（1.47）、德系國家/地區（1.45）、斯堪的納維亞系國家（2.03）的平均水平，且與香港地區（1.49）和臺灣地區（1.15）的差距較大，表明中國內地政府機構制定政策或進行決策的效率相對較差，此外還反映出政府的政策制定更傾向於追求短期經濟效益，而忽略長遠社會目標。從立法和法規質量來看，中國的立法質量指數為−0.45，遠低於法系國家（0.91）、英系國家/地區（1.19）、德系國家/地區（1.21）、斯堪的納維亞系國家（1.61）的平均水平，表明中國內地有關商業的法律法規條文的立法質量相對較差，法律法規的漏洞問題較嚴重，此外還反映出中國法律體系和其他國家法律體系的匹配程度或兼容度較差。從司法系統的獨立性來看，中國的司法獨立性指數為−0.47，遠低於法系國家（0.80）、英系國家/地區（1.28）、德系國家/地區（1.38）以及斯堪的納維亞系國家（1.92）的平均水平，表明在中國內地，國家、政府或其他外部力量對法律體系的干預和扭曲程度較嚴重，司法系統的獨立性程度相對較差。從對政府官僚機構腐敗行為的控制力度來看，中國的腐敗控制指

數為－0.51，遠低於法系國家（0.89）、英系國家/地區（1.42）、德系國家/地區（1.36）以及斯堪的納維亞系國家（2.31）的平均水平，表明中國內地政府官僚機構的腐敗程度相對較嚴重，中國內地對政府官員腐敗行為的控製、打擊、懲戒力度還遠遠不夠。

3.2.2 法律保護和法律執行制度

中國的法律保護制度（股東權利保護和債權人權利保護）和英系國家/地區、法系國家、德系國家/地區、斯堪的納維亞系國家的國際比較分別如表3－5和表3－6所示。

表3－5 股東權利保護的國際比較：中國和英系、法系、德系、斯堪的納維亞系國家/地區

國家/地區	普通股一股一票制度	股東投票權委托制度	股東大會前禁售股票制度	累積投票制度	小股東抗衡制度	召開特別股東大會的最低股本比例（%）	對抗董事會權利指數	強制分配股利制度（%）
Panel A：英系國家/地區								
澳大利亞	0	1	0	0	1	0.05	4	0.00
加拿大	0	1	0	0	1	0.10	4	0.00
中國香港	1	1	0	0	1	0.05	4	0.00
印度	0	0	0	0	0	0.10	2	0.00
愛爾蘭	0	0	0	0	1	0.10	3	0.00
馬來西亞	1	0	0	0	1	0.10	3	0.00
新西蘭	0	1	0	0	1	0.10	4	0.00
新加坡	1	0	0	0	1	0.10	4	0.00
泰國	0	0	0	1	1	0.20	3	0.00
英國	0	1	0	0	1	0.10	4	0.00
美國	0	0	0	1	1	0.01	5	0.00
英系平均	0.22	0.39	0.00	0.17	0.92	0.09	3.39	0.00
Panel B：法系國家								
比利時	0	0	1	0	0	0.20	0	0.00
智利	1	0	0	0	1	0.01	0	0.30
法國	0	1	1	0	0	0.10	2	0.00
希臘	1	0	0	0	0	0.05	1	0.35
印度尼西亞	0	0	0	0	0	0.10	2	0.00
義大利	0	0	1	0	0	0.20	0	0.00
荷蘭	0	0	1	1	0	0.10	2	0.00

續表3-5

國家/地區	普通股一股一票制度	股東投票權委托制度	股東大會前禁售股票制度	累積投票制度	小股東抗衡制度	召開特別股東大會的最低股本比例（%）	對抗董事會權利指數	強制分配股利制度（%）
菲律賓	0	0	0	1	1	0.10	4	0.50
葡萄牙	0	0	0	0	0	0.05	2	0.50
西班牙	0	0	1	0	1	0.05	2	0.00
法系平均	0.24	0.09	0.43	0.19	0.33	0.14	1.76	0.14
Panel C：德系國家/地區									
奧地利	0	1	1	0	0	0.05	2	0.00
德國	0	0	1	0	0	0.05	1	0.00
日本	1	0	0	0	1	0.03	3	0.00
韓國	1	0	0	0	0	0.05	2	0.00
瑞士	0	0	0	0	0	0.10	1	0.00
臺灣	0	0	1	1	1	0.03	3	0.00
德系平均	0.33	0.17	0.67	0.17	0.33	0.05	2.00	0.00
Panel D：斯堪的納維亞系國家									
丹麥	0	0	0	0	1	0.10	3	0.00
芬蘭	0	0	0	0	0	0.10	2	0.00
挪威	0	1	0	0	0	0.10	3	0.00
瑞典	0	0	0	0	0	0.10	2	0.00
斯堪的納維亞系平均	0.00	0.25	0.00	0.00	0.25	0.10	2.50	0.00
總平均	0.22	0.22	0.27	0.16	0.53	0.11	2.44	0.06
Panel E：中國內地									
中國內地	1	0	1	0	1	0.10	2	0.00

註：①「1」代表存在與該項股東權利保護有關的法律條款；②對抗董事會權利指數（0～5分）為股東權利的綜合分數，每滿足下述一個條件時加1分：Ⅰ支持股東投票權委托制度、Ⅱ股東大會前不限制或禁止出售股票、Ⅲ支持累積投票制度、Ⅳ支持小股東抗衡制度、Ⅴ允許召開特別股東大會的最低股本比例小於或等於10%；③英系、法系、德系、斯堪的納維亞系國家/地區的數據來源於La Porta等的研究（1998）；④中國內地的數據來源於Allen等的研究（2005）。

從表3-5可見，從全球範圍來看，支持（保護）外部股東利益的法律條款和法律規定相對薄弱。只有22%的國家支持一股一票制度、22%的國家支持股東投票權委托制度、16%的國家支持累積投票制度，有53%的國家支持小股東抗衡制度。

就中國內地的情況來看，中國對股東權利的法律保護力度與法系國家和德系國家/地區的平均水平較為接近，但遠低於斯堪的納維亞系國家和英系國家/地區的平均水平。中國不支持股東投票權委托制度，限制或禁止股東在股東大會前出售股票，不支持累積投票制度，不支持強制分配股利制度；但支持小股東抗衡制度；並且中國通常只要求相對較低的股本比例（10%）就允許股東申請召開特別股東大會。中國的對抗董事會權利指數僅為2分，與德系國家/地區2.00分的平均水平持平，略高於法系國家1.76分的平均水平，但低於斯堪的納維亞系國家2.50分的平均水平，且遠低於英系國家/地區3.39分的平均水平，總體而言低於全球國家/地區2.44分的總平均水平。這表明在中國內地，對股東權利的法律保護力度相對較差。

表3-6 債權人權利保護的國際比較：中國和英系、法系、德系、斯堪的納維亞系國家/地區

國家/地區	債權人有權限制重組程序	被擔保債權人申請獲取抵押資產受到限制	被擔保債權人獲得優先償付權	債務人阻礙重組程序的正常進行	避免重組的最低法定準備金比例（%）
Panel A：英系國家/地區					
澳大利亞	0	1	1	1	0.00
加拿大	0	1	1	1	0.00
中國香港	1	0	1	0	0.00
印度	1	0	1	0	0.00
愛爾蘭	0	1	1	1	0.00
馬來西亞	1	0	1	0	0.00
新西蘭	1	0	0	0	0.00
新加坡	1	0	1	0	0.00
泰國	0	0	1	0	0.10
英國	1	0	1	0	0.00
美國	0	1	1	1	0.00
英系平均	0.71	0.29	0.94	0.24	0.01
Panel B：法系國家					
比利時	0	0	1	1	0.10
智利	1	1	1	1	0.20
法國	0	0	0	1	0.10
希臘	0	0	0	0	0.33
印度尼西亞	1	0	1	0	0.00

續表3-6

國家/地區	債權人有權限制重組程序	被擔保債權人申請獲取抵押資產受到限制	被擔保債權人獲得優先償付權	債務人阻礙重組程序的正常進行	避免重組的最低法定準備金比例（％）
義大利	1	1	1	1	0.20
荷蘭	1	1	1	1	0.00
菲律賓	0	1	0	1	0.00
葡萄牙	0	1	1	1	0.20
西班牙	0	0	1	1	0.20
法系平均	0.42	0.74	0.68	0.74	0.20
Panel C：德系國家/地區					
奧地利	1	0	1	1	0.10
德國	1	0	1	1	0.10
日本	0	1	1	0	0.25
韓國	0	1	1	0	0.50
瑞士	0	1	1	1	0.50
臺灣	0	0	1	1	0.00
德系平均	0.33	0.33	1.00	0.67	0.28
Panel D：斯堪的納維亞系國家					
丹麥	1	0	1	1	0.25
芬蘭	0	1	1	1	0.00
挪威	1	1	1	1	0.20
瑞典	1	1	1	1	0.20
斯堪的納維亞系平均	0.75	0.75	1.00	1.00	0.16
總平均	0.54	0.52	0.85	0.57	0.13
Panel E：中國內地					
中國內地	1	1	0	0	0.00

註：①「1」代表存在與該項股東權利保護有關的法律條款；②英系、法系、德系、斯堪的納維亞系國家/地區的數據來源於La Porta等（1998）；③中國內地的數據來源於Allen等（2005）。

從表3-6可見，從全球範圍來看，54％的國家限制債務人單方面尋求法院保護的權利，債權人有權利限制重組程序；52％的國家的被擔保債權人在申請獲取抵押

第3章 公司融資制度背景分析 41

資產的過程中受到阻礙或限制；85%的國家的被擔保債權人能獲得優先償付權；僅有43%的國家限制或禁止債務人阻礙重組程序的正常運行。

就中國內地的情況來看，一方面，中國限制債務人單方面尋求法院保護的權利，支持債權人對重組程序的主導權；中國限制債務人阻礙重組程序的正常運行。另一方面，中國的被擔保債權人在獲得抵押資產的過程中受到阻礙或限制；中國的被擔保債權人不能獲得優先償付權。與股東權利的法律保護力度類似，中國對債權人權利的法律保護力度介於最強的英系國家/地區和最差的法系國家之間。總體而言，中國對債權人權利的法律保護力度較差。

中國的法律執行制度和英系國家/地區、法系國家、德系國家/地區、斯堪的納維亞系國家的國際比較如表3-7所示。

表3-7　法律執行制度的國際比較：中國和英系、法系、德系、斯堪的納維亞系國家/地區

國家/地區	司法系統效率指數（0~10）	法律法規指數（0~10）	腐敗指數（0~10）	侵占風險指數（0~10）	違約風險指數（0~10）	會計標準評級指數
Panel A：英系國家/地區							
澳大利亞	10.00	10.00	8.52	9.27	8.71	75
加拿大	9.25	10.00	10.00	9.67	8.96	74
中國香港	10.00	8.22	8.52	8.29	8.82	69
印度	8.00	4.17	4.58	7.75	6.11	57
愛爾蘭	8.75	7.80	8.52	9.67	8.96	n. a.
馬來西亞	9.00	6.78	7.38	7.95	7.43	76
新西蘭	10.00	10.00	10.00	9.69	9.29	70
新加坡	10.00	8.57	8.22	9.30	8.86	78
泰國	3.25	6.25	5.18	7.42	7.57	64
英國	10.00	8.57	9.10	9.71	9.63	78
美國	10.00	10.00	8.63	9.98	9.00	71
英系平均	8.15	6.46	7.06	7.91	7.41	69.62
Panel B：法系國家							
比利時	9.50	10.00	8.82	9.63	9.48	61
智利	7.25	7.02	5.30	7.50	6.80	52
法國	8.00	8.98	9.05	9.65	9.19	69
希臘	7.00	6.18	7.27	7.12	6.62	55

续表3-7

国家/地区	司法系统效率指数(0~10)	法律法规指数(0~10)	腐败指数(0~10)	侵占风险指数(0~10)	违约风险指数(0~10)	会计标准评级指数
印度尼西亚	2.50	3.98	2.15	7.16	6.09	n.a.
义大利	6.75	8.33	6.13	9.35	9.17	62
荷兰	10.00	10.00	10.00	9.98	9.35	64
菲律宾	4.75	2.73	2.92	5.22	4.80	65
葡萄牙	5.50	8.68	7.38	8.90	8.57	36
西班牙	6.25	7.80	7.38	9.52	8.40	64
法系平均	6.56	6.05	5.84	7.46	6.84	51.17
Panel C：德系国家/地区						
奥地利	9.50	10.00	8.57	9.69	9.60	54
德国	9.00	9.23	8.93	9.90	9.77	62
日本	10.00	8.98	8.52	9.67	9.69	65
韩国	6.00	5.35	5.30	8.31	8.59	62
瑞士	10.00	10.00	10.00	9.98	9.98	68
台湾	6.75	8.52	6.85	9.12	9.16	65
德系平均	8.54	8.68	8.03	9.45	9.47	62.67
Panel D：斯堪的纳维亚系国家						
丹麦	10.00	10.00	10.00	9.67	9.31	62
芬兰	10.00	10.00	10.00	9.67	9.15	77
挪威	10.00	10.00	10.00	9.88	9.71	74
瑞典	10.00	10.00	10.00	9.40	9.58	83
斯堪的纳维亚系平均	10.00	10.00	10.00	9.66	9.44	74.00
总平均	7.67	6.85	6.90	8.05	7.58	60.93
Panel E：中国内地						
中国内地	n.a.	5.00	2.00	n.a.	n.a.	n.a.

注：①司法系统效率指数越低，表明司法系统的有效性程度越低；法律法规指数越低，表明法律、秩序的传统性程度越低；腐败指数、侵占风险指数、违约风险指数越低，分别表明腐败程度越严重，侵占风险、违约风险越高。②英系、法系、德系、斯堪的纳维亚系国家/地区的数据来源于La Porta等的研究（1998）；③中国内地的数据来源于Allen等的研究（2005）。

从表3-7可见，首先，不同法律渊源国家/地区在法律执行制度上存在较大的差

異。第一，斯堪的納維亞系國家的法律執行質量最好，德國大陸法系國家/地區緊隨其後，這些國家的司法系統的有效性程度較高、法律法規的傳統性程度較好、腐敗程度較低、侵占風險和違約風險較低。第二，英美普通法系國家/地區的法律執行質量低於德系國家/地區和斯堪的納維亞系國家的平均水平，但高於法國大陸法系國家的平均水平。第三，法國大陸法系國家的法律執行質量是所有法律淵源國家中最差的。

其次，就中國內地的情況來看，中國的法律法規指數僅為 5.00，遠低於法系國家（6.05）、英系國家/地區（6.46）、德系國家/地區（8.68）以及斯堪的納維亞系國家（10.00）的平均水平，表明中國的法律法規質量水平較差；中國的腐敗指數僅為 2.00，遠低於法系國家（5.84）、英系國家/地區（7.06）、德系國家/地區（8.03）以及斯堪的納維亞系國家（10.00）的平均水平，表明中國的腐敗程度較嚴重。總體而言，從法律執行制度的兩個關鍵指標（法律法規指數和腐敗指數）來看，中國的法律執行質量顯著低於 La Porta 等（1998）所有樣本國家/地區的平均水平，無論其法律淵源如何。

3.2.3 信息披露制度

中國的信息披露制度和發達國家、發展中國家的國際比較如表 3－8 所示。

表 3－8　信息披露水平的國際比較：中國和發達國家/地區、發展中國家/地區

國家	盈餘激進度指數（1～5）	損失規避度指數（1～5）	盈餘平滑度指數（1～5）	盈餘不透明度總指數（1～5）	信息披露水平	盈餘質量評級分數
Panel A：發達國家/地區					
澳大利亞	3	1	1	2	80	48.35
奧地利	2	3	4	3	62	50.66
比利時	1	2	4	1	68	50.72
加拿大	2	2	1	1	75	46.91
丹麥	1	1	4	2	75	48.12
芬蘭	2	4	3	3	83	49.79
法國	2	2	2	2	78	51.99
德國	1	3	4	3	67	49.09
中國香港	4	2			73	43.80
愛爾蘭	3	1	4	3	81	47.31
義大利	3	4	5	4	66	53.77
日本	4	4	5	5	71	50.24
韓國	5	3	5	5	68	42.93
荷蘭	1	3	5	3	74	54.06

续表3-8

國家	盈餘激進度指數（1～5）	損失規避度指數（1～5）	盈餘平滑度指數（1～5）	盈餘不透明度總指數（1～5）	信息披露水平	盈餘質量評級分數
新西蘭	n.a.	n.a.	n.a.	n.a.	n.a.	49.76
挪威	2	1	1	1	75	47.41
葡萄牙	1	2	3	1	n.a.	52.79
西班牙	2	4	2	2	72	52.95
新加坡	3	3	3	4	79	49.76
瑞典	3	2	2	2	83	49.09
瑞士	1	4	3	2	80	51.23
臺灣	4	5	2	4	58	50.83
英國	3	2	2	2	85	45.91
美國	1	1	1	1	76	n.a.
發達國家/地區平均	2.35	2.57	3.00	2.57	74.05	49.46
Panel B：發展中國家/地區						
巴西	4	1	1	1	n.a.	48.51
智利	4	4	5	5	78	53.01
印度	5	5	2	5	61	50.65
印度尼西亞	5	5	3	5	n.a.	39.18
馬來西亞	5	3	3	4	79	43.85
墨西哥	4	1	1	1	71	46.53
阿根廷	n.a.	n.a.	n.a.	n.a.	n.a.	39.22
巴基斯坦	3	4	4	4	73	52.03
菲律賓	n.a.	n.a.	n.a.	n.a.	n.a.	45.48
南非	4	3	4	4	79	49.48
泰國	2	5	2	3	66	41.85
土耳其	5	5	1	4	58	n.a.
發展中國家/地區平均	4.10	3.60	2.60	3.60	70.63	46.34
Panel C：中國內地						
中國內地	n.a.	n.a.	n.a.	n.a.	n.a.	48.03

註：①盈餘激進度、損失規避度、盈餘平滑度均是衡量會計信息不透明度的度量指標，盈餘激進度指數、損失規避度指數、盈餘平滑度指數越低，表明會計信息透明度越高；②盈餘激進度指數、損失規避度指數、盈餘平滑度指數、盈餘不透明度總指數、信息披露水平數據來源於Bhattacharya等的研究（2003）；③盈餘質量數據來源於Gaio（2010）的研究。

從表 3-8 可見，首先，發達國家/地區和發展中國家/地區在會計信息透明度、信息披露水平、盈餘信息質量等方面存在較大的差距。第一，從盈餘的不透明程度來看，發達國家/地區盈餘不透明度總指數的平均水平（2.57）明顯低於發展中國家/地區的平均水平（3.60），表明發達國家/地區的盈餘不透明程度相對低、會計信息透明度相對高。第二，從會計信息的披露水平來看，發達國家/地區的信息披露平均水平（74.05）明顯高於發展中國家/地區的平均水平（70.63），表明發達國家/地區的會計信息披露水平相對高。第三，從盈餘質量評級分數來看，發達國家/地區盈餘質量評級的平均分數（49.46）明顯高於發展中國家/地區的平均分數（46.34），表明發達國家/地區的盈餘質量水平相對高、盈餘操縱程度相對低、會計信息披露質量相對高。

其次，在中國內地，中國的盈餘質量評級分數為 48.03 分，高於發展中國家/地區的平均分數（46.34），但低於發達國家/地區的平均分數（49.46）。其中，從 11 個發展中國家/地區來看，中國排名居中，中國的盈餘質量分數（48.03）和巴西（48.51）較為接近，但低於南非（49.48）、印度（50.65）、巴基斯坦（52.03）以及智利（53.01）。這表明在中國內地，無論與發達國家/地區還是部分發展中國家/地區相比，中國的盈餘質量水平相對較低、上市公司高管對盈餘的操縱程度相對較嚴重、會計信息披露質量相對較差。

2015 年 10 月 23 日中國證監會公布的《2014 年上市公司年報會計監管報告》調查表明，總體而言，滬深兩市 2,613 家上市公司能夠較好地理解並執行企業會計準則和相關財務信息披露規則，當仍有部分公司存在財務信息披露不規範的問題。具體表現為：一是財務信息披露未完全遵循信息披露規範的要求；二是財務信息披露的簡單錯誤頻現；三是財務信息披露形式化、原則化問題較為突出；四是複雜專業判斷及其經濟影響未能清晰說明；五是複雜或異常交易結果及其影響因素的披露不充分；六是財務信息與非財務信息缺乏統一銜接，披露的內容不一致。

由此可見，在中國上市公司信息披露制度不健全、信息披露水平較差的制度背景下，終極控制股東為達到掩飾攫取控製權私利的目的而操縱會計信息的動機將更加強烈，中國的信息披露制度不利於緩解這種代理衝突矛盾和信息不對稱問題。

3.3 金融制度環境

根據 2015 年《中國統計年鑒》統計調查顯示，截至 2014 年 12 月 31 日，股票市值總額為 372,547 億元、國債發行總額為 21,120.60 億元、公司信用類債券發行總額為 51,172.91 億元、金融機構人民幣各項貸款總額為 816,770 億元，分別占中國國內生產總值（636,138.7 億元）的 58.56％、3.32％、8.04％、128.39％。由此可見，

與債務融資額度相比，中國股權融資額度的發展水平相對滯後。Allen等（2012）研究表明，中國的融資體系現狀具有如下幾個特點：一是與資本市場相比，由國有銀行所主導的銀行業系統在各類公司的融資過程中扮演著相對重要的角色。儘管近幾年來銀行業的不良貸款率問題得到較好的控製，但如何保持銀行業經營效率的持續發展不斷地向國際化標準邁進仍然是一個值得重點關注的問題。二是儘管自1990年中國首次成立證券交易所以來，中國的股票市場得到迅速的發展和壯大，但股票市場在支撐經濟的增長方面所起的作用仍然相對有限。從長遠目標來看，中國股票市場和其他金融市場的進一步發展壯大依然是中國金融體系發展最重要的任務。本部分從金融體系概況、資本市場發展水平、銀行系統發展現狀三個方面來剖析中國的金融制度環境。

3.3.1 金融體系概況

中國金融體系由銀行和金融仲介機構、金融市場、非標準金融部門、外匯部門（外商直接投資、資本流動）四個部分組成。其中，銀行和金融仲介機構包括政策性銀行、商業銀行、非銀行金融機構（農村信用合作社、城市信用合作社、郵政儲蓄、信託投資公司、共同基金、金融公司）三個部分。金融市場包括股票市場、債券市場、風險資本、不動產市場四個部分。非標準金融部門包括非正式金融機構、混業經營公司及投資公司兩個部分。

中國金融體系的發展水平和其他大型新興市場經濟體的國際比較如表3－9所示。

表3－9 金融體系發展概況的國際比較：中國和其他新興市場經濟體國家

國家	銀行信貸總額/GDP	不良貸款/貸款總額	股票交易總額/GDP	股票市值總額/GDP	結構活躍度	結構規模	結構效率	結構管制	金融活躍度	金融規模	金融效率
阿根廷	0.14	0.10	0.04	0.48	−1.32	3.93	1.59	7	3.93	6.50	3.60
巴西	0.34	0.04	0.19	0.53	−0.61	6.45	0.72	10	6.45	7.49	6.17
埃及	0.52	0.21	0.19	0.60	−1.02	6.88	2.54	13	6.88	8.04	4.48
印度	0.37	0.07	0.57	0.64	0.44	7.65	1.50	10	7.65	7.76	6.71
印度尼西亞	0.24	0.12	0.12	0.28	−0.69	5.66	1.23	n.a.	5.66	6.51	4.60
馬來西亞	1.15	0.12	0.43	1.45	−0.98	8.51	2.85	10	8.51	9.72	5.89
墨西哥	0.18	0.03	0.06	0.26	−0.99	4.74	−0.26	12	4.74	6.11	5.38

續表3-9

國家	金融體系發展規模（銀行和金融市場）				金融體系結構指數（銀行和金融市場）				金融體系發展水平（銀行和金融市場）		
	銀行信貸總額/GDP	不良貸款/貸款總額	股票交易總額/GDP	股票市值總額/GDP	結構活躍度	結構規模	結構效率	結構管制	金融活躍度	金融規模	金融效率
巴基斯坦	0.26	0.14	0.72	0.28	1.01	7.55	1.36	10	7.55	6.61	6.26
秘魯	0.21	0.08	0.03	0.44	-1.96	4.10	1.22	8	4.10	6.81	3.63
菲律賓	0.34	0.15	0.07	0.47	-1.54	5.50	1.97	7	5.50	7.36	3.85
俄羅斯	0.26	0.04	0.27	0.65	0.06	6.54	0.96	n.a.	6.54	7.41	6.52
南非	1.38	0.02	0.88	2.06	-0.45	9.40	1.43	8	9.40	10.25	8.38
斯里蘭卡	0.31	0.15	0.03	0.18	-2.33	4.52	1.00	7	4.52	6.31	2.97
泰國	1.02	0.11	0.50	0.63	-0.72	8.52	1.95	9	8.52	8.77	6.10
土耳其	0.20	0.16	0.39	0.28	0.67	6.65	1.05	12	6.65	6.32	5.93
中國	1.16	0.16	0.62	0.64	-0.62	8.88	2.32	16	8.88	8.91	5.97
總平均	0.46	0.10	0.30	0.62	-0.70	6.44	1.41	9.46	6.44	7.46	5.36

註：①結構活躍度＝Log（股票浮動市值/銀行信貸總額），結構規模＝Log（股票市值總額/銀行信貸總額），結構效率＝Log［（股票市值總額/GDP）×（銀行不良貸款/貸款總額）］，結構管制為商業銀行經營業務受管制的程度。金融體系結構指數越低，說明該經濟體國家的金融體系是由銀行居主導地位，而非金融市場。②金融活躍度＝Log［（股票浮動市值/GDP）×（銀行信貸總額/GDP）］，金融規模＝Log［（股票市值總額/GDP）＋（銀行信貸總額/GDP）］，金融效率＝Log［（股票浮動市值/GDP）/銀行不良貸款總額］。③所有國家數據均來源於Allen等的研究（2012）。

從表3-9可見，首先，從金融體系的發展規模來看，第一，中國的銀行信貸總額占GDP的比值為116%，高於新興市場經濟體國家的平均水平（46%），表明中國銀行業系統的信貸發展規模相對較大。第二，中國的銀行不良貸款率占銀行貸款總額的比值為16%，高於新興市場經濟體國家的平均水平（10%），表明中國銀行業系統的不良貸款率相對較高，中國銀行業部門的經營效率還有進一步提高的可能性。第三，中國的股票交易總額占GDP的比值為62%，高於新興市場經濟體國家的平均水平（30%），表明在新興市場經濟體國家中，中國股票市場的發展和交易規模較大。

其次，從金融體系的結構指數來看，第一，中國金融體系的結構規模指數為8.88，高於新興市場經濟體國家的平均水平（6.44），表明與銀行信貸規模相比，中國的股票市值總額相對較大。第二，中國金融體系的結構活躍度指數為-0.62，與新興市場經濟體國家的平均水平（-0.70）較為接近，表明與銀行信貸規模相比，中國股票市場的浮動市值總額依然相對較小；結構規模指數和結構活躍度指數共同表明，對於絕大部分新興市場經濟體國家（包括中國）而言，銀行信貸規模高於金

融市場的發展規模,其金融體系仍然是由銀行居主導地位。第三,中國金融體系的結構效率指數為 2.32,高於新興市場經濟體國家的平均水平(1.41),表明中國銀行業系統的有效性程度相對較低。第四,中國金融體系的結構管制指數為 16,高於新興市場經濟體國家的平均水平(9.46),表明在中國,除商業信貸的經營領域之外,中國的商業銀行在其他金融經營領域面臨的管制程度更嚴格。

最後,從金融體系的發展水平來看,第一,中國金融體系的金融活躍度指數為 8.88,高於新興市場經濟體國家的平均水平(6.44)。第二,中國金融體系的金融規模指數為 8.91,高於新興市場經濟體國家的平均水平(7.46),表明中國金融市場的整體發展規模較大。第三,中國金融體系的金融效率指數為 5.97,略高於新興市場經濟體國家的平均水平(5.36)。總體而言,中國金融體系的發展規模接近或高於其他新興市場經濟體國家的平均水平;但同時與金融市場相比,中國銀行業系統的有效性程度則低於其他新興市場經濟體國家的平均水平。

3.3.2 資本市場發展水平

3.3.2.1 股票市場的發展水平

股票市場規模和交易情況的國際比較如表 3—10 所示。

表 3—10　全球證券交易所發展規模和交易情況的國際比較

排名	證券交易所	股票市值總額（百萬美元）	集中度（%）	換手率（%）
1	紐約泛歐證券交易所（美國）	13,394,081.8	57.0	130.2
2	納斯達克證券交易所	3,889,369.9	71.9	340.4
3	東京證券交易所集團	3,827,774.2	60.1	109.6
4	倫敦證券交易所集團	3,613,064.0	82.3	76.1
5	紐約泛歐證券交易所（歐洲）	2,930,072.4	68.9	76.5
6	上海證券交易所	2,716,470.2	55.8	178.5
7	香港證券交易所	2,711,316.2	69.4	62.2
8	多倫多證券交易所集團	2,170,432.7	79.5	74.1
9	孟買證券交易所	1,631,829.5	87.7	18.1
10	印度國家證券交易所	1,596,625.3	69.6	57.3
11	巴西證券交易所	1,545,565.7	64.2	64.7
12	澳大利亞證券交易所	1,454,490.6	79.4	82.3
13	德意志證券交易所	1,429,719.1	78.4	119.3

續表3—10

排名	證券交易所	股票市值總額（百萬美元）	集中度（％）	換手率（％）
14	深圳證券交易所	1,311,370.1	31.2	344.3
15	瑞士證券交易所	1,229,356.5	65.6	73.5
16	西班牙馬德里證券交易所	1,171,625.0	n.a.	117.2
17	韓國證券交易所	1,091,911.5	75.7	176.3
18	納斯達克北歐證券交易所	1,042,153.7	69.7	79.7
19	莫斯科證券交易所	949,148.9	64.3	52.8
20	南非約翰尼斯堡證券交易所	925,007.2	35.0	33.3

註：①集中度是指一個證券交易所內前5％市值最大公司的年成交額占該交易所年成交總額的百分比。②換手率是指一個證券交易所內股票年成交總額占年市值總額的百分比。③表中全部數據來源於Allen等（2012）。

從表3—10可見，首先，從股票市值總額來看，中國內地的上海證券交易所全球排名第6，深圳證券交易所全球排名第14，香港證券交易所全球排名第7。毫無疑問，中國金融市場將在全球金融市場中扮演越來越重要的角色。其次，從集中度來看，上海證券交易所的集中度為55.8％，深圳證券交易所的集中度僅為31.2％（全球證券交易所的最低水平），均低於全球其他大型證券交易所的交易集中度的平均水平（66.62％），表明在上海和深圳證券交易所，前5％市值最大的股票的交易集中程度相對較低。最後，從換手率來看，深圳證券交易所的換手率為344.3％（全球證券交易所的最高水平），上海證券交易所的換手率為178.5％，均遠高於全球其他大型證券交易所換手率的平均水平（113.32％），表明在中國內地的資本市場，中小市值股票的投機交易額度相對較高（與市值較大股票相比，中小市值股票更容易被市場投機者所操縱）。

中國股票市場的有效性程度相對較差，是因為股票價格和投資者行為並非必然受到上市公司基本價值的驅使。例如，Morck等（2000）研究發現，與發達國家相比，新興市場經濟體國家（包括中國）股票價格的「同步性」現象（股票價格的漲跌是同步的）相對更加顯著，這種股價同步現象應歸因於新興市場對中小投資者權利保護較差、對金融市場監管不完善。Allen等（2012）研究認為，中國上市公司的內部交易和信息操縱行為揭示出中國股票市場缺乏有效性，正是對中小投資者權利的保護力度較差、對資本市場的監管效率較低才導致中國股票市場的有效性程度較差。

3.3.2.2 債券市場的發展水平

中國債券市場的發展規模和全球其他發達國家/地區以及發展中國家的國際比較如表3—11所示。

表 3－11　債券市場發展規模的國際比較：中國、發達國家/地區和發展中國家

國家/地區	政府債券市值/GDP	金融機構存款/GDP	國內儲蓄總額/GDP	腐敗指數（0～10）	普通法系
Panel A：發達國家/地區					
澳大利亞	0.09	0.60	0.23	1.40	1
奧地利	0.47	0.82	0.25	2.35	0
比利時	0.81	0.78	0.24	2.90	0
加拿大	0.28	0.75	0.23	1.03	1
瑞士	0.11	1.25	0.28	1.10	0
德國	0.28	0.70	0.22	1.94	0
丹麥	0.57	0.53	0.25	0.50	0
西班牙	0.32	0.65	0.23	3.35	0
芬蘭	0.37	0.48	0.26	0.40	0
法國	0.39	0.63	0.20	3.00	0
英國	0.33	0.90	0.16	1.52	1
中國香港	0.09	1.92	0.31	2.25	1
愛爾蘭	0.36	0.70	0.36	2.50	1
義大利	0.80	0.53	0.22	5.25	0
日本	0.60	1.94	0.27	2.90	0
韓國	0.11	0.49	0.35	5.76	0
荷蘭	0.42	0.99	0.27	1.05	0
挪威	0.12	0.50	0.31	1.25	0
新西蘭	0.27	0.82	0.23	0.60	1
葡萄牙	0.40	0.88	0.17	3.65	0
新加坡	0.40	0.98	0.47	0.82	1
瑞典	0.39	0.40	0.24	0.80	0
臺灣	0.13	0.24	0.14	4.45	0
美國	0.29	0.65	0.16	2.40	1
平均值	0.350,0	0.797,1	0.252,1	2.215,4	0.333,3

續表3-11

國家/地區	政府債券市值/GDP	金融機構存款/GDP	國內儲蓄總額/GDP	腐敗指數(0~10)	普通法系
Panel B：發展中國家					
巴西	0.32	0.37	0.18	6.35	0
智利	0.28	0.43	0.26	2.85	0
印度尼西亞	0.21	0.39	0.31	8.10	0
印度	0.20	0.38	0.23	7.20	1
墨西哥	0.15	0.23	0.22	6.70	0
馬來西亞	0.34	1.12	0.43	4.90	1
巴基斯坦	0.36	0.30	0.16	7.80	0
秘魯	0.02	0.21	0.18	5.90	0
菲律賓	0.35	0.47	0.15	7.40	0
泰國	0.02	0.94	0.34	6.80	1
土耳其	0.21	0.32	0.17	6.40	0
南非	0.46	0.50	0.19	5.30	0
平均值	0.2433	0.4717	0.2350	6.3083	0.4167
Panel C：中國內地					
中國內地	0.15	0.33	0.42	6.60	0

註：①政府債券市值/GDP度量了一個國家債券市場的發展規模。②金融機構存款/GDP衡量了一個國家金融仲介機構的發展水平。③國內儲蓄總額/GDP衡量了一個國家的國內居民儲蓄水平。④腐敗指數值越大，說明一個國家的腐敗問題越嚴重。⑤普通法系為0或1的虛擬變量，當一個國家屬於普通法系國家時取值為1，否則為0。La Porta等(1997)研究表明，與大陸法系國家相比，普通法系國家的法律制度環境相對更好。⑥表中全部數據來源於Fan等的研究(2012)。

從表3-11可見，從債券市場的發展規模來看，發達國家及地區政府債券市值占GDP的平均比重為35.00%，發展中國家政府債券市值占GDP的平均比重為24.33%，而中國政府債券市值占GDP的比重僅為15%，表明中國債券市場的發展規模遠低於全球其他發達國家/地區和發展中國家的平均發展水平。此外，中國金融仲介機構的發展水平（33%）也遠低於發達國家及地區（79.71%）和發展中國家（47.17%）的平均水平；但中國的國民儲蓄水平（42%）遠高於發達國家及地區（25.21%）和發展中國家（23.50%）的平均水平。另外，中國的腐敗指數為6.60，遠高於發達國家及地區的平均水平（2.2154），略高於其他發展中國家的平均水平（6.3083），表明在中國內地，政府官僚機構的貪污腐敗問題的嚴重程度較高。

1990-2015年中國債券市場發行情況如表3-12所示。

表 3−12　中國債券市場發行情況：1990−2015 年　　（單位：十億元）

年份	國債 發行額	國債 兌付額	國債 餘額	金融債 發行額	金融債 兌付額	金融債 餘額	非金融企業信用類債 發行額	非金融企業信用類債 兌付額	非金融企業信用類債 餘額
1990	19.72	7.62	89.03	6.44	5.01	8.99	12.64	7.73	19.54
1991	28.13	11.16	106.00	6.69	3.37	12.31	25.00	11.43	33.11
1992	46.08	23.81	128.27	7.70	3.00	17.01	68.37	19.28	82.20
1993	38.13	12.33	154.07	0.00	0.00	17.01	23.58	25.55	80.24
1994	113.76	39.19	228.64	77.60	0.00	94.61	16.18	28.20	68.21
1995	151.09	49.70	330.03	85.39	5.5	167.52	30.08	33.63	64.66
1996	184.78	78.66	436.14	104.10	25.45	239.97	26.89	31.78	59.77
1997	241.18	126.43	550.89	143.15	31.23	348.69	25.52	21.98	52.10
1998	380.88	206.09	776.57	195.02	32.04	512.11	14.79	10.53	67.69
1999	401.50	123.87	1,054.20	180.09	47.32	644.75	15.82	5.65	77.86
2000	465.70	217.90	1,302.00	164.50	70.92	738.33	8.30	0.00	86.16
2001	488.40	228.60	1,561.80	259.00	143.88	853.45	14.70	0.00	100.86
2002	593.43	221.62	1,933.61	322.00	66.00	1,005.41	32.50	0.00	133.36
2003	628.01	275.58	2,260.36	462.00	99.52	1,165.00	35.80	0.00	169.16
2004	692.39	374.99	2,577.76	512.33	146.02	1,488.00	32.70	0.00	201.86
2005	704.20	404.55	2,877.40	715.88	193.22	1,970.31	204.65	3.70	402.81
2006	888.33	620.86	3,144.87	966.58	364.25	2,572.96	393.83	167.24	629.40
2007	2,313.91	584.68	4,874.10	1,208.27	421.66	3,334.30	546.58	288.09	818.17
2008	855.82	753.14	4,976.78	1,209.90	446.28	4,133.06	943.35	327.78	1,431.05
2009	1,792.72	974.51	5,795.00	1,452.41	506.40	5,099.07	1,667.59	430.85	2,510.73
2010	1,977.83	1,004.34	6,768.49	1,412.22	644.53	5,879.00	1,681.18	509.92	3,825.53
2011	1,710.01	1,095.85	7,382.65	2,349.12	768.30	7,459.82	2,357.74	1,032.56	5,162.81
2012	1,615.42	1,798.71	7,199.36	2,596.25	806.09	9,228.16	3,733.83	1,474.63	7,401.18
2013	2,023.00	899.60	9,547.10	2,689.00	1,338.60	10,618.22	3,672.09	1,881.26	9,203.76
2014	2,174.70	994.30	10,727.50	3,655.20	1,724.52	12,548.90	5,151.60	2,733.96	11,621.40
2015	5,940.80	1,215.90	15,452.40	10,209.50	4,298.80	18,459.60	6,720.50	3,909.00	14,432.90
年均增長率	25.65%	22.49%	22.91%	34.28%	31.02%	35.67%	28.54%	28.28%	30.24%

註：①國債包括中央政府債和地方政府債；②金融債包括國開行金融債、政策性金融債、商業銀行普通債、商業銀行次級債、商業銀行資本混合債、非銀行金融機構債券、證券公司債、資產支持證券、證券公司短期融資券、二級資本工具、同業存單公司債、可轉債；③非金融企業信用類債包括公司債、可轉債、可分離債、中小企業私募債、企業債、短期融資券、超短期融資券、中期票據、中小企業集合票據、非公開定向債務融資工具、資產支持票據；④1990−2013 年數據均來源於《中國金融年鑒》，2014 年和 2015 年數據來源於中國人民銀行官方網站 http://www.pbc.gov.cn。

從表 3-12 可見，1990—2015 年，無論從債券的發行額還是期末餘額來看，中國債券市場的發展規模逐步壯大。第一，國債發行額（餘額）從 1990 年的 197.2 億元（890.3 億元）增至 2015 年的 59,408.0 億元（154,524.0 億元），年均增長率為 25.65%（22.91%）。第二，非金融企業信用類債發行額（餘額）從 1990 年的 126.4 億元（195.4 億元）增至 2015 年的 67,205 億元（144,329.0 億元），年均增長率為 28.54%（30.24%）。1990—2010 年，非金融企業信用類債的發行額和餘額水平均遠低於國債的發展水平，2010—2015 年，非金融企業信用債的發展規模迅速增長，逐步和國債的發展規模持平，尤其是發行規模已逐步超過國債的發行水平。第三，金融債發行額（餘額）從 1990 年的 64.4 億元（89.9 億元）增至 2015 年的 102,095.0 億元（184,596.0 億元），年均增長率為 34.28%（35.67%）。1990—1993 年，金融債的發行額和餘額水平是三類債券中最低的，1994—2005 年，金融債的發行額和餘額水平超過非金融企業信用類債的發展規模，並且逐步與國債的發展規模持平，2006—2015 年，金融債的發行額和餘額水平逐步超過國債的發展規模。截至 2015 年 12 月 31 日，金融債的發行規模最大、餘額水平最高、年均增長速度最快。國債、非金融企業信用類債和金融債的發展規模和發展速度取得相對平衡的發展狀態。

儘管近幾年來中國債券市場的發展規模不斷壯大、發展速度不斷遞增，但與股票市場相比，中國債券市場的發展水平依然相對較低，尤其是公司債券市場。Allen 等（2007）研究發現，與歐洲國家和美國相比，除日本以外，亞洲國家和地區的政府（公共）債券市場和公司（私人）債券市場的發展規模均相對較小。即便是對於日本，與政府債券市場相比，其公司債券市場的發展規模也相對較小。尤其是就中國而言，中國的銀行信貸市場、股票市場、政府（公共）債券市場和公司（私人）債券市場的發展規模均相對較小。此外，無論是與中國的銀行信貸市場、股票市場、政府債券市場相比，還是與全球其他國家和區域的公司債券市場相比，中國的公司債券市場的發展規模和發展水平均是最差的。

Allen 等（2012）認為中國債券市場的發展水平相對較低是由於以下幾個原因：一是缺乏健全的會計（審計）體系和高質量的債券評級機構；二是由於中國以及其他大多數新興市場經濟體國家對債權人權利的保護力度較差、司法系統的執法效率較低，一旦發生債務違約事件，債權人的債務回收率較低，因而國內和國外投資者對中國債券市場的投資積極性較低，進而導致中國債券市場產生投資不足的問題；三是缺乏結構完整的債券收益率曲線和歷史交易價格數據，利率期限結構數據的匱乏將進一步阻礙衍生品市場的發展，最終不僅無助於投資者進行有效的風險管理，而且不利於政府制定有效的宏觀經濟政策。因此，擴大中國債券市場的發展規模、完善和健全中國的法律制度體系以及相關制度環境非常重要。

3.3.3 銀行系統發展現狀

3.3.3.1 銀行業系統的信貸情況

1994－2009年中國金融機構的銀行貸款規模、貸款期限、貸款用途、債務人類型等情況匯總如表3－13所示。

表3－13　中國金融機構的銀行貸款情況：1994－2009年　（單位：十億元）

年份	貸款規模 貸款總額	貸款類型 短期貸款	貸款用途 工業貸款	商業貸款	基礎設施建設貸款	農業貸款	債務人類型 鄉鎮企業	私營企業	合資企業
1994	3,997.60	2,694.87	994.83	1,050.98	61.72	114.39	200.24	15.59	79.23
1995	5,054.41	3,337.20	1,177.47	1,283.71	79.93	154.48	251.49	19.62	99.91
1996	6,115.66	4,021.00	1,421.33	1,533.26	97.38	191.91	282.19	27.98	134.63
1997	7,491.41	5,541.83	1,652.66	1,835.66	159.11	331.46	503.58	38.67	189.10
1998	8,652.41	6,061.32	1,782.15	1,975.24	162.87	444.42	558.00	47.16	248.75
1999	9,373.43	6,388.76	1,794.89	1,989.09	147.69	479.24	616.13	57.91	298.58
2000	9,937.11	6,574.81	1,701.93	1,786.85	161.71	488.90	606.08	65.46	304.98
2001	11,231.47	6,732.72	1,863.67	1,856.34	209.96	571.15	641.30	91.80	326.35
2002	13,129.39	7,424.79	2,019.05	1,797.31	274.80	688.46	681.23	105.62	269.74
2003	15,899.62	8,366.12	2,275.60	1,799.44	300.21	841.14	766.16	146.16	256.94
2004	17,819.78	8,684.06	2,389.66	1,707.41	2,78.01	984.31	806.92	208.16	219.84
2005	19,469.04	8,744.92	2,251.67	1,644.76	298.37	1,152.99	790.18	218.08	197.53
2006	22,534.72	9,853.44	2,865.40	1,667.15	361.26	1,320.82	622.20	266.76	183.27
2007	26,169.09	11,447.79	3,362.33	1,783.33	374.19	1,542.93	711.26	350.77	206.91
2008	30,339.46	12,518.17	3,614.29	1,773.22	368.46	1,762.88	745.40	422.38	227.08
2009	39,968.48	14,661.13	3,876.92	1,948.33	364.68	2,162.25	902.9	712.10	218.03

註：表中全部數據來源於Allen等（2012）。

從表3－13可見，首先，從銀行貸款期限來看，1994－2000年，中國金融機構的短期貸款占貸款總額的平均比重為68.22%；2001－2009年下降為47.58%，表明中國金融機構的短期貸款規模呈現逐年下滑的趨勢，而長期貸款逐漸占據主導地位。其次，從銀行貸款用途來看，中國金融機構的大部分信貸資金流向製造業領域的國有企業，與工業貸款和商業貸款相比，用於政府資助型建設投資項目的基礎設施建設貸款規模最低，農業貸款規模也相對較小。最後，從貸款的債務人類型來看，與上市公司和國有企業相比，鄉鎮企業、私營企業以及合資企業獲得的銀行貸款規模

相對較小、銀行貸款融資能力相對較差，中國金融機構的銀行信貸資金在國有企業部門和混合企業部門之間分配的這種不平衡現象表明，中國政府具有通過國有銀行渠道將資金財富從混合企業部門轉移向國有企業部門的政策傾向（Brandt&Zhu，2007）。

3.3.3.2　銀行業系統的不良貸款情況

中國銀行業系統由四大國有銀行佔據主導地位，四大國有銀行的主導地位不僅反映出中國銀行業部門的產權屬性，而且還表明銀行業部門的競爭性程度相對較低。中國銀行業部門面臨的至關重要的問題便是國有銀行的不良貸款率問題。如何將不良貸款率降低至正常水平是中國金融體系面臨的首要任務。1998－2010 年中國銀行業系統的不良貸款率與美國以及其他亞洲國家/地區的國際比較如表 3－14 所示。

表 3－14　1998－2010 年銀行業系統不良貸款率的國際比較：中國和美國、其他亞洲國家/地區

年份	中國	美國	日本	韓國	印度	印度尼西亞	臺灣
\multicolumn{8}{c}{Panel A：不良貸款總額（規模）（單位：十億美元）}
1998	20.5	71.3	489.7	23.2	12.7	5.5	21.8
1999	105.1	72.2	547.6	54.4	14.0	3.2	27.2
2000	269.3	90.1	515.4	35.5	12.9	6.3	33.2
2001	265.3	108.4	640.1	12.2	13.2	4.3	37.9
2002	188.4	107.8	552.5	9.9	14.8	3.3	30.7
2003	181.2	95.9	480.1	11.7	14.6	4.7	23.1
2004	207.4	81.3	334.8	10.0	14.4	3.8	26.4
2005	164.2	84.6	183.3	7.6	13.4	6.0	11.2
2006	157.4	103.8	157.8	8.2	11.2	5.2	11.3
2007	166.8	168.1	148.6	8.3	13.6	4.5	10.0
2008	80.6	328.7	190.8	13.0	15.4	4.3	9.0
2009	72.6	477.5	188.5	13.9	18.2	4.6	6.7
2010	68.1	423.4	208.7	26.8	20.7	4.3	3.8
\multicolumn{8}{c}{Panel B：不良貸款總額/GDP（%）}
1998	2.0	0.8	12.7	6.7	3.1	5.2	7.9
1999	9.7	0.8	12.6	12.2	3.2	3.8	9.1
2000	22.5	0.9	11.1	6.9	2.8	2.7	10.3
2001	20.0	1.1	15.6	2.5	2.8	1.7	13.0

续表3—14

年份	中國	美國	日本	韓國	印度	印度尼西亞	臺灣
2002	13.0	1.0	14.1	1.8	3.0	2.0	10.4
2003	11.0	1.0	11.3	1.9	2.5	1.5	7.7
2004	10.7	0.9	7.3	1.5	2.2	2.1	5.1
2005	7.3	0.7	4.0	1.0	1.7	1.5	3.2
2006	5.9	0.8	3.6	0.9	1.3	1.4	3.1
2007	5.1	1.2	3.4	0.8	1.2	1.0	2.6
2008	1.9	2.3	3.7	1.4		0.8	2.3
2009	1.5	3.3	3.6	1.5		1.0	1.8
2010	1.1	2.9	3.8	2.6	1.2	0.6	0.9

註：①美國的不良貸款是指「拖欠型貸款」；②日本的不良貸款是指「風險管理型貸款」（或根據財務重組法律披露的貸款，或接受自我評估的貸款）；③表中全部數據來源於Allen等的研究（2012）。

從表3—14可見，2000—2007年，與美國以及其他亞洲國家和地區相比，中國內地銀行業系統的不良貸款率是最高的，尤其是2000年和2001年的不良貸款率分別高達22.5%和20.0%。此外，2000—2007年不僅包含了亞洲國家/地區經歷1997年亞洲金融危機的恢復期間（例如，1999年韓國的不良貸款率高達12.2%，但2001年其不良貸款率下降至2.5%，且此後一直維持在低於2.0%的水平），而且還包含了日本銀行業系統受不良貸款（風險管理貸款）問題困擾最嚴重的時期（1998—2003年，日本的不良貸款率排名第二，僅次於中國，但2004年之後其不良貸款率迅速下降且維持在低於4.0%的水平）。然而，中國銀行業系統的不良貸款率自達到2000年的峰值以來，在2004—2010年逐漸呈現出穩步下降的趨勢。事實上，在大多數發達國家的銀行業部門正經歷全球性金融危機的背景下，中國銀行業部門對不良貸款率的控制程度相對較好，以2010年為例，中國的不良貸款總額為681億美元，僅相當於美國不良貸款總額（4,234億美元）的七分之一，且中國的不良貸款率水平（1.1%）同樣低於美國的同期水平（2.9%）。

儘管從數據上來看，中國銀行業部門在控制不良貸款問題方面表現得相對良好，但Allen等（2012）研究認為，中國銀行業系統的不良貸款存在顯著低估的問題。第一，中國官方數據公布的不良貸款並沒有包括從銀行業部門轉移向四大國有資產管理公司的呆壞帳；第二，中國銀行業部門對不良貸款的定義和分類同樣存在問題。巴塞爾銀行監管委員會將有問題的貸款或不良貸款定義為任何超過180天（美國規定90天）還未支付利息的貸款，然而中國銀行業部門並未廣泛地採取這一規定，僅僅將超過貸款期限或延長期限還未支付本金的貸款定義為不良貸款，甚至有時候直

至債務人宣布破產或進入破產清算程序時才歸類為不良貸款。綜上所述，中國銀行業部門的實際不良貸款規模和不良貸款率將比官方公布的數據更高。

2009－2013年中國商業銀行分機構的不良貸款情況如表3－15所示。

表3－15 2009－2013年中國商業銀行分機構的不良貸款情況

(單位：億元 %)

機構	商業銀行合計	大型商業銀行	股份制商業銀行	城市商業銀行	農村商業銀行	外資銀行
2009年							
不良貸款餘額	4,973.3	4,264.5	376.9	270.1		61.8
次級	2,031.3	1,691.0	205.8	110.4		24.2
可疑	2,314.2	2,015.7	123.3	153.9		21.2
損失	627.9	557.8	47.8	5.8		16.5
不良貸款率	1.6	1.6	1.3	2.8		0.9
次級	0.7	0.6	0.7	1.1		0.3
可疑	0.7	0.8	0.4	1.6		0.3
損失	0.2	0.2	0.2	0.1		0.2
2010年							
不良貸款餘額	4,336.0	3,125.2	565.7	325.6	270.8	48.6
次級	1,619.3	1,106.1	183.0	166.2	148.8	15.1
可疑	2,052.2	1,580.3	227.7	109.5	116.0	18.7
損失	664.5	438.8	155.0	49.9	6.0	14.8
不良貸款率	1.1	1.3	0.7	0.9	1.9	0.5
次級	0.4	0.5	0.2	0.5	1.1	0.2
可疑	0.5	0.7	0.3	0.3	0.8	0.2
損失	0.2	0.2	0.2	0.1	0.0	0.2
2011年							
不良貸款餘額	4,278.7	2,995.9	563.1	338.6	341.0	40.1
次級	1,725.2	1,146.9	219.6	177.7	164.4	16.5
可疑	1,883.5	1,399.0	195.9	111.8	161.5	15.3
損失	670.1	450.0	147.6	49.1	15.1	8.3
不良貸款率	1.0	1.1	0.6	0.8	1.6	0.4

續表3-15

機構	商業銀行合計	大型商業銀行	股份制商業銀行	城市商業銀行	農村商業銀行	外資銀行
次級	0.4	0.4	0.2	0.4	0.7	0.2
可疑	0.4	0.5	0.2	0.3	0.7	0.2
損失	0.2	0.2	0.2	0.1	0.1	0.1
2012年						
不良貸款餘額	4,928.5	3,095.2	797.0	418.7	563.7	54.0
次級	2,176.2	1,211.2	386.0	252.8	302.6	23.6
可疑	2,122.4	1,463.6	272.8	125.1	241.3	19.5
損失	630.0	420.4	138.2	40.7	19.7	10.9
不良貸款率	1.0	1.0	0.7	0.8	1.8	0.5
次級	0.4	0.4	0.4	0.5	0.9	0.2
可疑	0.4	0.5	0.2	0.2	0.8	0.2
損失	0.1	0.1	0.1	0.1	0.1	0.1
2013年						
不良貸款餘額	5,921.3	3,500.5	1,090.8	548.2	725.5	56.3
次級	2,537.8	1,252.1	599.4	326.3	338.8	21.1
可疑	2,574.1	1,705.4	323.0	163.3	356.5	25.8
損失	809.4	543.0	168.4	58.5	30.2	9.4
不良貸款率	1.0	1.0	0.9	0.9	1.7	0.5
次級	0.4	0.4	0.5	0.5	0.8	0.2
可疑	0.4	0.5	0.3	0.3	0.8	0.2
損失	0.1	0.2	0.1	0.1	0.1	0.1
平均不良貸款率	1.14	1.20	0.73	0.94	1.96	0.56

註：表中全部數據來源於2010-2014年《中國金融年鑒》。

從表3-15可見，總體來看，2009-2013年，中國商業銀行的平均不良貸款率為1.14%，並且自2010年以來，商業銀行的不良貸款率一直維持在1.0%左右的水平。其中，從商業銀行的不同類型來看，農村商業銀行的平均不良貸款率最高（1.96%），大型國有商業銀行的不良貸款率排名第二（1.20%），且農村商業銀行和

大型國有商業銀行的不良貸款率水平均高於全國商業銀行的平均水平（1.14％），而外資銀行的平均不良貸款率最低（0.56％），農村商業銀行的不良貸款率是外資銀行的 3.5 倍。這表明在中國的銀行業系統，大型國有商業銀行和農村商業銀行的不良貸款問題相對較嚴重，而股份制商業銀行和外資銀行在控製不良貸款問題方面表現得相對較好。

總體而言，最近幾年中國銀行業系統的不良貸款率呈現顯著下降的趨勢，不良貸款問題得到良好的控製。然而，鑒於實際不良貸款規模可能高於官方公布的統計數字（Allen et al.，2012），且大型國有商業銀行的不良貸款規模可能將持續增長，如何有效地控製和降低商業銀行的不良貸款問題將是中國銀行業系統所必須解決的最重要的任務之一。

3.3.3.3 銀行業系統的經營績效情況

銀行業部門的不良貸款規模問題主要取決於銀行的經營效率。2015 年中國銀行業系統的經營績效與其他發達國家/地區和發展中國家的國際比較如表 3－16 所示。

表 3－16 2015 年銀行業系統經營績效的國際比較：中國和發達國家/地區、發展中國家

國家/地區	不良貸款率	資產收益率（ROA）	淨資產收益率（ROE）	營業利潤率	流動資產比率
Panel A：發達國家及地區					
澳大利亞	1.0	n. a.	n. a.	n. a.	15.8
奧地利	3.5	0.4	6.9	59.5	24.9
比利時	4.0	0.6	9.7	56.5	32.0
加拿大	0.5	1.1	21.6	50.6	11.4
中國香港	0.6	1.1	14.3	45.1	20.3
中國澳門	0.1	1.0	25.8	76.1	34.3
丹麥	4.3	0.1	1.6	75.1	12.1
德國	n. a.	n. a.	n. a.	n. a.	45.0
日本	1.6	0.3	6.3	n. a.	n. a.
荷蘭	2.7	0.6	10.9	73.5	22.8
挪威	1.1	1.1	11.8	32.1	10.0
新加坡	0.9	1.2	13.6	62.9	69.3
西班牙	6.3	0.5	7.1	66.4	n. a.
瑞典	1.1	0.6	n. a.	n. a.	12.9
美國	1.5	0.4	3.1	62.8	13.5

續表3-16

國家/地區	不良貸款率	資產收益率（ROA）	淨資產收益率（ROE）	營業利潤率	流動資產比率
平均值	2.09	0.69	11.06	60.05	24.95
Panel B：發展中國家					
阿根廷	1.7	6.2	49.0	32.8	34.2
巴西	3.1	1.6	15.9	78.5	10.8
印度	4.8	0.7	9.7	70.3	8.1
印度尼西亞	2.6	2.2	16.8	70.1	25.1
馬來西亞	1.6	1.3	12.8	61.5	21.3
墨西哥	2.5	1.6	15.4	73.0	34.7
巴基斯坦	11.4	1.5	15.6	70.4	46.9
菲律賓	2.1	1.4	13.5	70.6	37.0
俄羅斯	7.4	0.2	2.0	25.6	26.5
南非	3.1	1.5	20.7	56.3	18.3
泰國	2.7	1.4	11.3	n. a.	17.9
土耳其	2.8	1.4	13.3	75.3	51.0
平均值	3.82	1.75	16.33	62.22	27.65
Panel C：中國內地					
中國內地	1.5	0.6	8.6	75.4	19.7

註：①不良貸款率＝不良貸款/貸款總額；②營業利潤率＝利息差/營業收入總額；③流動資產比率＝流動資產/總資產；④表中數據來源於國際貨幣基金組織的IMF eLibrary Data http://data.imf.org/。

　　從表3-16可見，從不良貸款率來看，中國內地銀行業部門的不良貸款率為1.5%，低於發達國家/地區（2.09%）和發展中國家（3.82%）的平均水平，但高於新加坡（0.9%）、香港地區（0.6%）和澳門地區（0.1%）的不良貸款率水平；從淨資產收益率（ROE）來看，中國內地銀行業部門的淨資產收益率為8.6%，不僅低於發達國家/地區（11.06%）和發展中國家（16.33%）的平均水平，而且遠低於香港地區（14.3%）和澳門地區（25.8%）的收益率水平；從營業利潤率來看，中國內地銀行業部門的營業利潤率為75.4%，高於發達國家/地區（60.05%）和發展中國家（62.22%）的平均水平，表明中國銀行業系統的利息差收入水平相對較高；從資產的流動性來看，中國內地銀行業部門的流動資產比率為19.7%，低於發達國家/地區（24.95%）和發展中國家（27.65%）的平均水平，表明中國銀行業系統的資產流動性水平相對較差。總體而言，首先，中國內地銀行業系統的不良貸款率水

平雖然略好於發達國家/地區和發展中國家的平均水平，但與中國香港、中國澳門、加拿大、澳大利亞等發達地區和國家相比則較差；其次，與全球其他發達國家、發展中國家以及中國香港、中國澳門地區相比，中國內地銀行業系統的資產收益率和淨資產收益率水平相對較差、利息差收入水平相對較高、資產的流動性水平相對較低。

3.4 本章小結

本章從中國上市公司股權結構模式、法律制度環境（法律制度體系、法律保護和法律執行制度、信息披露制度）、金融制度環境（金融體系概況、股票市場和債券市場的發展水平、銀行業系統發展現狀）三個方面，對中國上市公司面臨的融資制度背景進行了深入系統的剖析，為解釋銀行貸款契約的設計和安排提供了理論依據和現實背景，有助於進一步理解銀行貸款契約影響因素背後更深層次的制度力量。

第一，從公司股權結構模式來看，中國上市公司的股權結構模式表現為以下幾個特點：一是國有產權屬性居主導地位，且國有股的流通性較差；二是股權集中度較高，公司內部人持股比例較高（第一大控製股東手中通常掌握著超強的控製權），而外部公眾持股比例較低、機構投資者持股比例同樣較低；三是控製權在多個大控製股東之間的力量分佈較不均勻，第一大控製股東通常擁有絕對的控製權優勢；四是高級管理人員、內部職工的持股比例通常較低，且大控製股東對高管經營決策的行政干預程度較嚴重；五是終極所有權結構較為普遍，終極控製股東利用金字塔股權結構達到控製權和現金流量權分離的目的，且控製權和現金流量權之間的分離度通常較高，終極控製股東類型多為國有屬性，國家控製是典型特徵。

第二，從法律制度環境來看，中國內地的法律制度環境表現為以下幾個特點：一是法律制度體系的總體指數相對較差（政府官僚機構的決策效率較低、法律法規條文的立法質量較差、政府對法律體系的干預程度較嚴重，司法系統的獨立性程度相對較差、政府官僚機構的腐敗程度相對較嚴重）；二是對股東權利和債權人權利的法律保護力度較弱；三是契約的法律執行質量較差，侵占風險和債務違約風險較高；四是信息披露制度較不健全，會計信息操縱問題較嚴重，會計信息透明度相對較低、會計信息披露質量相對較差。

第三，從金融制度環境來看，中國內地的金融制度環境表現為以下幾個特點：一是銀行信貸市場的發展規模高於金融市場（股票市場和債券市場）的發展規模，中國的金融體系由銀行等金融仲介機構居主導地位，相對而言，金融市場的發展規模、活躍度、有效性還有進一步發展和提升的空間；二是股票市場的市值總額雖然較高，但大市值股票的交易集中程度較低，中小市值股票的投機交易集中程度（換

手率）較高，股票市場的有效性程度整體較差；三是與股票市場相比，債券市場的發展規模相對較低，尤其是公司債券市場；四是銀行業部門的存款額度和存款水平較高，銀行信貸資源的分配不均勻，銀行長期貸款通常流向製造業領域的國有企業和上市公司；五是與股份制商業銀行和外資銀行相比，大型國有商業銀行的不良貸款問題相對較嚴重，銀行業系統的經營績效相對較差。

股權結構模式、法律制度環境和金融制度環境等融資制度背景必將影響終極所有權結構、社會資本與銀行貸款契約之間的關係，研究終極所有權結構、社會資本、終極所有權結構和社會資本的交互項對銀行貸款契約的影響必須結合中國獨特的融資制度背景。

第 4 章　社會資本的內涵、度量及其特徵分析

　　社會交往非常重要，正是社會交往活動創造了社會關係網路、孕育了社會信任和社會價值，維持著社會規範和社會文化，並創造出社區和團體。這些社會實體（以社會關係網路或社區團體或規範和文化或信任和價值的形式出現）對經濟發展以及社會成果具有至關重要的影響作用。上述這種理論或觀點在近期有關社會資本的研究文獻中占據著最重要的地位，相關研究學者通常利用「社會資本」的概念來解釋各類社會現象和經濟問題，諸如，從美國的政府治理績效（Knack，2002）到尼泊爾的十年內戰（Gilligan etal.，2011）；從義大利的經濟發展質量（Sabatini，2006）到中國公民的主觀幸福感（Bartolini&Sarracino，2015）。「社會資本」概念強調了社會經濟學領域中非市場性社會交往的重要性，並試圖填補傳統新古典主義經濟學理論框架的空白（Quibria，2003）。社會學家 Granovetter（1985）有關經濟行為和社會結構嵌入性的研究表明，新古典主義理論框架提出了一個有關非社會化人的概念的假定，這個假定認為人是單獨、分裂、無名的個體，並被剝奪了具備通過社會關係所產生的任何社會影響的能力。換言之，新古典主義理論框架忽略了非市場化社會交往在決定個人和集體行為，以及影響經濟和社會產出中所扮演的重要角色。拋開任何理論研究和理論假設，在真實的世界中，個人和集體行為其實一直受到以文化、規範和社會結構為表現形式的非市場化社會交往的影響。例如，一個人接受教育的渴望、生育結婚的決定、投資理財的偏好等任何行為和決策都明顯受到這個人身處周圍社會的同齡群體、行為榜樣、道德規範、價值觀等的影響。

　　儘管最近幾年有關社會資本的研究文獻較多，但不同領域學者在有關社會資本概念的界定、社會資本度量方法和實證估計問題的明確統一上還存在較大的分歧。本章在對西方社會資本理論的發展脈絡、社會資本的定義內涵和度量方法進行系統梳理和總結的基礎上，結合中國融資制度背景和社會資本相關數據的可獲得性，構建了適合中國國情的上市公司社會資本的綜合度量指標體系，並從宏觀經濟、行業類別、地域分佈等方面進行社會資本綜合分數的特徵分析，以便全面、系統地認識和理解有關社會資本的概念、度量和特徵問題。

4.1 西方社會資本理論的發展脈絡

社會資本理論在社會學、人類學、政治學、經濟學等社會科學領域得到廣泛的應用和融合，而在社會科學的研究領域，無論是概念形式的提出還是理論實質的發展，社會資本均具有一段較長時期的思想文化的發展脈絡歷史。本部分通過對西方社會資本理論的發展脈絡進行梳理可以看出，社會資本理論的產生、成長和繁榮共包含三個階段：第一階段為 20 世紀初期的萌芽階段，這一階段是社會資本概念的提出和創建階段；第二階段為 20 世紀 70 年代至 80 年代的成長階段，這一階段是社會資本理論的形成和在各個研究領域的推廣階段；第三階段為 20 世紀 90 年代至 21 世紀初期的繁榮階段，這一階段是社會資本理論出現各種學派的爭論和分化階段。

4.1.1 萌芽階段：社會資本概念的提出

現今所廣泛沿用的社會資本這一概念最早應追溯至 20 世紀初 Hanifan（當時他是西弗吉尼亞州一所學校的負責人）的著作《鄉村學校的社區活動中心》。Hanifan（1916）開創性地提出社會資本概念並這樣描述社會資本：「這些有形物質在人們的日常生活中發揮著至關重要的作用，換言之，善意、友誼、同情，以及人與人之間、家庭和家庭之間的社會交往都是構成社會單位的重要組成部分。一個個體開始與他的鄰居發生聯繫，而這個鄰居又與別的其他鄰居發生聯繫，這種持續擴散的社會聯繫過程同樣是社會資本的持續累積過程。社會資本有助於滿足個體的社會需求、充分激發個體的社會潛能、大幅改善整個社區的生活環境和生存質量。」繼 Hanifan（1916）之後，社會資本概念在學術研究領域消失了幾十年，直至 Seely 等（1956），Homans（1961），Jacobs（1961）等的相關研究著作的問世，社會資本概念才被重新使用。這些社會資本的早期研究學者不約而同地使用社會資本來概述社會（社區）聯繫的生命力和重要性。

4.1.2 成長階段：社會資本理論的形成和在各個研究領域的推廣

20 世紀 70 年代至 80 年代是社會資本理論的成長階段，這一階段同時也是社會資本理論的初步形成以及在經濟學、社會學等研究領域的推廣階段，此階段的代表性研究學者有 Loury、Bourdieu 和 Coleman。

在經濟學研究領域，最早提及社會資本概念的便是經濟學家 Loury 的著作《種族收入差距的一個動態理論》。Loury 研究認為，必須在傳統的新古典主義理論框架中吸收融合與社會網路有關的社會維度概念，因為從屬於擁有不同社會網路的不同種族和社會群體的個體，其獲得競爭機會的能力各不相同。因此，不同的社會網路

导致不同种族群体之间的收入差距持续扩大。换言之，仅仅关注为个体人力资本而不考虑社会网路影响的传统经济理论并不适用於解释种族收入的差距问题。

在社会学研究领域，社会学家 Bourdieu（1986）将社会资本视为「一种真实存在的资源和潜在资源的总和，这种资源总和与通过相互瞭解或相互认可所形成的持久的组织关系网路有关」。Bourdieu（1986）对社会资本的定义首次强调了社会资本的网路属性，例如，一个个体所拥有的机会、所获得的有利条件都来自於群组成员之间的关系网路。Bourdieu 的社会资本概念实质上是一种个人主义或利己主义。在《资本的形态》这部着作中，Bourdieu 不仅重点关注了社会资本的工具价值，他还认为应当鼓励个体更多地对这种群组关系网路进行投资。

对社会资本概念的普及和推广（尤其是在社会学领域）做出最重要贡献的学者便是 Coleman。Coleman 在 1988 年的《社会资本在创建人力资本中的作用》中这样描述社会资本：「社会资本的概念取决於其所发挥的不同功能。社会资本并非一个单独的实体，而是各种各样不同实体的集合体，这些实体具有两个共同特点，即它们不仅是社会结构某些方面的组成部分，而且有利於社会结构中某种特定个体行为的发生。」Coleman 的着作为社会资本概念的界定提供了一种全新的视角、方法和理念。Portes（1998）在《社会资本：起源及其在现代社会学中的应用》中这样评价：「Coleman 对社会资本的定义不仅包含了社会资本所产生的原因（相互预期、集体执行或遵守道德规范等），而且囊括了社会资本所导致的有利结果（获得集体资源等）。」

4.1.3　繁荣阶段：社会资本理论的不同学派之争

20 世纪 90 年代以来，社会资本理论的发展进入百家争鸣的繁荣阶段，在此阶段出现了各种不同学派的分化和争论，包括基於微观层面的「个体资产」理论和基於宏观层面的「集体资产」理论，以及由「集体资产」理论衍化出的各种学派，诸如「信任」学派、「社区」学派、「网路」学派、「制度」学派、「协同」学派等。

社会资本理论基於微观层面的「个体资产」理论的代表性学者有诸如 Loury，Bourdieu，Glaeser 等，「个体资产」理论强调社会资本是来源於关系网路和社会联系的一种个体资产。Loury（2000）在《社会排斥和族群：发展经济学的挑战》中论述：「每一个个体都具有一定的社会属性，个体镶嵌於社会关系网路之中的不同位置将极大地影响其获得各类社会资源的能力。」Loury（2000）和 Bourdieu（1986）强调社会关系网路作为一种个体资产在决定其社会属性和经济地位方面所扮演的重要角色。Glaeser 等（2002）在《社会资本的一种经济学方法》描述了社会资本的一系列特徵：一是社会资本是一种个体资产；二是这种个体资产的一部分本身是个体所内在固有的，另一部分则能通过个体的社交行为得到不断的累积和增大；三是个体可利用其社会资本扩大自己的市场性和非市场性地位。

与 Loury（1977，2000），Bourdieu（1986），Glaeser（2002）等基於微觀層面研究社會資本的視角不同，基於宏觀層面的「集體資產」理論的代表性研究學者 Putnam 強調社會資本是來源於同質性集體的一種共享資產。Putnam（1993）在《使民主運轉起來：現代義大利的公民傳統》中以及在《來來去去：美國社會資本的奇怪消亡》（1995）中這樣定義社會資本：「社會資本指的是為了人們之間的相互利益而有利於協同、合作的社會組織的各種特徵，例如網路、規範、信任等。」Putnam（2000）在《獨自打保齡球：美國社區資本的衰落與復興》中詳細闡述了社會資本的內涵：「社會資本與『公民道德』緊密相連。社會資本強調了這樣一個事實，即只有當嵌入互惠型社會關係網路時，公民道德的力量才變得異常強大。」根據 Putnam 的宏觀視角，社會資本是屬於一個集體、一個社區乃至整個民族的一種財富或資產，儘管 Putnam 本人也並不確定這種財富或資產究竟是什麼。

政治學家 Putnam 基於宏觀層面的集體資產視角研究社會資本理論開始逐漸成為研究文獻中的主流方向，並至此開始出現以集體為中心的不同學派的分化和爭論。社會資本理論「信任」學派的代表學者有 Fukuyama，Bowles 和 Gintis 等。這個學派強調社會資本等同於一種「信任」關係。Fukuyama（1995）在《信任：創造繁榮的社會美德》中首次把社會資本等同於一種「信任」。Fukuyama（1999）在《大分裂：人類本性與社會秩序的重建》中進一步將社會資本定義為：「在一個集體的所有成員之間所共享的、有利於促進團結合作的一系列非正式的價值觀或道德規範。」Bowles 和 Gintis（2002）在《「社會資本」與社區治理》中將社會資本定義為：「信任、對同伴的關心、遵守社區規範進行生活的意願、對不遵守社區規範的行為進行懲罰。」Bowles 和 Gintis 強調了信任和規範在促進集體或社區成員的團結合作中所扮演的黏合作用。

社會資本理論「社區」學派的代表性學者是 Narayan。這個學派強調社會資本等同於一種社區性組織，並且通常選用社區性組織的數量和密度來度量社區型社會資本的發展水平，認為社區型社會資本有利於提高社區福利。Narayan（1999）在《橋樑與紐帶：社區與貧困》中首次提出「結合型社會資本」（Bonding Social Capital）（同一個社會群體內部通過團結合作所產生的能夠將社區個體和資源有機結合的一種社會聯繫）和「橋接型社會資本」（Bridging Social Capital）（不同的社會群體之間所產生的有助於提高社區凝聚力、降低社區貧困水平的一種社會聯繫）的概念，並將社會資本定義為：「鑲嵌於社區的社會結構之中的規範和社會聯繫，這種規範和社會聯繫將有助於提高社區居民的團結協作水平，並實現共同的預期目標。」

社會資本理論「網路」學派的代表學者有 Burt，Portes，Coleman 等。這個學派強調社會資本等同於一種網路結構，包括「封閉型網路」和「結構洞型網路」。「封閉型網路」意味著一個團體之中成員與成員之間通過相互聯繫所形成的一種密集網路，這種密集的網路有利於加強群體合作（Coleman，1990）。「結構洞型網路」指的是一個特定個體跨越一個結構洞與其他另外兩個分割的網路發生聯繫和產生關係，

由此這個特定個體扮演著橋接（銜接）的角色，並從結構洞中獲取好處（Burt，1992）。Portes（1998）在《社會資本：起源及其在現代社會學中的應用》中首次分析了社會資本四種類型的起源，分別是價值內化、有限團結、互惠性交換和強制性信任，並將社會資本定義為：「通過網路關係和其他社會結構謀取利益的一種能力。」

社會資本理論「制度」學派的代表性學者有 North，Knack 和 Keefer 等。與「社區」學派、「網路」學派等將社會資本視為一種獨立變量的觀點所不同的是，「制度」學派則強調社會資本是一種依賴於制度環境的變量。North（1990）在《制度、制度變遷與經濟表現》中這樣闡述社會資本的「制度」觀：社會團體為了集體利益而團結協作的行為能力水平將極大地取決於他們所處的正式制度環境的發展質量，大至一個國家的發展水平，小至一家公司的經營績效，都取決於其內部的凝聚力、信任度和競爭能力以及外部的社會責任感。Knack 和 Keefer（1997）在《社會資本具有經濟產出效應嗎？》中認為，普遍性信任、法律規則、公民自由、官僚政府質量等指標有助於提高經濟發展水平。Knack（1999）在《社會資本、增長與貧困》中進一步總結道：「社會資本有助於降低貧困發生率、改善收入不平等問題。」

社會資本理論「協同」學派的代表性學者和主要貢獻者是 Evans。這個學派將「網路」學派和「制度」學派的主要觀點進行有機融合，強調只有將政府、公司和公民集體這三個部門進行相互協同、補充和合作，才會對集體目標的達成產生有利的影響。Evans（1996）在《政府行為、社會資本與發展：對協同效應的回顧》中這樣論述政府行為和社會資本之間的協同效應：「政府和公民行為之間協同效應的產生是以互補性和嵌入性為基礎的。國家、公司部門和公民社區之間為追求共同的目標所產生的協同關係將有助於形成包容性的發展環境。」Evans（1996）研究認為，社會資本既產生於公共制度和私有制度環境之中，同時也將對制度環境的發展產生影響作用。

對西方社會資本理論的發展脈絡線索進行總結如表 4－1 所示。

表 4－1　西方社會資本理論的發展脈絡

發展階段	代表性學者	主要理論貢獻
萌芽階段：社會資本概念的提出	Hanifan（1916）	開創性提出社會資本概念
成長階段：社會資本理論的形成和推廣	Loury（1977）	首次將社會資本概念應用於經濟學研究領域，認為只有新古典主義經濟理論和社會資本理論的有機結合才能更好地解釋種族收入差異問題
	Bourdieu（1986）	首次強調社會資本的「網路」屬性，是「個體」學派和「網路」學派的代表性學者和主要貢獻者
	Coleman（1988）	對社會資本概念的普及和推廣（尤其是在社會學領域）做出最重要的貢獻，是社會資本研究領域的先驅者和主要貢獻者

續表4-1

發展階段	代表性學者	主要理論貢獻
繁榮階段：社會資本理論的不同學派之爭	Loury（2000） Glaeser 等（2002）	微觀層面「個體資產」理論的代表性學者，強調社會資本是一種個體資產
	Putnam（1993，1995，2000）	宏觀層面「集體資產」理論的重要貢獻者，強調社會資本是來源於同質性集體的一種共享資產
	Fukuyama（1995，1999） Bowles 和 Gintis（2002）	宏觀層面「信任」學派的代表性學者，強調社會資本等同於一種信任關係
	Narayan（1999）	宏觀層面「社區」學派的代表性學者，首次提出「結合型社會資本」和「橋接型社會資本」概念，強調社會資本等同於一種社區性組織，認為社區型社會資本有助於提高社區福利
	Coleman（1990）	宏觀層面「網路」學派的代表性學者，強調社會資本是一種「封閉型」網路結構
	Burt（1992）	宏觀層面「網路」學派的代表性學者，強調社會資本是一種「結構洞型」網路結構，是「結構洞」理論的開創者
	Portes（1998）	宏觀層面「網路」學派的代表性學者，首次分析了社會資本的四種起源
	North（1990） Knack 和 Keefer（1997） Knack（1999）	宏觀層面「制度」學派的代表性學者，強調社會資本是政治、法律等正式制度環境的產物，認為社會資本依賴於制度環境
	Evans（1996）	宏觀層面「協同」學派的代表性學者，強調國家、公司部門和公民社區三者的相互協同、補充和合作才能對集體目標的達成產生有利的影響

4.2 社會資本的定義內涵

社會資本概念與4.1部分所論述的社會資本理論有關。一種是基於宏觀層面的「集體（社區）資產」理論（Putnam，1993，1995，2000）。「集體資產」理論認為，社會資本是來源於同質性集體（擁有共同利益和共享價值觀的社區）的一種共享資產，是屬於一個集體、一個社區乃至整個民族的一種財富或資產，這種嵌入互惠型社會關係網路的共享型集體資產與公民道德具有密切的聯繫，並具有社會組織的各種特徵，例如網路、規範、信任等。另一種是基於微觀層面的「個體資產」理論（Loury，1977，2000；Bourdieu，1986；Glaeser et al.，2002）。「個體資產」理論認為，社會資本是來源於關係網路和社會聯繫的一種個體資產，這種個體資產通過個

人的社交行為活動得到不斷的累積和擴大，並且社會資本這種個體資產有利於個人獲得社會地位、社會效益和經濟利益。本部分分別從宏觀和微觀兩個層面總結和梳理先前不同研究學者對社會資本定義不同的界定方法，以揭示社會資本概念的豐富內涵。

從社會資本的宏觀層面來看，Putnam（1993）研究認為，社會資本是為了社區成員的共同利益，有助於提高團結協作水平的人與人之間的一系列橫向社會聯繫。Coleman（1988）研究認為，社會資本的概念取決於其所發揮的不同功能。與Putnam（1993）將社會資本定義為一種「橫向社會聯繫」相比，Coleman（1988）將社會資本的定義進行拓展，不僅包括橫向聯繫（協同合作的平等關係），還包含縱向聯繫（成員之間的層級關係和不平等的權力關係），甚至還涉及同一實體內部和不同實體之間的行為，例如公司行為。Olson（1982）和North（1990）研究認為，社會資本是一種社會環境和政治環境，有利於社會結構的形成和社會規範的發展。與Putnam（1993）的橫向聯繫以及Coleman（1988）的橫向和縱向聯繫相比，Olson（1982）和North（1990）對社會資本定義的界定更加寬泛，除非正式的社會聯繫之外，還包括正式的制度關係和制度結構。Putnam（1995）研究認為，社會資本具有一系列有利於為了共同利益而採取協作、合作行為的社會組織特徵，諸如網路、規範和信任。Putnam（1995）的社會資本概念強調了社會資本的三個重要方面：網路（Burt，1992）、規範和制裁（Coleman，1988），以及信任（Fukuyama，1997）。Fukuyama（1995，1997）研究認為，社會資本指的是在一個集體的所有成員之間所共享的一系列非正式價值觀（信任）和社會規範，並有利於提高群體成員的合作水平。Portes（1998）研究認為，社會資本就是履行社會規範的一種責任傾向，在社會資本發展水平較高的區域，人們的利己主義程度更低。Putnam（2000）研究認為，社會資本指的是從社會聯繫之中所誕生的社會網路、互惠型規範以及可信賴度。Putnam（2000）的社會資本概念包含六個重要部分：社區和組織生活、參與公共事務、社區志願服務、非正式社會交往、社會信任以及道德責任和規範。Bastelaer（2000）研究認為，社會資本並不僅僅是各種社會制度的簡單加總（結構型社會資本），更是這些社會制度的有機融合體（認知型社會資本），因此，社會資本的內涵包括通過人際交往、信任和公民責任所傳達的與社會行為有關的共享價值和規則。Woolcock（2001）研究認為，社會資本指的是有利於集體行為的合作規範和社會網路。Guiso等（2004）研究認為，社會資本反映出一個地區的相互信任水平和利他主義傾向程度。Guiso等（2008）研究認為，社會資本等同於一種公民精神，是一系列有助於培育合作行為的信仰和價值。換言之，全部道德高尚的良好行為同時出現在特定的社區或國家之中，這裡的居民積極參與政治投票選舉活動、遵守法律、彼此間相互合作；這裡的領導者誠實守信、堅決為了人民的公共利益而服務。Pastor和Tortosa-Ausina（2008）研究認為，社會資本等同於一種普遍性信任，這種普遍性信任指的是

超越父母親屬的血緣關係、親朋好友的友誼關係、鄰里鄉親關係或直接的知識性聯繫所產生的特殊性信任關係，並遍布於整個社會網路之中。Orlowski和Wicker（2015）研究認為，社會資本內涵包含網路和信任兩個維度，其中網路維度包含正式參與和非正式參與，信任維度包含人際型信任、制度型信任和可信賴度。社會資本的這五個方面不僅是相互關聯的，而且通過投資活動可以得到不斷的累積和擴大。

　　從社會資本的微觀層面來看，Bourdieu（1986）研究認為，社會資本指的是社會關係、社會網路、群組成員以及社會尊重，個體所擁有的社會資本總量取決於關係網路能被有效利用的程度。Glaeser等（2002）研究認為，個體社會資本指的是一個人所擁有的各種社會特徵或社會屬性，這些社會特徵使他能夠從人際交往關係中獲取市場性和非市場性的回報。Sobel（2002）研究認為，社會資本是有利於個體通過群組關係和社會網路獲取利益的一種環境，個體通過有目的的行為能夠不斷建立發展自身的社會資本水平，並且能夠將社會資本轉化為傳統意義上的經濟利益。Ferrary（2003）研究認為，社會資本是每一個個體所擁有的與所有可利用資源有關的長期型社會關係網路，以及通過長期反覆的社會交往所建立起來的信任關係。Fischer和Pollock（2004）研究認為，社會資本概念具有兩個重要方面，一是社會資本來源於網路中的兩個個體之間或多個個體之中的結構關係，二是網路中的任何一個個體都具備從網路或社會結構中獲得利益的能力。Du等（2010）研究認為，社會資本是鑲嵌於非正式人際關係網路之中的一種資源，這種非正式人際關係網路包括公司高管與其他公司高管、銀行官員和政府官員等其他經濟主體之間形成的關係網路（Peng&Luo，2000；Park&Luo，2001），並通過互惠互利的隱性規則和人際關係義務得以不斷地增強和鞏固。Chuang和Wu（2012）研究認為，社會資本誕生於社會關係之中，個體和組織可利用社會資本獲取短期或長期的經濟或非經濟利益。Cao等（2014）研究認為，公司社會資本反映出公司集體和外部環境之間的獨特的相互作用關係，將有利於公司獲得各種有形資產和無形資產。Chen等（2013）研究認為，董事會社會資本指的是公司董事會與其他公司之間的一種社會關係網路，是使公司內部與其外部環境進行連接的重要渠道，能幫助公司獲得各種資源並制定戰略發展規劃。Javakhadze等（2015）研究認為，社會資本是社會網路中所固有的一種信息、信任和互惠型規範。高管社會資本同樣是公司資產的重要組成部分，它通過信息流、信任關係、獎懲能力、改變偏好的能力這四種渠道有利於公司獲取各種社會、經濟和政治資源，並對公司金融的實踐活動產生影響作用。

　　對先前西方學者基於宏觀層面和微觀層面的社會資本概念進行界定的總結如表4－2所示。

表 4-2 社會資本的定義內涵（宏觀和微觀）

代表性學者	定義內涵	關鍵詞
Panel A：宏觀層面（集體資產或公共資產）		
Putnam（1993）	由網路和規範所組成的有利於提高合作水平的橫向型社會聯繫	網路、規範、社會聯繫
Coleman（1988）	有利於社會結構中特定行為發生的橫向型和縱向型社會聯繫	社會聯繫
Olson（1982）North（1990）	有利於社會結構形成和社會規範發展的非正式社會聯繫、正式制度關係和制度結構	非正式社會聯繫、正式制度
Putnam（1995）	有利於提高合作水平的非正式關係網路、互惠型規範和社會信任	非正式關係網路、規範、社會信任
Fukuyama（1995；1997）	有利於提高合作水平、由集體成員所共享的非正式價值觀（信任）和社會規範	信任、社會規範
Portes（1998）	自覺履行社會規範的一種責任感	社會規範
Putnam（2000）	從社會聯繫中所誕生的社會網路、道德規範、社會信任以及社區參與	網路、規範、社會信任、社會參與
Bastelaer（2000）	通過人際交往、信任和公民責任所傳達的與社會行為有關的共享價值和規則	規則、信任、制度
Woolcock（2001）	有利於集體行為的社會網路和合作規範	網路、規範
Guiso 等（2004）	特定地區的相互信任度、社會活動參與水平和利他主義傾向程度	信任、社會參與、利他主義
Guiso 等（2008）	有利於提高合作水平的公民精神，諸如推崇社會參與、相互信任、為公眾服務的信仰和價值	信任、社會參與、公民精神
Pastor 和 Tortosa-Ausina（2008）	有利於提高合作水平、促進信息和資源轉移的遍布於整個社會網路的普遍性信任關係	普遍性信任
Orlowski 和 Wicker（2015）	包含網路（正式參與和非正式參與）和信任（人際型信任、制度型信任和可信賴度）兩個維度	網路、信任
Panel B：微觀層面（個體資產）		
Bourdieu（1986）	有利於個體獲取社會地位的社會關係網路	社會關係網路

續表4-2

代表性學者	定義內涵	關鍵詞
Glaeser 等（2002）	有利於個體獲取市場性和非市場性回報的社會交往能力、範圍以及網路	社會交往、社會網路
Sobel（2002）	有利於個體通過社會責任、社會網路、社會聯繫獲取經濟利益的一種環境	社會網路、社會聯繫、社會責任
Ferrary（2003）	有利於個體獲取資源的具有信任特徵的長期型社會關係網路	信任、社會關係網路
Fischer 和 Pollock（2004）	有利於個體獲取利益的網路結構關係	網路結構
Peng 和 Luo（2000） Park 和 Luo（2001） Du 等（2010）	有利於公司獲取稀缺信息和資源，由公司高管與其他公司高管、銀行官員和政府官員等其他經濟主體之間所形成的非正式人際關係網路	非正式人際關係網路
Chuang 和 Wu（2012）	有利於個體獲取短期或長期的經濟或非經濟利益的社會關係網路和相互信任關係	社會關係網路、信任
Chen 等（2013）	有助於公司獲取資源、制定戰略發展規劃，由公司董事會兼任其他公司董事所形成的社會關係網路	社會關係網路
Cao 等（2014）	有利於公司獲取有形和無形資產的網路關係	網路關係
Javakhadze 等（2015）	有利於公司獲取社會、經濟和政治資源，與社會網路相生相伴的一種信息、信任和互惠型規範	社會網路、信任、規範

從表4-2中有關社會資本的定義和關鍵詞可以看出，從宏觀層面來看，社會資本的關鍵詞多為信任、網路、規範、參與、聯繫、態度、價值等。在結合代表性學者研究觀點的基礎之上，本書將「宏觀社會資本」或「地區社會資本」定義為：由社會信任、社會網路、社會規範、社會參與、價值觀、道德責任感、團結協作態度等社會資源有機融合、共同作用形成的一種非正式社會制度環境，具有提高團結合作水平、促進經濟發展繁榮、保證金融交易制度正常運行、提高社會運行效率的潛在功能，並有助於處理好各類道德風險問題、代理衝突矛盾以及行為激勵問題（Stiglitz，2000；Kim et al.，2009）。從微觀層面來看，社會資本的關鍵詞多為社會關係網路等，在結合代表性學者研究觀點的基礎之上，本書將「微觀社會資本」或「高管社會資本」定義為：公司高管與其他經濟參與者（包括其他公司高管、銀行官員、政府官員等）之間通過禮尚往來、互惠互利以及人情交往等隱性規則逐漸形成和發展、不斷得到增強和鞏固的一種非正式人際關係網路，這種鑲嵌於非正式人際

關係網路之中的高管社會資本作為一種公司資產，將有利於公司獲取各種經濟、政治和社會資源。

4.3 社會資本的度量方法

　　Fukuyama（1997）在《社會資本與現代資本主義經濟：創造一個高信任度的工作環境》中曾經這樣評論道：「如果『社會資本』一詞並不僅僅是一個徒有其表的流行術語的話，那麼就需要為它賦予更重要的、更深層次的意義和內涵。社會資本的那些文化和社會屬性（形式）應當更加地向貨物或存貨的特徵靠攏，因為貨物或存貨的特徵就表現為能夠計量其大小和規模……社會資本的存量水平在某種程度上應該是能夠被度量的，即便度量方法和度量結果不夠精確。」從 Fukuyama（1997）的評論語可以看出，度量社會資本的確是一項令人望而卻步的艱鉅任務。就其本質而言，度量社會資本比度量物質資本或人力資本要複雜得多。由 4.2 部分可以看出，社會資本的內涵非常豐富，包含宏觀和微觀兩個層次的概念定義，正如 Guiso 等（2004）所言，無論如何，社會資本的任何一種度量方法註定都只能反映出它豐富內涵眾多方面的其中某幾個方面而已。儘管如此，先前諸多社會資本相關領域的研究學者們依然努力開發出多種不同的度量方法和度量指標，以期逐漸建立並完善社會資本的度量方法體系。本部分首先對先前實證研究文獻有關社會資本的度量方法進行梳理和總結，緊接著，結合中國融資制度背景和社會資本相關數據的可獲得性，探索適合中國國情的社會資本度量方法，並構建中國上市公司社會資本的綜合度量指標體系。

4.3.1 社會資本度量方法的文獻綜述

　　從社會資本的宏觀層面來看，Putnam（1993）選取 4 個度量指標設計出一套有關度量「公民參與」水平的指數體系，這 4 個度量指標分別是：各個地區俱樂部和協會的分佈密度、報刊讀者人數、選舉投票率、政治大選中的優先投票率。Putnam（2000）選取 5 個指標共 14 個變量度量美國社會資本的發展水平。這 5 個度量指標分別是：社區或組織生活（包含去年為地方組織委員會服務的人員數量百分比、去年是俱樂部或組織公務員的人員數量百分比、每一千人口擁有的公民組織和社會組織數量、去年召開俱樂部會議的平均次數、俱樂部或組織的平均成員數量共 5 個變量）、參與公眾事務（包含 1988－1992 年總統大選投票率、去年參加城鎮或學校舉辦的公共事務會議的人員數量百分比共兩個變量）、社區志願服務（包含每一千人口擁有的非營利組織數量、去年為社區項目工作或服務的平均時間、去年參與志願者工作的平均時間共 3 個變量）、非正式社會交往活動（包含同意「我在拜訪朋友上花

費了很多時間」的人員數量百分比、去年在家自娛自樂所花費的平均時間共兩個變量)、社會信任(包含同意「大部分人是值得信賴的」的人員數量百分比、同意「大部分人是誠信的」的人員數量百分比共兩個變量)。Guiso 等(2004)選取兩個指標度量區域社會資本的發展水平:公民參與(1979 年、1984 年、1989 年、1994 年和 1999 年歐洲政治大選的選舉投票率)、信任(當公司或家庭位於義大利北部區域時取值為 1,意味著北部區域屬於信任度水平較高的區域;而當公司或家庭位於義大利南部區域時取值為 0,意味著南部區域屬於信任度水平較低的區域)。Rupasingha 等(2006)借鑑 Putnam(1993)選取「公民參與」指標來度量社會資本,公民參與指標包含組織成員數量、人均擁有的組織數量、組織召開會議的頻率共 3 個變量。其中,「組織」包括公民組織、保齡球中心、高爾夫俱樂部、健身中心、體育組織、宗教組織、政治組織、勞工組織、商業組織和專業性組織共 10 種類型。Fidrmuc 和 Gerxhani(2008)基於歐洲蓋洛普諮詢公司的問卷調查數據,選取 4 個指標度量國家社會資本的發展水平:公民參與(Putnam,1993;Olson,1982)、普遍性信任(Fukuyama,1995)、網路密度(Paxton,1999)、慈善慷慨或利他主義(Putnam,2001)。Kaasa(2009)基於歐洲社會調查機構的問卷調查數據,選取 6 個指標共 20 個變量,並應用主成分分析法構建歐洲 20 個國家社會資本發展水平的綜合指數。這六個指標分別是:普遍性信任(包括普遍性信任、對公平的信任、對相互幫助的信任共 3 個變量)、制度型信任(包括對法律系統的信任、對政治家的信任、對國家政府的滿意度、對民主政權的滿意度共 4 個變量)、公民行為規範(包括與幫助和照顧有關的規範、與忠誠和奉獻有關的規範、與支持有關的規範、與遵守規則有關的規範、與行為端正有關的規範、與遵守法律有關的規範、與參加志願組織活動有關的規範、與履行投票義務有關的規範共 8 個變量)、正式網路或社會參與(包括志願者組織的會員數量、志願者組織對於人們生活的重要性共兩個變量)、非正式網路(包括會見朋友、同事或親屬的頻率,朋友對於人們生活的重要性共兩個變量)、公民參與(全國性政治選舉的合格投票率)。Andriani(2010)選取 4 個指標度量義大利不同區域社會資本的發展水平:結合型社會聯繫(在由父母和親屬組成的網路中,兄弟姊妹、健在的父母親、子女和血緣親戚人數占關係網路總人數的百分比)、橋接型社會聯繫(在由朋友和熟人組成的網路中,朋友、熟人和鄰居人數占關係網路總人數的百分比)、協會活動(對問題「在過去的 12 個月內,你是否作為志願者為協會活動提供無償志願服務?」給予正面回答的受訪人員數量百分比)、非正式幫助(曾經從家族和朋友處獲得過經濟援助的人員數量百分比)。Jha(2013)、Jha 和 Cox(2015)、Jha 和 Chen(2015)選取兩個指標共 4 個變量並運用主成分分析法構建美國各地區社會資本的綜合發展指數。這兩個指標分別是:規範(包含人口普查反饋率、總統大選投票率共兩個變量)、網路(包含每一萬人擁有的俱樂部和協會數量、每一萬人擁有的非營利組織數量共兩個變量)。Bartolini 和 Sarracino(2015)基於世界價值觀調查

協會（WVS）2009 年的問卷調查數據，選取 3 個指標度量 1990－2007 年中國社會資本發展水平的變化情況：普遍性信任、公民精神和社會參與。Forte 等（2015）選取 3 個指標度量 1995－2008 年 85 個歐洲區域社會資本的發展水平：社會信任（認為「大部分人是值得信賴的」的人員數量百分比）、社會網路（「曾經在協會組織中參加過無償志願服務工作」的人員數量百分比）、社會規範（「你認為逃稅、賄賂、逃票行為是合理的嗎？」）。Oyotode（2015）基於 1984－2009 年世界價值觀調查問卷數據，選取「信任」指標度量全球 71 個低收入、中等收入和高收入國家的社會資本的發展水平，對信任的度量基於對以下兩個問題的回答：「一般而言，你認為大部分人是值得信賴的嗎」和「一般而言，你在與人打交道的過程中需要特別謹慎小心嗎」，國家社會資本的發展水平就是各個國家中回答「大部分人是值得信賴的」以及「需要特別謹慎小心」的受訪者的人員數量百分比。Hasan 等（2015）選取 4 個指標度量 1990 年、1997 年、2005 年和 2009 年美國各地區社會資本的發展水平：投票率（在總統選舉中參與投票的合格投票者人數百分比）、普查反應率（人口普查局開展每十年一次普查的受訪者反饋率）、非營利組織（每一萬人擁有的免稅非營利組織的數量）、社會組織（每十萬人擁有的社會組織的數量）。在 Guiso 等（2004）的研究基礎之上，Mistrulli 和 Vacca（2015）選取 9 個指標進一步度量義大利不同地區社會資本的發展水平：無償獻血（1995 年義大利捐贈協會從每百萬人口中收集到的無償獻血單位總量）、公民投票（1946－1989 年公民參與一般性投票的平均參與率）、政治選舉（1992－2008 年公民參與普通政治選舉的平均投票率）、協會支持（「你曾經向一個協會組織捐過錢嗎？」）、志願者工作（「你曾經為一個志願組織提供過無償工作服務嗎？」）、政治家的誠信度（「你聽說過政治家發生過失信行為嗎？」）、朋友圈網路（「你在閒暇時間會見朋友的頻率至少是一週一次或以上嗎？」）、互助性擔保機構的出現（受惠於由互助性擔保機構提供信貸擔保的銀企關係數量的百分比）、信用合作社銀行的出現（貸款銀行是信用合作社銀行的銀企關係數量的百分比）。

從社會資本的微觀層面來看，基於 Granovetter（1985）和 Uzzi（1999）的社會資本「嵌入性」理論，Uzzi 和 Lancaster（2001）選取三個指標度量美國公司高管社會資本的發展水平：嵌入式聯繫（包含公司與銀行產生業務往來關係的年份的自然對數，公司使用銀行提供的企業金融服務和私人金融服務的次數的自然對數共兩個變量指標）、網路互補性（一家公司將金融交易業務總額按不同比例分配至不同的銀行，各家銀行所分配到業務的百分比例的平方和即為網路互補性指數）、網路規模（公司在接受銀行金融服務過程中所接觸過的金融機構的數量）。Du 等（2010）選取高管非正式人際關係網路指標度量高管社會資本的發展水平，通過計算高管的娛樂性支出費用（包括請客吃飯、送禮賄賂，以及其他相關的娛樂性支出成本）（反映了企業管理人員在建立社會關係、商業關係、政治關係上的投資水平）來度量高管的非正式人際關係網路。Talavera 等（2012）選取六個指標度量高管社會資本的發展水

平：社交活動所花費的時間、與社交活動有關的費用支出、是否為商業協會的會員、是否為中國共產黨黨員、慈善捐贈金額、以及根據以上五個度量指標所計算的社會資本綜合指數。Chuang和Wu（2012）選取股東社會資本和股東社會資本深度兩個指標度量企業社會資本的發展水平。具體而言，股東社會資本指標反映的是公司與其他外部投資者之間的聯繫，通過計算每一位大股東所投資公司的平均數量來度量；股東社會資本深度指標反映的是公司與其他子行業公司之間的聯繫，通過計算每一位大股東在子行業所投資公司的平均數量來度量。Chen等（2013）選取董事會社會資本指標度量公司社會資本的發展水平，通過計算公司董事會成員兼任其他公司董事會董事職位的總數量來度量董事會的社會資本水平。Cao等（2014）選取三個指標度量企業家社會資本的發展水平：企業家和公司高管的政治關聯（反映了企業家與政治相關的橋接型社會資本）、新股發行數量百分比（反映了企業家與外部投資者有關的橋接型社會資本）、內部交易強度（IPO之後的三年之內，關聯方交易額度占總銷售收入額度的百分比）（反映了企業家與公司內部組織有關的結合型社會資本）。在Du等（2010）的研究基礎上，Du等（2015）選取娛樂性支出費用和政治關聯背景兩個指標體現高管社會資本的發展水平。具體而言，娛樂性支出費用指標指的是與請客吃飯、送禮以及其他娛樂相關費用的成本，通過計算總管理費用扣除支付給與培訓、保險、差旅、工會、環保機構相關的子項費用來度量；政治關聯背景指標是二元虛擬變量，當公司或公司高管與中央級、省級、市級或地區級、縣級、鄉鎮或街道、社區或村政府機構屬於隸屬關係或具有社會關係時取值為1，否則為0。Javakhadze等（2015，2016）選取社會網路聯繫指標體現高管社會資本的發展水平。高管的社會網路聯繫具體包含四種類型：一是與教育背景有關的社會聯繫（債務人公司高管和債權人公司高管曾經或現在是校友關係）（通過計算與高管的教育型社會聯繫有關的平均人員數量來度量），二是與職業背景有關的社會聯繫（債務人公司高管和債權人公司高管曾經或現在是同事或上下級關係）（通過計算與高管的職業型社會聯繫有關的平均人員數量來度量），三是與其他社會活動有關的社會聯繫（債務人公司高管和債權人公司高管曾經或現在通過參與共同的社會活動而相互認識）（通過計算與高管的社會活動型聯繫有關的平均人員數量來度量），四是與教育背景、職業背景、其他社會活動有關的總社會聯繫（通過計算與高管全部社會聯繫有關的平均人員數量來度量）。

　　對先前西方學者基於宏觀層面和微觀層面選取的社會資本度量指標和度量方法的總結如表4—3所示。

表 4-3　社會資本的度量方法（宏觀和微觀）

層次	代表性學者	度量方法
宏觀社會資本（地區社會資本）	Putnam（1993）	公民參與
	Putnam（2000）	①社區或組織生活；②參與公眾事務；③社區志願服務；④非正式社會交往活動；⑤社會信任
	Guiso 等（2004）	①公民參與；②信任
	Rupasingha 等（2006）	公民參與
	Fidrmuc 和 Gerxhani（2008）	①公民參與；②普遍性信任；③網路密度；④慈善慷慨或利他主義
	Andriani（2010）	①結合型社會聯繫；②橋接型社會聯繫；③協會活動；④非正式幫助
	Kaasa（2009）	①普遍性信任；②制度型信任；③公民行為規範；④正式網路（社會參與）；⑤非正式網路；⑥公民參與
	Jha（2013）Jha 和 Cox（2015）Jha 和 Chen（2015）	①規範；②網路
	Bartolini 和 Sarracino（2015）	①普遍性信任；②公民精神；③社會參與
	Forte 等（2015）	①社會信任；②社會網路；③社會規範
	Oyotode（2015）	信任
	Hasan 等（2015）	①社會規範；②社會網路
	Mistrulli 和 Vacca（2015）	①無償獻血；②公民投票；③政治選舉；④公民對協會的支持；⑤志願者服務工作；⑥政治家的誠信度；⑦朋友圈網路密度；⑧互助性擔保機構的出現；⑨信用合作社銀行的出現

续表4-3

层次	代表性学者	度量方法
微观社会资本（公司社会资本、企业家社会资本、高管社会资本）	Uzzi 和 Lancaster（2001）	①嵌入式联系；②网络互补性；③网络规模
	Du 等（2010）	非正式人际关系网络（娱乐性费用支出）
	Talavera 等（2012）	①社交活动所花费的时间；②与社交活动有关的费用支出；③是否为商业协会的会员；④是否为中国共产党党员；⑤慈善捐赠金额；⑥根据以上五个度量指标所计算的社会资本综合指数
	Chuang 和 Wu（2012）	①股东社会资本（公司与其他外部投资者之间的联系）；②股东社会资本的深度（公司与其他子行业公司之间的联系）
	Chen 等（2013）	董事会社会资本（公司董事与其他公司之间的联系）
	Cao 等（2014）	①企业家和公司高管的政治关联背景；②企业家与外部投资者之间的桥接型社会联系；③企业家与公司内部组织的结合型社会联系
	Du 等（2015）	①娱乐性支出费用；②政治关联背景
	Javakhadze 等（2015，2016）	社会网络联系：①与教育背景有关的社会联系；②与职业背景有关的社会联系；③与其他社会活动有关的社会联系④与教育背景、职业背景、其他社会活动有关的总社会联系

4.3.2 社会资本度量指标体系的构建

根据4.3.1部分所述，先前西方研究学者大多基于社会资本的宏观或微观单个层面，选取一个或几个维度，或者几个维度构建的综合分数来度量社会资本，鲜有研究文献同时基于宏观和微观两个层面构建社会资本的综合度量指标体系，以全面、系统地度量社会资本的发展水平。由4.2部分可知，社会资本概念不仅包含宏观层面的定义内涵，包括与地区水平有关的社会信任（地区的商业信用环境）、社会规范（地方政府的廉洁、透明和高效程度）、社会参与（地区公民参与社会活动和政治活动）、社会组织（地区的社会组织发展规模）共四个维度；同时还包含微观层面的定义内涵，包括与公司水平有关的政府关系网络（公司高管与政府官员之间的社会联系）、银行关系网络（公司高管与银行官员之间的社会联系）、社会关系网络（公司高管与其他公司高管、商业协会、顾客、供应商之间的社会联系）共三个维度。社会资本内涵的宏观层面和微观层面是密不可分的，只有同时基于宏观和微观两个层面构建社会资本的综合度量指标体系，才能相对系统完整地度量中国上市公司（所属地区和公司高管）的社会资本发展水平。本部分在4.2部分和4.3.1部分对社会资

本的定義內涵以及度量方法進行系統梳理和總結的基礎之上，擬結合中國融資制度背景和中國社會資本數據的可獲得性，對西方研究學者構建的社會資本度量維度和指標進行補充和修正，構建適合中國國情的社會資本度量指標體系。中國上市公司社會資本的綜合度量指標體系的總結如表4－4所示。

表4－4 中國上市公司的社會資本度量指標體系（宏觀和微觀）

層面	度量指標	指標定義	度量方法
宏觀層面	社會信任（ST）	各地區的商業信用環境	各地區的商業信用環境指數
	社會規範（SN）	各地區政府機關的廉潔度、透明度和高效度	基於抽樣調查各地區企業對「地方政府機關行政審批手續的方便簡捷情況」的評價指數
	社會參與（SP）	各地區公民對社區活動和政治活動的參與水平（包括政治選舉、工會組織、社區組織等社團活動的參與）	各地區社區服務機構數量和自治組織數量的自然對數
	社會組織（SO）	各地區社會團體、民辦非營利性組織、基金會等非政府組織的發展規模	各地區社會組織數量的自然對數
微觀層面	政府關係網路（GN）	公司的政治關係背景（GN1）	當上市公司類型為國有屬性時，取值為1，否則為0
		公司高管的政治關係背景（公司高管與政府官員之間的非正式社會聯繫）（GN2）	公司高管的政治關聯強度指數
	銀行關係網路（BN）	公司高管與銀行官員之間的非正式社會聯繫（BN1）	當公司高管曾經有銀行等金融機構的任職經歷時，取值為1，否則為0
		銀行貸款對於借款公司的重要程度（BN2）	（短期借款＋長期借款）/總資產
		銀行對於借款公司的控製力和影響力（BN3）	銀行等金融機構對借款公司的持股比例
	社會關係網路（EN）	公司高管與商業協會之間的非正式社會聯繫（EN1）	當公司高管是某行業協會、商業協會、職業資格協會的會員時，取值為1，否則為0
		公司高管與供應商、顧客之間的非正式社會聯繫（EN2）	社交性管理費用/總資產
		公司高管與其他具有競爭關係或合作關係的公司高管之間的非正式社會聯繫（EN3）	公司高管曾經任職過以及正在兼任的公司數量

對表4－4中有關宏觀層面社會資本和微觀層面社會資本的度量指標和度量方法的詳細闡述如下：

4.3.2.1 宏觀層面社會資本的度量

（1）社會信任的度量。自「信任」學派的代表性學者 Fukuyama（1995，1997）之後，選取「信任」指標度量社會資本已成為相關實證研究文獻中（Putnam，2000；Guiso etal.，2004；Fidrmuc&Gerxhani，2008；Kaasa，2009；Bartolini&Sarracino，2015；Forte etal.，2015；Oyotode，2015；Mistrulli&Vacca，2015）最廣泛使用的方法。西方學者通常將信任定義為人們認為陌生人值得信賴的程度，並基於世界價值觀調查項目（WVS）的大量跨國問卷調查數據來度量這種普遍性信任關係。借鑑錢先航和曹春芳（2013）對地區信用環境的度量方法，本書採用中國城市商業信用環境指數官網（www.chinacei.org）編制的「城市商業信用環境指數」（該指數從信用投放、企業信用管理功能、徵信系統、政府信用監管、失信違規行為、誠信教育、企業感受共七個方面評價各個城市的市場信用環境優劣）來度量中國不同地區的社會信任水平。由於「城市商業信用環境指數」只有 2011 年、2012 年、2013 年和 2015 年的數據，為了獲取 2007—2014 年連續 8 年的社會信任數據，本書首先借鑑 Jha 和 Cox（2015）採用線性插值法計算獲得 2014 年的數據，並通過計算 2011 年、2012 年、2013 年、2015 年指數的平均值作為 2007—2010 年的替代數據，因為錢先航和曹春芳（2013）研究認為，地區社會信任水平具有一定的穩定性，短時期內較少發生變化，因此可以採用某年或某幾年社會信用水平的平均值指數來替代。

（2）社會規範的度量。Putnam（1995）對社會資本概念的界定強調了社會資本內涵的三個重要方面，即信任、網路和規範。Fukuyama（1997）對社會資本概念的界定也強調了社會資本是由有利於提高合作水平的一系列非正式價值和規範所組成。Kaasa（2009）、Jha（2013）、Jha 和 Chen（2015）、Forte 等（2015）、Hasan 等（2015）等選取社會規範或公民規範作為社會資本的度量指標之一。研究發現，在社會資本發展水平較高的區域，社會規範更加有利於促進和提高公民之間的合作行為水平。規範通常被視為一種社會契約或不成文的社會規則（Kaasa，2009），例如，與幫助、關心、照顧有關的行為規範，就使得人與人之間願意相互合作、願意將私人利益讓位於集體利益（社會利益）。Keefer 和 Knack（2008）這樣評價社會規範：「如果一個政府能有效地為社會公眾提供服務，社區功能將以更加平穩和順暢的狀態運行，市場參與者將更加自覺自願地遵守各項行為規範，犯罪和社會衝突的發生概率將更低，社會信任和公民合作水平將更高。」借鑑 Keefer 和 Knack（2008）的研究觀點，本書採用樊綱等（2011）編制的基於抽樣調查企業對「行政審批手續的方便簡捷情況」的評價指數（該指數反映了政府機關的設置是否規範合理，規章制度和行政審批手續是否簡捷易操作，政府服務是否廉潔、高效和透明）來度量中國不同地區的社會規範水平。由於樊綱等（2011）從 2009 年才開始對該問卷進行抽樣調查，因此沒有以前年份的相應數據，只有 2009 年一年的有效數據，為了獲取 2007—2014 年連續 8 年的社會規範數據，本書只能以 2009 年數據代替 2007—2014 年的數據。因

為與社會信任水平類似，社會規範水平也是經過一段較長時間逐漸建立發展起來的，短期內不會發生太大變化（Boytsun etal.，2011；Jha，2013）。

（3）社會參與的度量，也稱為公民參與。Putnam（1993，2000）、Guiso等（2004）、Rupasingha等（2006）、Fidrmuc和Gerxhani（2008）、Kaasa（2009）、Bartolini和Sarracino（2015）、Mistrulli和Vacca（2015）等選取社會參與或公民參與作為社會資本的度量指標之一，主要分為Putnam（1993）和Olson（1982）兩種觀點。Putnam（1993）的「公民參與」主要包括公民參與教育、體育和藝術俱樂部、宗教和慈善組織、青年組織等有關的社會活動，在參與這類社會活動的過程中，有利於社團組織成員建立社會資本，並在不會對社會其他部門產生負面外部性影響的前提下追求共同的目標；Olson（1982）的「公民參與」主要包括公民參與政治黨派運動、工會組織、職業協會以及各類興趣小組等有關的社會活動，在參與這類社會活動的過程中，公民的集體行為將有利於社會系統資源的重新分配，並對社會其他部門產生外部性影響。借鑑Olson（1982）的研究觀點，本書選取的「社會參與」指標指的是將對社會其他部門產生外部性影響的公民政治參與活動。由於基層群眾自治制度是中國的基本政治制度之一，「社區建設和居民自治」情況可以反映中國基層公民的政治參與程度，因此，本書採用社區服務機構（包括社區服務指導中心、社區服務中心、社區服務站以及其他社區服務機構）數量和自治組織（包括村民委員會、社區居委會）數量來度量中國不同地區的公民政治參與度，社區服務機構和自治組織的數據來自2008—2015年《中國統計年鑑》的「社區服務機構基本情況」和「自治組織情況」。

（4）社會組織的度量，也稱為正式社會網路。Putnam（2000）、Fidrmuc和Gerxhani（2008）、Kaasa（2009）、Jha（2013）、Jha和Cox（2015）、Jha和Chen（2015）Forte等（2015）、Hasan等（2015）、Mistrulli和Vacca（2015）等選取志願者組織或社會網路作為社會資本的度量指標之一。社會網路通常用來度量人們之間產生聯繫的程度，分為正式和非正式兩種。正式社會網路是指人們通過共同參加正式社會活動或成為正式社會組織成員而建立起來的一種社會聯繫，志願者協會組織就是正式網路的一個例子；非正式社會網路體現了個體成員與朋友、親屬、同事、鄰居或其他社會活動成員之間形成的一種非正式社會聯繫，公司高管與政府官員、銀行官員、其他公司高管之間的人際關係就是非正式網路的一個例子。因此，正式社會網路通常與社會資本的宏觀層面有關，非正式社會網路通常與社會資本的微觀層面有關，正式網路能超越非正式網路，有利於獲得和創造額外的集體層面利益（Paxton，1999）。借鑑Kaasa（2009）和Jha（2013）對正式網路的度量方法，本書採用社會組織（包括社會團體、民辦非企業單位和基金會）數量來度量中國不同地區正式社會網路的發展水平，社會組織數量的數據來自2008—2015年《中國統計年鑑》的「社會組織情況」。

4.3.2.2 微觀層面社會資本的度量

（1）政府關係網路的度量。政府關係網路指的是公司高管與政府官員之間的非正式社會聯繫，Talavera等（2012）、Cao等（2014）、Du等（2015）等選取政治關聯背景作為微觀社會資本的度量指標之一。Talavera等（2012）採用公司高管是否為中國共產黨黨員來度量高管的政治關聯背景。Du等（2015）採用公司或公司高管是否與中央級、省級、市級或地區級、縣級、鄉鎮或街道、社區或村政府機構屬於隸屬關係或具有社會關係來度量政治關聯背景。Houston等（2014）選取政治關聯和政治關聯強度兩個指標度量公司的政治關聯背景，其中，政治關聯指標是二元虛擬變量，當至少有一位公司董事會成員曾經或正在重要的政府或監管部門任職時取值為1，否則為0。政治關聯強度指標包括有政治關聯背景的董事會成員數量、有政治關聯背景的董事會成員的政治任職年限、董事會成員任職的政治職位是否與銀行業部門有關、政治關聯的時效度（每位董事會成員的政治任職年限倒數的最大值）共4個變量。本書選取上市公司的政治關係背景來度量公司層面的政府關係網路，公司的政治關係背景為二元虛擬變量，當上市公司類型為國有屬性時，取值為1，否則為0，其中，國有屬性類型包括政府、國有資產管理局、國有資產經營公司、國有企業、教育科研事業單位、開發區管理委員會、軍隊等。選取公司高管的政治關係背景來度量高管層面的政府關係網路，借鑑王慶文和吳世農（2008）對公司高管的政治行政級別進行賦分的方法，通過計算高管政治關聯強度指數來度量高管的政治關係背景。政治關聯強度指數的賦分標準為：公司高管（包括董事長、董事會成員、總經理等高層管理人員）從未有過政府部門的任職經歷時賦值0分，曾經或正在政府部門任職且行政級別為鄉科級及以下賦值1分，縣處級副職為2分，縣處級正職為3分，廳局級副職為4分，廳局級正職為5分，省部級副職為6分，省部級正職為7分，高管的行政級別分數之和即為政治關聯強度指數。其中，公司層面的政治關係背景數據來自國泰安數據服務中心（CSMAR數據庫）中國上市公司股東研究數據庫的「股東信息」部分；高管層面的政治關係背景數據來自國泰安數據服務中心（CSMAR數據庫）中國上市公司治理結構研究數據庫的「高管動態」部分。

（2）銀行關係網路的度量。銀行關係網路指的是公司高管與銀行官員之間的非正式社會聯繫，Uzzi和Lancaster（2001）、Du（2010，2015）等選取非正式人際關係網路（包括公司高管與銀行官員之間的非正式聯繫）作為微觀社會資本的度量指標之一。Nguyen和Ramachandran（2006）採用公司高管與銀行官員之間存在親屬、同事以及朋友關係的程度（李克特5級賦分法，賦分範圍從幾乎不存在關係為1分到存在廣泛的關係為5分）來度量公司和銀行之間的關係網路。Du等（2010，2015）通過計算公司的娛樂性費用支出規模來度量公司高管與其他經濟體（包括政府官員、銀行官員以及其他公司高管）之間的非正式人際關係網路。Dass和Massa（2011）採用距離接近度（反映了債務公司和貸款額度最大銀行之間最近的地理距離）、銀行

貸款規模（銀行貸款占總資產的比率，反映了銀行貸款對於債務公司的重要性）、股權投資額度（貸款銀行（包括保險公司、基金公司）等全部金融機構所持借款公司的股份，反映了作為債務公司的潛在內部人，貸款銀行對於債務公司的控製力和影響度）共三個變量構建銀企關係網路的綜合指標體系來度量借款公司與貸款銀行之間的關係網路。本書選取公司高管是否曾經有金融機構的任職經歷、銀行貸款占總資產的比率，以及銀行等金融機構的持股比例共三個變量來度量高管的銀行關係網路。其中，公司高管的金融機構任職經歷的數據來自國泰安數據服務中心（CSMAR數據庫）中國上市公司治理結構研究數據庫的「高管動態」部分；銀行貸款占總資產比率的數據來自銳思金融研究數據庫（www.resset.cn）的「財務報表」部分；銀行等金融機構的持股比例的數據來自銳思金融研究數據庫（www.resset.cn）的「股東與股本」部分。

（3）社會關係網路的度量。社會關係網路指的是公司高管與商業協會、供應商和顧客、其他競爭性或合作性公司高管之間的非正式社會聯繫，Du等（2010）、Talavera等（2012）、Chuang和Wu（2012）、Chen等（2013）、Cao等（2014）、Du（2015）等選取公司高管與其他公司高管、行業協會或外部投資者之間的非正式聯繫作為微觀社會資本的度量指標之一。Peng和Luo（2000）採用7分等級賦值法（基於問卷調查公司高管對與其他經濟體之間所產生的非正式社會聯繫程度的自我評估數據，賦值範圍從幾乎不存在為1分到廣泛存在為7分）來度量公司高管與顧客、供應商以及同行業競爭者之間的非正式聯繫。Nguyen和Ramachandran（2006）採用公司高管與供應商是否為親屬或朋友關係來度量高管的社會關係網路。Karlan（2007）採用文化相似度分數和地域聚集度（或地理位置）來度量社會聯繫。Talavera等（2012）採用公司高管是否為某商業協會的會員、社交活動所花費的時間、與社交活動有關的費用開支來度量高管的商業關係網路。Du等（2010，2015）採用社交性管理費用占總資產的比率來度量高管的社會關係網路。本書選取公司高管是否為某行業協會、商業協會或職業資格協會的會員身分的虛擬變量來度量借款公司與商業協會之間的社會關係網路；選取社交性管理費用占總資產的比率來度量借款公司與顧客、供應商之間的社會關係網路，其中社交性管理費用等於交際應酬費、通信網路費、業務招待費、其他費用之和；選取公司高管曾經任職或正在兼任的公司數量來度量借款公司與其他公司高管之間的社會關係網路。其中，公司高管是否為某協會會員，以及公司高管任職或兼任公司數量的數據均來自銳思金融研究數據庫（www.resset.cn）組織治理結構的「管理層介紹」部分；社交性管理費用占總資產比率的數據來自國泰安數據服務中心（CSMAR數據庫）中國上市公司財務報表附註數據庫的「損益項目」部分。

4.3.3 上市公司社會資本綜合指數的計算

根據4.3.2部分構建的中國上市公司社會資本的綜合度量指標體系，本部分使用Stata 12.0軟件，以一個包含2007－2014年連續8年均可持續獲得相關社會資本數據的690家上市公司為樣本（總共5,520個觀測值），運用主成分因子分析法提取宏觀社會資本（上市公司所屬地區的社會資本）4個指標4個變量、微觀社會資本（上市公司高管的社會資本）3個指標8個變量、以及總社會資本7個指標12個變量的公因子，並以公因子的方差貢獻率為權數分別計算中國上市公司所屬地區的宏觀社會資本（RSC）、上市公司高管的微觀社會資本（ESC）、上市公司總社會資本（SC）的綜合指數。上市公司社會資本指標體系的因子分析結果分別如表4－5、表4－6和表4－7所示。

表4－5（1）的Panel A部分顯示的是上市公司所屬地區的宏觀社會資本的綜合度量指標體系（共4個指標4個變量）應用主成分因子分析法進行因子分析的基本情況，Panel B部分顯示的是因子分析模型的LR檢驗和KMO檢驗情況。第一，通過主成分因子分析方法提取保留的特徵值均大於1的公因子共有兩個（Factor 1和Factor 2），這兩個公因子的累計方差貢獻率達到86.09%。第二，因子分析模型LR檢驗的卡方值為1.1×10^4（P值為0.000,0），說明因子分析模型的效果非常顯著。第三，因子分析模型的總體KMO值為0.529,9，且各個測度指標的KMO值也大多在0.5以上，說明宏觀社會資本的4個變量適合進行因子分析，因子分析模型的構建是有意義的。

表4－5（1） 宏觀社會資本（RSC）度量指標體系的因子分析情況

Panel A：因子分析模型的基本情況			
	特徵值	方差貢獻率	累計方差貢獻率	KMO值
Factor 1	2.066,8	0.516,7	0.516,7	0.601,6
Factor 2	1.376,8	0.344,2	0.860,9	0.436,5
Factor 3	0.461,3	0.115,2	0.976,2	0.558,7
Factor 4	0.095,2	0.023,8	1.000,0	0.546,1
Panel B：因子分析模型的LR檢驗和KMO檢驗			
LR檢驗的卡方值	1.1×10^4			
總體KMO值	0.529,9			

表4－5（2）的Panel A部分顯示的是上市公司高管的微觀社會資本的綜合度量

指標體系（共 3 個指標 8 個變量）應用主成分因子分析法進行因子分析的基本情況，Panel B 部分顯示的是因子分析模型的 LR 檢驗和 KMO 檢驗情況。第一，通過主成分因子分析方法提取保留的特徵值均大於 1 的公因子共有 4 個（分別是 Factor 1、Factor 2、Factor 3 和 Factor 4）。第二，因子分析模型 LR 檢驗的卡方值為 2,885.68（P 值為 0.000,0），說明因子分析模型的效果非常顯著。第三，因子分析模型的總體 KMO 值為 0.519,0，且各個測度指標的 KMO 值也大多在 0.5 以上，說明微觀社會資本的 8 個變量適合進行因子分析，因子分析模型的構建是有意義的。

表 4－5（2）　微觀社會資本（ESC）度量指標體系的因子分析情況

	Panel A：因子分析模型的基本情況
	特徵值	方差貢獻率	累計方差貢獻率	KMO 值
Factor 1	1.654,8	0.206,8	0.206,8	0.506,7
Factor 2	1.130,9	0.141,4	0.348,2	0.507,2
Factor 3	1.045,8	0.130,7	0.478,9	0.501,5
Factor 4	1.019,0	0.127,4	0.606,3	0.655,1
Factor 5	0.976,0	0.122,0	0.728,3	0.498,3
Factor 6	0.942,7	0.117,8	0.846,1	0.533,6
Factor 7	0.851,5	0.106,4	0.952,6	0.468,2
Factor 8	0.379,3	0.047,4	1.000,0	0.506,5
	Panel B：因子分析模型的 LR 檢驗和 KMO 檢驗
LR 檢驗的卡方值		2,885.68
總體 KMO 值		0.519,0

表 4－5（3）的 Panel A 部分顯示的是上市公司總社會資本的綜合度量指標體系（共 7 個指標 12 個變量）應用主成分因子分析法進行因子分析的基本情況，Panel B 部分顯示的是因子分析模型的 LR 檢驗和 KMO 檢驗情況。第一，通過主成分因子分析方法提取保留的特徵值均大於 1 的公因子共有 5 個（分別是 Factor 1、Factor 2、Factor 3、Factor 4 和 Factor 5）。第二，因子分析模型 LR 檢驗的卡方值為 2.2×10^4（P 值為 0.000,0），說明因子分析模型的效果非常顯著。第三，因子分析模型的總體 KMO 值為 0.625,3，且各個測度指標的 KMO 值也大多在 0.5 以上，說明上市公司社會資本的 12 個變量比較適合進行因子分析，因子分析模型的構建是有意義的。

表 4－5（3）　上市公司總社會資本（SC）度量指標體系的因子分析情況

Panel A：因子分析模型的基本情況				
	特徵值	方差貢獻率	累計方差貢獻率	KMO 值
Factor 1	2.804,0	0.233,7	0.233,7	0.731,4
Factor 2	2.099,4	0.174,9	0.408,6	0.558,1
Factor 3	1.130,3	0.094,2	0.502,8	0.522,5
Factor 4	1.054,2	0.087,8	0.590,6	0.471,3
Factor 5	1.009,1	0.084,1	0.674,7	0.591,8
Factor 6	0.973,8	0.081,2	0.755,9	0.806,8
Factor 7	0.938,1	0.078,2	0.834,1	0.507,7
Factor 8	0.852,3	0.071,0	0.905,1	0.754,7
Factor 9	0.483,0	0.040,2	0.945,3	0.607,1
Factor 10	0.355,9	0.029,7	0.975,0	0.641,3
Factor 11	0.208,1	0.017,3	0.992,3	0.525,5
Factor 12	0.091,9	0.007,7	1.000,0	0.733,6
Panel B：因子分析模型的 LR 檢驗和 KMO 檢驗				
LR 檢驗的卡方值	2.2×10^4			
總體 KMO 值	0.625,3			

表 4－6（1）顯示的是上市公司所屬地區的宏觀社會資本的綜合度量指標體系（共 4 個指標 4 個變量）應用主成分因子分析法進行因子分析，並通過最大方差正交旋轉之後模型的因子載荷矩陣以及指標變量未被解釋的部分。從表 4－6（1）可見，這兩個公因子對各個指標變量的解釋程度均較高。具體而言，公因子 Factor 1 主要解釋 SP、SO 這兩個變量的信息；公因子 Factor 2 主要解釋 ST 和 SN 這兩個變量的信息。另外，四個指標變量信息的損失度均較低。

表 4－6（1）　旋轉後公因子的載荷矩陣（RSC）

度量指標	變量	Factor 1	Factor 2	Uniqueness
社會信任	ST	−0.282,4	0.853,5	0.191,7
社會規範	SN	0.443,6	0.786,0	0.185,5
社會參與	SP	0.920,9	−0.157,8	0.127,0
社會組織	SO	0.962,6	0.145,6	0.052,2

表 4－6（2）顯示的是上市公司高管的微觀社會資本的綜合度量指標體系（共 3

個指標8個變量）應用主成分因子分析法進行因子分析，並通過最大方差正交旋轉之後模型的因子載荷矩陣以及指標變量未被解釋的部分。從表4-6（2）可見，這4個公因子對各個指標變量的解釋程度均較高。具體而言，公因子Factor 1主要解釋GN2和EN3這兩個變量的信息；公因子Factor 2主要解釋GN1、BN2和EN1這3個變量的信息；公因子Factor 3主要解釋EN2變量的信息；公因子Factor 4主要解釋BN1和BN3這兩個變量的信息。另外，除變量BN1和EN1之外，剩餘指標變量信息的損失度均較低。

表4-6（2） 旋轉後公因子的載荷矩陣（ESC）

度量指標	變量	Factor 1	Factor 2	Factor 3	Factor 4	Uniqueness
政府關係網路	GN1	0.072,4	0.684,7	−0.140,9	0.134,2	0.288,1
	GN2	0.887,8	0.024,2	−0.005,2	0.011,4	0.211,1
銀行關係網路	BN1	0.013,4	−0.613,9	−0.034,9	0.500,3	0.531,5
	BN2	−0.213,2	0.664,5	−0.645,0	−0.223,4	0.284,5
	BN3	−0.047,0	0.009,1	−0.013,6	0.910,5	0.168,4
社會關係網路	EN1	−0.038,0	0.520,2	0.199,5	0.131,0	0.471,0
	EN2	−0.099,3	0.013,6	0.756,5	−0.155,6	0.193,5
	EN3	0.891,2	0.000,0	0.023,3	−0.062,1	0.201,4

表4-6（3）顯示的是上市公司社會資本的綜合度量指標體系（共7個指標12個變量）應用主成分因子分析法進行因子分析，並通過最大方差正交旋轉之後模型的因子載荷矩陣以及指標變量未被解釋的部分。從表4-6（3）可見，這5個公因子對各個指標變量的解釋程度均較高。具體而言，公因子Factor 1主要解釋ST、SN、GN2和EN3這4個變量的信息；公因子Factor 2主要解釋SP和SO這兩個變量的信息；公因子Factor 3主要解釋GN1、BN2和EN1這3個變量的信息；公因子Factor 4主要解釋EN2變量的信息；公因子Factor 5主要解釋BN1和BN3這兩個變量的信息。另外，除變量EN1之外，剩餘指標變量信息的損失度均較低。

表4-6（3） 旋轉後公因子的載荷矩陣（SC）

度量指標	變量	Factor 1	Factor 2	Factor 3	Factor 4	Factor 5	Uniqueness
社會信任	ST	0.844,4	−0.190,7	−0.000,1	0.051,6	0.039,2	0.246,4
社會規範	SN	0.700,6	0.520,3	−0.030,5	−0.037,2	−0.080,7	0.229,7
社會參與	SP	−0.224,3	0.895,0	0.007,9	0.024,5	0.027,2	0.147,4

續表4-6(3)

度量指標	變量	Factor 1	Factor 2	Factor 3	Factor 4	Factor 5	Uniqueness
社會組織	SO	0.041,0	0.969,7	-0.016,4	-0.006,0	-0.022,1	0.057,3
政府關係網路	GN1	0.030,2	-0.136,6	0.642,0	-0.114,2	0.063,3	0.551,3
	GN2	0.839,4	-0.137,0	0.022,5	-0.004,7	0.017,4	0.275,9
銀行關係網路	BN1	-0.000,8	-0.105,0	-0.664,2	-0.003,4	0.699,7	0.507,9
	BN2	-0.168,6	-0.035,9	0.715,8	-0.627,2	-0.329,5	0.468,0
	BN3	-0.041,1	-0.008,4	-0.022,5	-0.050,7	0.893,1	0.197,5
社會關係網路	EN1	-0.017,8	-0.030,0	0.516,2	0.162,9	0.160,9	0.680,0
	EN2	-0.058,2	-0.007,3	-0.008,8	0.780,4	-0.216,2	0.340,7
	EN3	0.892,2	-0.015,2	0.006,5	0.008,9	-0.049,1	0.201,2

表4-7（1）顯示的是對上市公司所屬地區的宏觀社會資本的綜合度量指標體系（共4個指標4個變量）應用主成分因子分析法進行因子分析之後，提取保留的兩個公因子的因子得分情況。

表4-7（1）　公因子的得分系數矩陣（RSC）

度量指標	變量	Factor 1	Factor 2
社會信任	ST	-0.168,9	0.625,4
社會規範	SN	0.188,8	0.550,6
社會參與	SP	0.456,3	-0.146,9
社會組織	SO	0.465,8	0.070,3

根據表4-7（1）展示的因子得分系數矩陣，這兩個公因子綜合得分的線性表達式如下：

Factor $1=-0.1689\times ST+0.1888\times SN+0.4563\times SP+0.4658\times SO$

Factor $2=0.6254\times ST+0.5506\times SN-0.1469\times SP+0.0703\times SO$

根據上述表4-5（1）中Factor 1和Factor 2的方差貢獻率和表4-7（1）中計算的Factor 1和Factor 2的綜合得分，接下來以這兩個個公因子的方差貢獻率為權數便可計算宏觀社會資本指數，上市公司所屬地區的宏觀社會資本指數的線性表達式如下：

宏觀社會資本指數（RSC）$=0.5167\times$ Factor $1+0.3442\times$ Factor 2

表4-7（2）顯示的是對上市公司高管的微觀社會資本的綜合度量指標體系（共3個指標8個變量）應用主成分因子分析法進行因子分析之後，提取保留的4個公因子的因子得分情況。

表 4－7（2）　公因子的得分系數矩陣（ESC）

度量指標	變量	Factor 1	Factor 2	Factor 3	Factor 4
政府關係網路	GN1	0.040,2	0.613,7	－0.136,2	0.151,0
	GN2	0.540,5	0.008,8	－0.036,5	0.020,1
銀行關係網路	BN1	0.021,3	－0.540,2	－0.038,4	0.274,6
	BN2	－0.110,0	0.052,7	－0.606,0	－0.211,1
	BN3	－0.019,7	0.034,0	－0.019,5	0.882,8
社會關係網路	EN1	－0.036,7	0.469,3	0.192,2	0.139,3
	EN2	－0.089,0	0.011,6	0.727,1	－0.158,2
	EN3	0.541,2	－0.014,8	－0.008,8	－0.052,1

根據表4－7（2）展示的因子得分系數矩陣，這4個公因子綜合得分的線性表達式如下：

Factor 1＝0.040,2×GN1＋0.540,5×GN2＋0.021,3×BN1－0.110,0×BN2－0.019,7×BN3－0.036,7×EN1－0.089,0×EN2＋0.541,2×EN3

Factor 2＝0.613,7×GN1＋0.008,8×GN2－0.540,2×BN1＋0.052,7×BN2＋0.034,0×BN3＋0.469,3×EN1＋0.011,6×EN2－0.014,8×EN3

Factor 3＝－0.136,2×GN1－0.036,5×GN2－0.038,4×BN1－0.606,0×BN2－0.019,5×BN3＋0.192,2×EN1＋0.727,1×EN2－0.008,8×EN3

Factor 4＝0.151,0×GN1＋0.020,1×GN2＋0.274,6×BN1－0.211,1×BN2＋0.882,8×BN3＋0.139,3×EN1－0.158,2×EN2－0.052,1×EN3

根據上述表4－5（2）中Factor 1、Factor 2、Factor 3和Factor 4的方差貢獻率和表4－7（2）中計算的Factor 1、Factor 2、Factor 3和Factor 4的綜合得分，接下來以這四個公因子的方差貢獻率為權數便可計算微觀社會資本指數，上市公司高管的微觀社會資本指數的線性表達式如下：

微觀社會資本指數（ESC）＝0.206,8×Factor 1＋0.141,4×Factor 2＋0.130,7×Factor 3＋0.127,4×Factor 4

表4－7（3）顯示的是對社會資本的綜合度量指標體系（共7個指標12個變量）應用主成分因子分析法進行因子分析之後，提取保留的5個公因子的因子得分情況。根據表4－7（3）展示的因子得分系數矩陣，這5個公因子綜合得分的線性表達式如下：

表 4-7（3）　公因子的得分系数矩阵（SC）

度量指标	变量	Factor 1	Factor 2	Factor 3	Factor 4	Factor 5
社會信任	ST	0.299,9	−0.078,0	−0.006,1	0.029,2	0.040,0
社會規範	SN	0.259,6	0.256,1	−0.016,9	−0.056,2	−0.051,2
社會參與	SP	−0.067,8	0.426,5	0.032,6	0.020,7	0.056,6
社會組織	SO	0.028,9	0.464,0	0.010,9	−0.014,8	0.014,4
政府關係網路	GN1	0.011,0	−0.044,3	0.571,3	−0.109,4	0.076,1
政府關係網路	GN2	0.300,0	−0.052,0	0.015,0	−0.024,6	0.022,3
銀行關係網路	BN1	0.002,0	−0.061,0	−0.590,7	−0.005,8	0.171,9
銀行關係網路	BN2	−0.049,3	−0.025,9	0.004,3	−0.589,1	−0.312,4
銀行關係網路	BN3	−0.003,2	0.028,1	0.004,0	−0.062,0	0.866,3
社會關係網路	EN1	−0.010,2	0.003,9	0.464,7	0.153,8	0.166,2
社會關係網路	EN2	−0.043,0	−0.019,3	−0.013,5	0.750,4	−0.223,7
社會關係網路	EN3	0.319,7	0.004,1	0.002,1	−0.012,9	−0.037,8

Factor $1 = 0.299,9 \times ST + 0.259,6 \times SN - 0.067,8 \times SP + 0.028,9 \times SO + 0.011,0 \times GN1 + 0.300,0 \times GN2 + 0.002,0 \times BN1 - 0.049,3 \times BN2 - 0.003,2 \times BN3 - 0.010,2 \times EN1 - 0.043,0 \times EN2 + 0.319,7 \times EN3$

Factor $2 = -0.078,0 \times ST + 0.256,1 \times SN + 0.426,5 \times SP + 0.464,0 \times SO - 0.044,3 \times GN1 - 0.052,0 \times GN2 - 0.061,0 \times BN1 - 0.025,9 \times BN2 + 0.028,1 \times BN3 + 0.003,9 \times EN1 - 0.019,3 \times EN2 + 0.004,1 \times EN3$

Factor $3 = -0.006,1 \times ST - 0.016,9 \times SN + 0.032,6 \times SP + 0.010,9 \times SO + 0.571,3 \times GN1 + 0.015,0 \times GN2 - 0.590,7 \times BN1 + 0.004,3 \times BN2 + 0.004,0 \times BN3 + 0.464,7 \times EN1 - 0.013,5 \times EN2 + 0.002,1 \times EN3$

Factor $4 = 0.029,2 \times ST - 0.056,2 \times SN + 0.020,7 \times SP - 0.014,8 \times SO - 0.109,4 \times GN1 - 0.024,6 \times GN2 - 0.005,8 \times BN1 - 0.589,1 \times BN2 - 0.062,0 \times BN3 + 0.153,8 \times EN1 + 0.750,4 \times EN2 - 0.012,9 \times EN3$

Factor $5 = 0.040,0 \times ST - 0.051,2 \times SN + 0.056,6 \times SP + 0.014,4 \times SO + 0.076,1 \times GN1 + 0.022,3 \times GN2 + 0.171,9 \times BN1 - 0.312,4 \times BN2 + 0.866,3 \times BN3 + 0.166,2 \times EN1 - 0.223,7 \times EN2 - 0.037,8 \times EN3$

根據上述表 4-5（3）中 Factor 1、Factor 2、Factor 3、Factor 4 和 Factor 5 的方

差貢獻率和表 4－7（3）中計算的 Factor 1、Factor 2、Factor 3、Factor 4 和 Factor 5 的綜合得分。接下來以這五個公因子的方差貢獻率為權數便可計算社會資本的綜合指數，上市公司社會資本綜合指數的線性表達式如下：

社會資本綜合指數（SC）＝0.233,7×Factor 1＋0.174,9×Factor 2＋0.094,2×Factor 3＋0.087,8×Factor 4＋0.084,1×Factor 5

4.4 社會資本指數的特徵分析

在上述 4.3.3 部分計算的宏觀社會資本指數（RSC）、微觀社會資本指數（ESC）和社會資本綜合指數（SC）的基礎之上，本部分將從宏觀經濟、行業類別和地域分佈三個方面對上市公司社會資本的這三類指數特徵進行全面詳細的分析。

4.4.1 宏觀經濟和社會資本指數

Knack 和 Keefer（1997）研究發現，在居民收入水平越高、收入差距越小、受教育程度越高、種族衝突矛盾越低的地區，社會資本的發展水平越好。Guiso 等（2004）研究發現，在義大利社會資本發展水平越好的地區，信用市場和股票市場的發展程度越高、發展規模越大。Rupasingha 等（2006）研究發現，種族分裂、社區歸屬感、收入不平等、受教育水平、城鎮化水平、家庭住房擁有率、女性就業率等宏觀經濟因素與社會資本的發展水平之間存在顯著的相關性。Forte 等（2015）研究發現，在人均 GDP 增長率越高、固定資產規模越大、國民受教育程度越高的歐洲國家，其社會資本的發展水平越高。從上述研究結論可以看出，經濟增長速度、金融發展規模等宏觀經濟環境和社會資本的發展水平之間存在密不可分的聯繫。接下來，本小節選取經濟發展水平、金融發展水平、對外經濟貿易水平、交通設施建設情況、國民受教育水平五個宏觀經濟變量，運用相關性分析和簡單線性迴歸分析的方法分析上市公司所屬地區的宏觀經濟環境與上市公司的三類社會資本指數之間的相關關係。

宏觀經濟變量與宏觀社會資本指數（RSC）、微觀社會資本指數（ESC）、社會資本綜合指數（SC）之間的相關性分析結果如表 4－8 所示。

表 4-8 宏觀經濟變量與社會資本指數（RSC、ESC、SC）的 Pearson 相關係數矩陣

	RSC	ESC	SC	經濟	金融	對外貿易	交通	教育
RSC	1.000,0							
ESC	0.179,6***	1.000,0						
SC	0.771,2***	0.755,8***	1.000,0					
經濟	0.926,0***	0.194,0***	0.729,2***	1.000,0				
金融	0.010,7	0.400,4***	0.268,4***	−0.020,4	1.000,0			
對外貿易	0.643,8***	0.219,2***	0.554,2***	0.685,9***	0.056,8	1.000,0		
交通	0.310,0***	−0.363,4***	−0.026,9	0.329,2***	−0.375,6***	−0.126,6***	1.000,0	
教育	0.831,5***	−0.003,5	0.538,9***	0.849,8***	−0.181,8***	0.407,7***	0.574,2***	1.000,0

註：①「RSC」「ESC」「SC」分別表示宏觀社會資本指數、微觀社會資本指數、社會資本的綜合指數；②「經濟」反映了上市公司所屬地區的經濟發展水平，選用「各地區 GDP（單位：億元）的自然對數」來度量；③「金融」反映了上市公司所屬地區的金融發展水平，選用「各地區金融機構吸收存款總額／地區 GDP」來度量；④「對外貿易」反映了上市公司所屬地區的對外經濟貿易發展水平，選用「各地區外商投資企業投資總額（單位：億元）的自然對數」來度量；⑤「交通」反映了上市公司所屬地區的交通基礎設施建設情況，選用「各地區運輸線路長度（包括鐵路營運和公路里程之和）的自然對數」來度量；⑥「教育」反映了上市公司所屬地區的公民受教育程度，選用「各地區高等學校普通本、專科招生人數（單位：人）的自然對數」來度量；⑦各地區「經濟」「金融」「對外貿易」「交通」和「教育」數據均來源於 2008−2015 年《中國統計年鑒》；⑧ ***、**、* 分別表示在 1％、5％、10％水平上顯著。

從表 4-8 報告的 Pearson 相關係數矩陣可見：經濟發展水平、對外經濟貿易水平與宏觀社會資本指數、微觀社會資本指數、社會資本綜合指數之間存在顯著的正相關性；金融發展水平與微觀社會資本指數、社會資本綜合指數之間存在顯著的正相關性，與宏觀社會資本指數正相關但不顯著；交通基礎設施建設水平與宏觀社會資本指數之間存在顯著的正相關性，但與微觀社會資本指數、社會資本綜合指數之間存在顯著的負相關性；國民受教育水平與宏觀社會資本指數、社會資本綜合指數之間存在顯著的正相關性，與微觀社會資本指數負相關但不顯著。總體而言，經濟發展水平、金融發展水平、對外經濟貿易水平、交通基礎設施建設水平以及國民受教育水平這五個宏觀經濟變量與社會資本的發展水平之間存在顯著的相關性。

宏觀經濟變量和宏觀社會資本指數（RSC）、微觀社會資本指數（ESC）、社會資本綜合指數（SC）的簡單線性迴歸估計分析結果如表 4-9 所示。

表4—9 宏觀經濟變量與社會資本指數（RSC、ESC、SC）關係的簡單迴歸估計結果

\multicolumn{5}{c}{Panel A：宏觀經濟變量與 RSC}
宏觀經濟變量	迴歸系數	T統計量	Adjusted R²	F統計量
經濟	0.688,0	182.25***	0.857,5	33,216.86***
金融	0.036,8	0.80	0.000,1	0.63
對外貿易	0.000,2	62.50***	0.414,4	3,905.83***
交通	0.224,2	24.22***	0.095,9	586.73***
教育	0.766,1	111.18***	0.691,3	12,360.49***
\multicolumn{5}{c}{Panel B：宏觀經濟變量與 ESC}
宏觀經濟變量	迴歸系數	T統計量	Adjusted R²	F統計量
經濟	0.072,0	14.69***	0.037,5	215.84***
金融	0.687,0	32.46***	0.160,1	1,053.40***
對外貿易	0.000,4	16.69***	0.047,9	278.64***
交通	−0.131,2	−28.98***	0.131,9	839.57***
教育	−0.001,6	−0.26	0.000,2	0.07
\multicolumn{5}{c}{Panel C：宏觀經濟變量與 SC}
宏觀經濟變量	迴歸系數	T統計量	Adjusted R²	F統計量
經濟	0.287,5	79.17***	0.531,7	6,267.58***
金融	0.489,4	20.69***	0.071,9	428.26***
對外貿易	0.000,1	49.45***	0.307,0	2,445.67***
交通	−0.010,3	−2.00**	0.000,5	4.01**
教育	0.263,5	47.52***	0.290,3	2,258.33***

註：①***、**、*分別表示在1％、5％、10％水平上顯著；②Adjusted R²值為簡單線性迴歸分析模型的擬合優度；③F統計量為簡單線性迴歸分析模型的整體顯著性檢驗值。

從表4—9可見，經濟發展水平與宏觀社會資本指數、微觀社會資本指數、社會資本綜合指數在1％的水平上顯著正相關；金融發展水平與宏觀社會資本指數正相關

但不顯著，與微觀社會資本指數、社會資本綜合指數在1％水平上顯著正相關；對外經濟貿易水平與宏觀社會資本指數、微觀社會資本指數、社會資本綜合指數在1％的水平上顯著正相關；交通基礎設施建設水平與宏觀社會資本指數在1％的水平上顯著正相關，但與微觀社會資本指數、社會資本綜合指數分別在1％、5％水平上顯著負相關；國民受教育水平與宏觀社會資本指數、社會資本綜合指數在1％的水平上顯著正相關，但與微觀社會資本指數負相關且不顯著。

總體而言，來自2007—2014年在滬、深上市的690家非金融類公司混合樣本數據（總共5,520個觀測值）的實證證據表明，經濟發展水平、金融發展水平、對外經濟貿易水平、交通基礎設施建設水平、國民受教育水平等宏觀經濟環境與社會資本指數水平之間具有顯著的相關關係。

4.4.2 行業類別和社會資本指數

Chen和Ronowski（2009）檢驗了1990—2000年美國互聯網行業公司的結構洞網路和社會資本發展水平的變化情況。研究發現，在互聯網行業的早期新興階段，結構洞網路關係對於該行業公司的成長和發展顯得尤為重要；而在互聯網行業的後期成熟階段，社會資本在該行業公司成長和發展過程中所扮演的角色將變得越來越重要。這一研究結論意味著，公司社會資本的發展水平、社會資本對於公司的重要作用取決於行業的不同發展階段以及不同的行業類別。Javakhadze等（2015）、Jha和Chen（2015）、Jha和Cox（2015）等研究表明，行業類別是影響社會資本發展水平的重要因素，但這些研究只是在多元迴歸方程中簡單地將行業類別設置為二元虛擬變量，沒有系統全面地分析行業類別和社會資本發展水平之間的關係。本小節根據中國證券會2016年頒布的《2015年4季度上市公司行業分類結果》，對2007—2014年在滬、深上市的這690家非金融類樣本公司按照行業代碼進行分類，運用參數檢驗和非參數檢驗方法對不同行業門類間的社會資本指數（包含宏觀社會資本指數、微觀社會資本指數、社會資本綜合指數共三類指數）差異進行檢驗。

4.4.2.1 上市公司樣本的行業分佈統計

2007—2014年在滬、深上市的690家非金融類樣本公司數量及其所屬行業門類的統計情況如表4-10所示。

表4-10 上市公司樣本的行業分佈統計

行業門類（代碼）	公司數量	占總樣本的百分比（％）
農、林、牧、漁業（A）	13	1.88
採礦業（B）	28	4.06

續表 4−10

行業門類（代碼）		公司數量	占總樣本的百分比（%）
製造業（C）	農副食品加工業（C13）	15	2.17
	食品製造業（C14）	7	1.01
	酒、飲料和精制茶製造業（C15）	10	1.45
	紡織業（C17）	16	2.32
	木材加工及木、竹、藤、棕、草製品業（C20）	2	0.29
	家具製造業（C21）	2	0.29
	造紙及紙製品業（C22）	4	0.58
	石油加工、煉焦及核燃料加工業（C25）	4	0.58
	化學原料及化學製品製造業（C26）	43	6.23
	醫藥製造業（C27）	43	6.23
	化學纖維製造業（C28）	7	1.01
	橡膠和塑料製品業（C29）	11	1.59
	非金屬礦物製品業（C30）	16	2.32
	黑色金屬冶煉及壓延加工業（C31）	14	2.03
	有色金屬冶煉及壓延加工業（C32）	19	2.75
	金屬製品業（C33）	6	0.87
	通用設備製造業（C34）	17	2.46
	專用設備製造業（C35）	23	3.33
	汽車製造業（C36）	4	0.58
	鐵路、船舶、航空航天及其他運輸設備製造業（C37）	33	4.78
	電器機械及器材製造業（C38）	18	2.61
	計算機、通信及其他電子設備製造業（C39）	45	6.52
	儀器儀表製造業（C40）	3	0.43
	其他製造業（C41）	4	0.58
	製造業小計	366	53.04
電力、熱力、燃氣及水生產和供應業（D）		42	6.09
建築業（E）		14	2.03
批發和零售業（F）		64	9.28
交通運輸、倉儲和郵政業（G）		25	3.62

續表4—10

行業門類（代碼）	公司數量	占總樣本的百分比（％）
住宿和餐飲業（H）	5	0.72
信息傳輸、軟件和信息技術服務業（I）	19	2.75
房地產業（K）	67	9.71
租賃和商務服務業（L）	10	1.45
科學研究和技術服務業（M）	1	0.14
水利、環境和公共設施管理業（N）	4	0.58
文化、體育和娛樂業（R）	9	1.30
綜合業（S）	23	3.33
總計	690	100.00

從表4—10可見，這690家非金融類上市公司樣本多數分佈於製造行業，研究樣本中有366家公司屬於製造業，占總樣本的比重約為53.04％。為了更全面深入地展示樣本公司的行業分佈情況，我們單獨對製造行業按大類進行細分，總共分為24個製造業大類。因此本書選取的上市公司樣本總共涉及15個行業門類共38個行業大類。

4.4.2.2 社會資本指數分行業門類的描述性統計

基於15個行業門類的2007—2014年社會資本指數（宏觀社會資本指數、微觀社會資本指數、社會資本綜合指數）的描述性統計分析結果如表4—11所示。

表4—11（1） 基於行業門類的 RSC 描述性統計結果

行業代碼	2007年	2008年	2009年	2010年	2011年	2012年	2013年	2014年	混合樣本
A	−0.616,9 (0.52)	−0.572,1 (0.52)	−0.490,0 (0.56)	−0.346,4 (0.62)	−0.350,8 (0.60)	−0.227,4 (0.61)	−0.190,8 (0.62)	−0.152,7 (0.58)	−0.368,2 (0.58)
B	−0.626,3 (0.75)	−0.612,1 (0.75)	−0.523,4 (0.79)	−0.433,6 (0.83)	−0.432,6 (0.81)	−0.337,1 (0.84)	−0.294,6 (0.81)	−0.259,1 (0.81)	−0.440,4 (0.80)
C	−0.237,9 (0.56)	−0.219,0 (0.56)	−0.104,9 (0.59)	0.013,8 (0.60)	0.016,2 (0.60)	0.161,7 (0.63)	0.206,1 (0.63)	0.252,9 (0.64)	0.011,1 (0.63)
D	−0.229,2 (0.49)	−0.209,3 (0.49)	−0.059,9 (0.51)	0.032,1 (0.46)	0.037,2 (0.47)	0.202,2 (0.50)	0.249,3 (0.53)	0.291,6 (0.55)	0.039,2 (0.53)
E	−0.185,4 (0.48)	−0.134,3 (0.44)	0.012,9 (0.47)	0.174,8 (0.43)	0.165,6 (0.43)	0.202,6 (0.50)	0.371,7 (0.48)	0.410,2 (0.50)	0.145,6 (0.50)

續表4－11(1)

行業代碼	2007年	2008年	2009年	2010年	2011年	2012年	2013年	2014年	混合樣本
F	−0.209,2 (0.49)	−0.194,3 (0.49)	−0.062,1 (0.52)	0.052,8 (0.52)	0.042,7 (0.51)	0.192,2 (0.54)	0.232,3 (0.54)	0.277,5 (0.56)	0.041,5 (0.55)
G	−0.291,8 (0.54)	−0.280,0 (0.55)	−0.153,5 (0.58)	−0.050,8 (0.52)	−0.051,2 (0.51)	0.191,1 (0.56)	0.162,3 (0.56)	0.222,3 (0.55)	−0.042,2 (0.56)
H	−0.210,1 (0.37)	−0.217,7 (0.37)	−0.157,5 (0.43)	−0.110,5 (0.36)	−0.068,7 (0.38)	0.022,1 (0.42)	0.107,4 (0.48)	0.149,1 (0.51)	−0.060,7 (0.40)
I	−0.232,1 (0.50)	−0.224,0 (0.50)	−0.096,5 (0.55)	−0.016,3 (0.53)	−0.014,4 (0.52)	0.126,9 (0.54)	0.192,0 (0.54)	0.241,4 (0.55)	−0.002,9 (0.54)
K	−0.210,7 (0.66)	−0.185,0 (0.66)	−0.039,0 (0.69)	0.043,9 (0.67)	0.032,7 (0.66)	0.179,1 (0.68)	0.236,9 (0.71)	0.290,2 (0.71)	0.043,5 (0.70)
L	−0.203,2 (0.49)	−0.202,2 (0.50)	−0.118,5 (0.56)	−0.091,3 (0.44)	−0.049,3 (0.47)	0.073,6 (0.50)	0.188,1 (0.56)	0.247,6 (0.57)	−0.019,4 (0.52)
M	−1.055,8 (0.00)	−1.024,2 (0.00)	−0.913,4 (0.00)	−0.647,6 (0.00)	−0.666,0 (0.00)	−0.469,2 (0.00)	−0.515,5 (0.00)	−0.472,1 (0.00)	−0.720,6 (0.24)
N	−0.372,1 (0.38)	−0.357,6 (0.42)	−0.148,1 (0.45)	−0.031,5 (0.36)	−0.079,4 (0.28)	0.068,2 (0.23)	0.096,8 (0.23)	0.121,1 (0.22)	−0.087,8 (0.35)
R	−0.131,2 (0.35)	−0.105,2 (0.34)	−0.017,3 (0.35)	0.101,2 (0.41)	0.118,3 (0.40)	0.241,4 (0.47)	0.272,2 (0.45)	0.302,2 (0.46)	0.097,7 (0.42)
S	−0.024,6 (0.41)	0.015,8 (0.38)	0.204,2 (0.40)	0.276,8 (0.37)	0.215,2 (0.38)	0.371,0 (0.40)	0.423,0 (0.43)	0.463,9 (0.46)	0.243,1 (0.43)
總計	−0.248,4 (0.56)	−0.228,5 (0.56)	−0.105,7 (0.59)	0.002,8 (0.59)	0.001,0 (0.59)	0.146,2 (0.62)	0.193,0 (0.63)	0.239,5 (0.63)	−1.92×10⁻⁶ (0.62)

註：①表中數值為均值，括號中數值為標準差；②行業代碼A、B、C、D、E、F、G、H、I、K、L、M、N、R和S分別代表農、林、牧、漁業，採礦業，製造業，電力、熱力、燃氣及水生產和供應業，建築業，批發和零售業，交通運輸、倉儲和郵政業，住宿和餐飲業，信息傳輸、軟件和信息技術服務業，房地產業，租賃和商務服務業，科學研究和技術服務業，水利、環境和公共設施管理業，文化、體育和娛樂業以及綜合業；③由於代碼為M的行業只包含一個樣本公司，故該行業社會資本指數年度均值的標準差為0。

從表4－11（1）可見，在15個行業門類中，綜合業（S）（0.243,1）、建築業（E）（0.145,6）、文化、體育和娛樂業（R）（0.097,7）的宏觀社會資本指數均值相對最高；科學研究和技術服務業（M）（−0.720,6）、採礦業（B）（−0.440,4）、農、林、牧、漁業（A）（−0.368,2）的宏觀社會資本指數均值相對最低。此外，從2007—2014年，各行業的宏觀社會資本指數均值均呈現出逐年上升的趨勢。

表 4－11（2） 基於行業門類的 ESC 描述性統計結果

行業代碼	2007年	2008年	2009年	2010年	2011年	2012年	2013年	2014年	混合樣本
A	−0.089,5 (0.35)	−0.161,0 (0.27)	−0.191,5 (0.24)	−0.098,5 (0.22)	−0.088,4 (0.24)	−0.024,3 (0.35)	−0.041,7 (0.36)	0.009,1 (0.32)	−0.086,7 (0.29)
B	0.052,5 (0.28)	−0.011,2 (0.24)	−0.051,7 (0.25)	0.025,6 (0.21)	0.018,4 (0.21)	0.127,2 (0.30)	0.091,3 (0.27)	0.068,0 (0.29)	0.041,0 (0.26)
C	−0.062,5 (0.27)	−0.139,7 (0.25)	−0.160,2 (0.25)	−0.049,6 (0.23)	−0.043,9 (0.22)	0.079,0 (0.27)	0.080,0 (0.26)	0.072,4 (0.25)	−0.028,1 (0.27)
D	−0.044,9 (0.22)	−0.140,9 (0.23)	−0.160,8 (0.23)	−0.038,4 (0.20)	−0.015,3 (0.21)	0.132,4 (0.30)	0.151,6 (0.29)	0.161,8 (0.26)	0.005,7 (0.27)
E	−0.003,6 (0.34)	−0.096,4 (0.30)	−0.123,9 (0.24)	−0.002,8 (0.16)	−0.012,0 (0.16)	0.110,0 (0.27)	0.069,5 (0.24)	0.115,6 (0.19)	0.005,2 (0.25)
F	0.035,4 (0.40)	−0.040,4 (0.40)	−0.037,9 (0.30)	0.028,6 (0.25)	0.031,4 (0.24)	0.216,4 (0.31)	0.198,1 (0.32)	0.173,8 (0.28)	0.075,7 (0.33)
G	0.021,6 (0.25)	−0.082,0 (0.25)	−0.131,2 (0.23)	−0.046,8 (0.20)	0.015,7 (0.18)	0.238,4 (0.30)	0.205,0 (0.24)	0.203,0 (0.24)	0.050,7 (0.27)
H	0.118,9 (0.20)	0.097,5 (0.23)	−0.079,5 (0.23)	0.032,5 (0.18)	−0.030,4 (0.16)	0.109,0 (0.20)	0.136,3 (0.20)	0.073,6 (0.20)	0.032,9 (0.20)
I	0.064,9 (0.54)	0.044,8 (0.35)	0.040,0 (0.33)	0.092,9 (0.22)	0.122,3 (0.22)	0.325,1 (0.33)	0.296,1 (0.28)	0.291,1 (0.22)	0.159,6 (0.34)
K	0.003,1 (0.33)	−0.034,1 (0.55)	−0.088,4 (0.27)	−0.037,0 (0.22)	−0.019,6 (0.22)	0.186,9 (0.31)	0.136,3 (0.29)	0.136,1 (0.27)	0.035,4 (0.33)
L	−0.081,7 (0.26)	−0.196,4 (0.26)	−0.198,5 (0.26)	−0.098,0 (0.21)	−0.056,2 (0.22)	0.098,5 (0.29)	0.075,6 (0.26)	0.085,6 (0.24)	−0.046,4 (0.26)
M	0.143,5 (0.00)	0.053,0 (0.00)	0.006,6 (0.00)	0.050,5 (0.00)	0.202,9 (0.00)	0.574,7 (0.00)	0.561,6 (0.00)	0.610,1 (0.00)	0.275,4 (0.26)
N	−0.025,0 (0.32)	−0.081,4 (0.24)	−0.136,3 (0.28)	0.049,5 (0.24)	0.126,2 (0.18)	0.445,7 (0.33)	0.412,4 (0.37)	0.333,4 (0.32)	0.140,6 (0.33)
R	−0.263,5 (0.59)	−0.367,6 (0.56)	−0.285,7 (0.20)	0.152,3 (0.68)	−0.010,8 (0.17)	0.104,4 (0.14)	0.154,4 (0.14)	0.147,7 (0.10)	−0.046,1 (0.43)
S	−0.118,1 (0.66)	−0.239,0 (0.66)	−0.224,5 (0.66)	−0.121,4 (0.66)	−0.109,7 (0.64)	0.097,4 (0.70)	0.083,6 (0.70)	0.039,4 (0.67)	−0.074,0 (0.66)
總計	−0.037,0 (0.33)	−0.113,6 (0.34)	−0.134,2 (0.28)	−0.032,5 (0.26)	−0.024,4 (0.24)	0.122,2 (0.31)	0.113,4 (0.30)	0.106,1 (0.28)	−5.44×10⁻⁷ (0.31)

從表 4－11（2）可見，在 15 個行業門類中，科學研究和技術服務業（M）（0.275,4），信息傳輸、軟件和信息技術服務業（I）（0.159,6），水利、環境和公共設施管理業（N）（0.146,0）的微觀社會資本指數均值相對最高；農、林、牧、漁業（A）（−0.086,7），綜合業（S）（−0.074,0），租賃和商務服務業（L）（−0.046,4）

的微觀社會資本指數均值相對最低。此外，2007—2014 年，各行業的微觀社會資本指數均值均呈現出逐年上升的趨勢。

表 4-11（3） 基於行業門類的 SC 描述性統計結果

行業代碼	2007 年	2008 年	2009 年	2010 年	2011 年	2012 年	2013 年	2014 年	混合樣本
A	-0.278,0 (0.34)	-0.311,2 (0.30)	-0.303,4 (0.31)	-0.191,1 (0.34)	-0.181,9 (0.32)	-0.097,3 (0.38)	-0.090,0 (0.39)	-0.040,0 (0.35)	-0.187,3 (0.34)
B	-0.180,8 (0.38)	-0.217,1 (0.35)	-0.213,6 (0.37)	0.130,1 (0.37)	-0.131,8 (0.35)	-0.028,8 (0.39)	-0.034,9 (0.36)	-0.034,5 (0.40)	-0.120,9 (0.37)
C	-0.124,3 (0.28)	-0.169,3 (0.27)	-0.142,6 (0.28)	-0.024,9 (0.29)	-0.019,9 (0.28)	0.115,2 (0.31)	0.133,9 (0.31)	0.151,1 (0.31)	-0.010,1 (0.32)
D	-0.133,7 (0.22)	-0.194,4 (0.24)	-0.155,4 (0.26)	-0.038,3 (0.24)	-0.021,3 (0.26)	0.138,2 (0.31)	0.168,6 (0.31)	0.196,3 (0.30)	-0.025,0 (0.30)
E	-0.072,6 (0.30)	-0.113,6 (0.26)	-0.075,1 (0.25)	0.065,3 (0.19)	0.048,8 (0.20)	0.134,4 (0.30)	0.183,6 (0.26)	0.234,2 (0.22)	0.058,9 (0.27)
F	-0.053,9 (0.34)	-0.096,8 (0.33)	-0.045,8 (0.28)	0.038,9 (0.28)	0.035,8 (0.28)	0.208,3 (0.30)	0.212,6 (0.30)	0.216,9 (0.29)	0.064,5 (0.32)
G	-0.109,8 (0.26)	-0.175,7 (0.26)	-0.163,6 (0.27)	-0.067,7 (0.25)	-0.028,6 (0.22)	0.215,0 (0.30)	0.173,7 (0.25)	0.198,7 (0.23)	-0.001,2 (0.29)
H	-0.010,3 (0.19)	-0.155,3 (0.20)	-0.118,8 (0.22)	-0.022,9 (0.17)	-0.054,6 (0.18)	0.064,4 (0.19)	0.114,8 (0.22)	0.088,6 (0.26)	-0.011,8 (0.21)
I	-0.036,2 (0.40)	-0.037,9 (0.32)	0.003,5 (0.34)	0.068,7 (0.31)	0.088,1 (0.30)	0.264,2 (0.34)	0.272,7 (0.31)	0.292,4 (0.27)	0.114,4 (0.34)
K	-0.074,5 (0.32)	-0.094,7 (0.42)	-0.069,2 (0.31)	-0.004,0 (0.30)	0.004,3 (0.30)	0.185,9 (0.33)	0.171,6 (0.33)	0.196,3 (0.33)	0.039,4 (0.35)
L	-0.151,2 (0.26)	-0.228,4 (0.28)	-0.193,8 (0.27)	-0.115,1 (0.17)	-0.078,2 (0.16)	0.065,6 (0.23)	0.093,7 (0.23)	0.129,0 (0.28)	-0.059,8 (0.26)
M	-0.234,8 (0.00)	-0.279,3 (0.00)	-0.270,5 (0.00)	-0.146,4 (0.00)	-0.051,6 (0.00)	0.251,9 (0.00)	0.227,5 (0.00)	0.284,3 (0.00)	-0.027,4 (0.25)
N	-0.149,6 (0.27)	-0.181,9 (0.23)	-0.145,0 (0.28)	0.025,8 (0.24)	0.053,6 (0.09)	0.310,5 (0.14)	0.301,0 (0.18)	0.265,3 (0.16)	0.060,0 (0.27)
R	-0.250,7 (0.40)	-0.310,5 (0.40)	-0.216,1 (0.16)	0.114,8 (0.41)	0.033,6 (0.20)	0.156,6 (0.22)	0.202,7 (0.22)	0.206,9 (0.22)	-0.007,8 (0.35)
S	-0.108,5 (0.45)	-0.172,5 (0.45)	-0.093,8 (0.46)	0.005,5 (0.45)	-0.010,5 (0.45)	0.180,4 (0.48)	0.191,1 (0.47)	0.181,4 (0.46)	0.021,7 (0.47)
總計	-0.115,7 (0.30)	-0.159,9 (0.31)	-0.128,6 (0.30)	-0.020,6 (0.29)	-0.015,7 (0.29)	0.132,8 (0.32)	0.145,5 (0.32)	0.162,3 (0.32)	1.45×10^{-7} (0.33)

從表 4-11（3）可見，在 15 個行業門類中，信息傳輸、軟件和信息技術服務業（I）（0.114,4），批發和零售業（F）（0.064,5），水利、環境和公共設施管理業（N）

(0.060,0)的社會資本綜合指數均值相對最高；農、林、牧、漁業（A）（－0.187,3），採礦業（B）（－0.120,9），租賃和商務服務業（L）（－0.059,8）的社會資本綜合指數均值相對最低。2007—2014年，各行業的社會資本綜合指數均值均呈現出逐年上升的趨勢。

基於行業門類的混合樣本公司的社會資本指數差異如圖4－1所示。

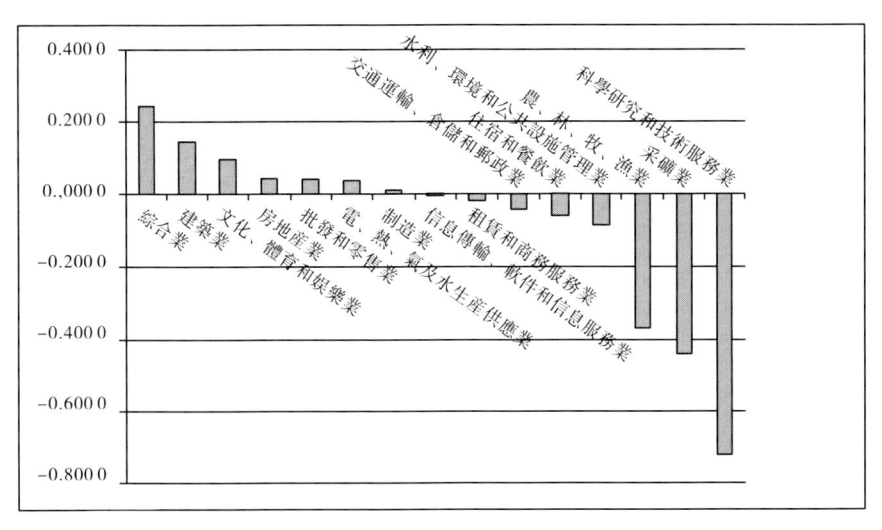

圖4－1（1）　基於行業門類的宏觀社會資本指數（RSC）均值

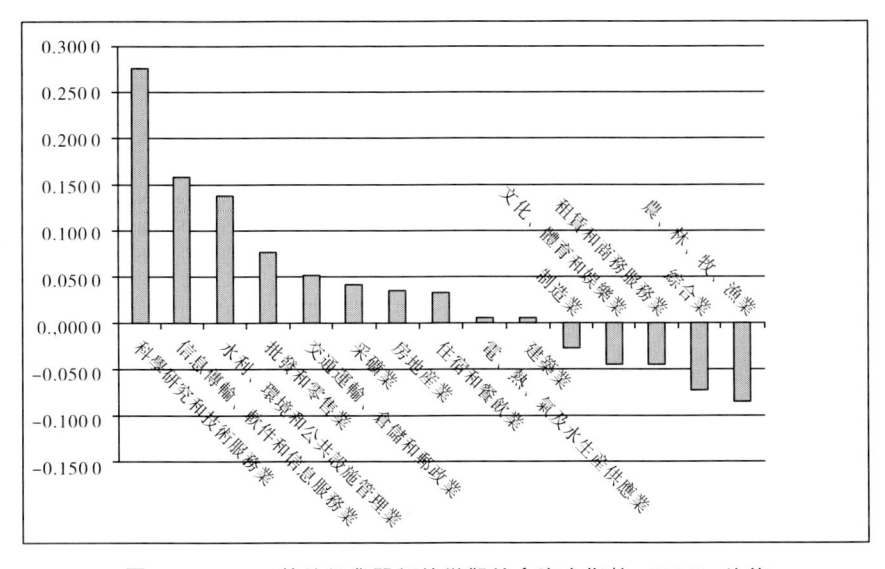

圖4－1（2）　基於行業門類的微觀社會資本指數（ESC）均值

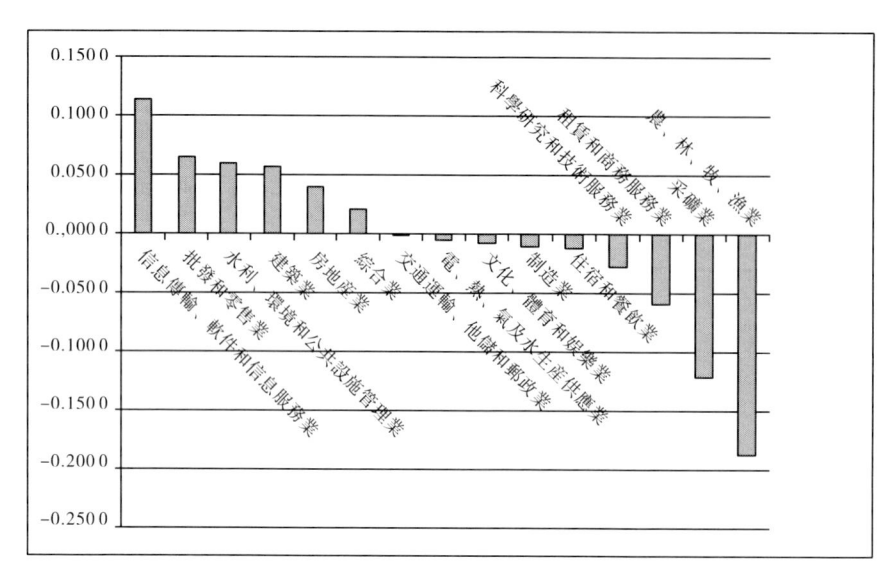

圖 4−1（3）　基於行業門類的社會資本綜合指數（SC）均值

4.4.2.3　分年度樣本的社會資本指數差異檢驗

對分年度樣本的社會資本指數（宏觀社會資本指數、微觀社會資本指數、社會資本綜合指數）進行方差分析（ANOVA）和非參數檢驗（Krusksal−Wallis H 檢驗和中位數檢驗）的統計分析結果如表 4−12 所示。

表 4−12（1）　分年度樣本 15 個行業門類社會資本指數差異的方差分析結果

年份	宏觀社會資本指數（RSC） 卡方值	P 值	微觀社會資本指數（ESC） 卡方值	P 值	社會資本綜合指數（SC） 卡方值	P 值
2007	21.877（13）	0.057	97.378（13）	0.000	32.140（13）	0.002
2008	24.494（13）	0.027	157.549（13）	0.000	44.793（13）	0.000
2009	23.240（13）	0.039	77.834（13）	0.000	25.341（13）	0.021
2010	31.494（13）	0.003	126.077（13）	0.000	30.937（13）	0.003
2011	29.517（13）	0.006	106.336（13）	0.000	32.711（13）	0.002
2012	27.665（13）	0.010	74.066（13）	0.000	24.085（13）	0.030
2013	23.866（13）	0.032	81.158（13）	0.000	20.502（13）	0.083
2014	20.928（13）	0.074	91.533（13）	0.000	23.892（13）	0.032

註：由於科學研究和技術服務業（M）只包含一個樣本公司，該行業社會資本指數均值的標準差為 0，故卡方檢驗值括號中的自由度為 13。

從表 4−12（1）的方差分析結果可見，宏觀社會資本指數各年度的卡方統計量大多在 5% 或 10% 的水平上顯著，表明 15 個行業門類間的宏觀社會資本指數存在系統性差異；微觀社會資本指數各年度的卡方統計量均在 1% 水平上顯著，表明 15 個

行業門類間的微觀社會資本指數存在系統性差異；社會資本綜合指數各年度的卡方統計量大多在1%或5%的水平上顯著，表明15個行業門類間的社會資本綜合指數存在系統性差異。

表4-12（2） 分年度樣本15個行業門類社會資本指數差異的Krusksal-Wallis檢驗結果

年份	宏觀社會資本指數（RSC）		微觀社會資本指數（ESC）		社會資本綜合指數（SC）	
	卡方值	P值	卡方值	P值	卡方值	P值
2007	24.778（14）	0.037	20.613（14）	0.112	20.208（14）	0.124
2008	27.027（14）	0.019	24.296（14）	0.042	22.594（14）	0.067
2009	30.195（14）	0.007	25.360（14）	0.031	29.281（14）	0.010
2010	27.644（14）	0.016	17.596（14）	0.226	23.111（14）	0.059
2011	26.150（14）	0.025	21.690（14）	0.085	20.064（14）	0.128
2012	29.823（14）	0.008	37.952（14）	0.001	31.835（14）	0.004
2013	29.644（14）	0.009	37.307（14）	0.001	28.288（14）	0.013
2014	29.117（14）	0.010	38.126（14）	0.001	27.222（14）	0.018

從表4-12（2）的Krusksal-Wallis H檢驗結果可見，宏觀社會資本指數各年度的卡方統計量大多在1%或5%的水平上顯著，表明15個行業門類間的宏觀社會資本指數存在系統性差異；微觀社會資本指數除2007年和2010年之外各年度的卡方統計量大多在1%或5%的水平上顯著，表明15個行業門類間的微觀社會資本指數存在系統性差異；社會資本綜合指數除2007年和2011年之外各年度的卡方統計量大多在1%或5%的水平上顯著，表明15個行業門類間的社會資本綜合指數存在系統性差異。

表4-12（3） 分年度樣本15個行業門類社會資本指數差異的中位數檢驗結果

年份	宏觀社會資本指數（RSC）			微觀社會資本指數（ESC）			社會資本綜合指數（SC）		
	中位數	卡方值	P值	中位數	卡方值	P值	中位數	卡方值	P值
2007	-0.223,3	22.29（14）	0.073	-0.075,8	21.19（14）	0.097	-0.093,1	17.31（14）	0.240
2008	-0.157,4	22.29（14）	0.073	-0.138,6	15.58（14）	0.340	-0.146,3	25.96（14）	0.026
2009	-0.094,7	26.27（14）	0.024	-0.161,4	18.25（14）	0.196	-0.113,6	29.11（14）	0.010
2010	0.000,8	22.48（14）	0.069	-0.041,4	13.90（14）	0.457	-0.005,7	18.21（14）	0.197
2011	0.015,4	22.48（14）	0.069	-0.033,5	19.24（14）	0.156	0.015,5	24.37（14）	0.041
2012	0.192,8	27.28（14）	0.018	0.082,9	19.72（14）	0.139	0.171,0	26.35（14）	0.023
2013	0.216,4	27.28（14）	0.018	0.079,5	28.04（14）	0.014	0.184,7	27.62（14）	0.016
2014	0.242,6	25.55（14）	0.029	0.091,4	29.26（14）	0.010	0.200,7	19.61（14）	0.143

從表 4-12（3）的中位數檢驗結果可見，宏觀社會資本指數各年度的卡方統計量大多在 5％或 10％的水平上顯著，表明 15 個行業門類間的宏觀社會資本指數存在系統性差異；2007 年、2013 年和 2014 年微觀社會資本指數的卡方統計量在 5％或 10％的水平上顯著，表明在這 3 年 15 個行業門類間的微觀社會資本指數存在系統性差異；社會資本綜合指數除 2007 年、2010 年和 2014 年之外各年度的卡方統計量均在 5％的水平上顯著，表明 15 個行業門類間的社會資本綜合指數存在系統性差異。

總體而言，方差分析結果、Krusksal-Wallis H 檢驗結果以及中位數檢驗結果均表明行業門類間的社會資本指數存在系統性差異，包含宏觀社會資本指數（RSC）、微觀社會資本指數（ESC）、社會資本綜合指數（SC）共三類指數。

4.4.2.4 混合樣本的社會資本指數差異檢驗

借鑒 Bradley 等（1984）的檢驗方法，本部分對 2007-2014 年共 8 年的混合樣本公司（總共 5,520 個觀測值）進行行業虛擬變量的多重迴歸分析。混合樣本 14 個行業虛擬變量與宏觀社會資本指數（RSC）、微觀社會資本指數（ESC）、社會資本綜合指數（SC）的迴歸分析結果如表 4-13 所示。

表 4-13 混合樣本 15 個行業門類社會資本指數的行業虛擬變量系數

行業代碼	行業虛擬變量系數（T 統計量）		
	宏觀社會資本指數（RSC）	微觀社會資本指數（ESC）	社會資本綜合指數（SC）
A	-0.379,3（-6.50）***	-0.058,6（-2.02）**	-0.177,2（-5.88）***
B	-0.451,5（-11.13）***	0.069,1（3.42）***	-0.110,8（-5.29）***
C	—	—	—
D	0.028,1（0.83）	0.033,7（2.01）**	0.005,1（0.29）
E	0.134,5（2.39）**	0.033,2（1.19）	0.069,0（2.37）**
F	0.030,4（1.08）	0.103,8（7.44）***	0.074,6（5.15）***
G	-0.053,3（-1.25）	0.078,7（3.70）***	0.008,8（0.40）
H	-0.071,9（-0.77）	0.060,9（1.31）	-0.001,7（-0.03）
I	-0.014,0（-0.29）	0.187,7（7.75）***	0.124,5（4.95）***
K	0.032,4（1.18）	0.063,5（4.64）***	0.049,5（3.49）***
L	-0.030,5（-0.46）	-0.018,3（-0.56）	-0.049,7（-1.45）
M	-0.731,7（-3.53）***	0.303,4（2.94）***	-0.017,3（-0.16）
N	-0.098,9（-0.95）	0.168,6（3.26）***	0.070,1（1.30）

續表4-13

行業代碼	行業虛擬變量系數（T統計量）		
	宏觀社會資本指數（RSC）	微觀社會資本指數（ESC）	社會資本綜合指數（SC）
R	0.086,6（1.24）	−0.018,0（−0.52）	0.002,3（0.06）
S	0.232,0（5.22）***	−0.046,0（−2.08）**	0.031,8（1.38）
Adjusted R^2	0.112,1	0.118,2	0.158,4
總體F值	34.16（21）***	36.22（21）***	50.46（21）***
年度效應F值	69.44（7）***	84.91（7）***	130.93（7）***

註：①製造業（C）被剔除，因為製造業的社會資本指數均值（RSC、ESC和SC均值分別為0.011,1、−0.028,1和−0.010,1）與混合樣本的社會資本指數均值（RSC、ESC和SC均值分別為−1.92×10^{-6}、−5.44×10^{-7}和1.45×10^{-7}）最為接近，同時也為了減緩多重共線性問題。Bradley等（1984）在其行業虛擬變量的迴歸分析中同樣剔除了與混合樣本均值最為接近的製造行業。②行業代碼A、B、D、E、F、G、H、I、J、K、L、M、N、R和S分別代表農、林、牧、漁業，採礦業，製造業，電力、熱力、燃氣及水生產和供應業，建築業，批發和零售業，交通運輸、倉儲和郵政業，住宿和餐飲業，信息傳輸、軟件和信息技術服務業，房地產業，租賃和商務服務業，科學研究和技術服務業，水利、環境和公共設施管理業，文化、體育和娛樂業以及綜合業。③***、**、*分別表示在1%、5%、10%水平上顯著。

從表4-13可見，調整後R^2統計量表明11.21%、11.82%和15.84%的宏觀社會資本指數、微觀社會資本指數和社會資本綜合指數變異能由行業門類加以解釋。總體F值均在1%的水平上顯著，表明行業虛擬變量迴歸方程的整體擬合效果較好。

第一，從宏觀社會資本指數（RSC）的行業虛擬變量系數來看，建築業和綜合業的迴歸系數為正且分別在5%和1%水平上顯著，表明這兩個行業樣本公司的宏觀社會資本指數相對較高；農、林、牧、漁業，採礦業和科學研究和技術服務業的迴歸系數為負且均在1%水平上顯著，表明這三個行業樣本公司的宏觀社會資本指數相對較低。

第二，從微觀社會資本指數（ESC）的行業虛擬變量系數來看，電力、熱力、燃氣及水生產和供應業，採礦業，批發和零售業，信息傳輸、軟件和信息技術服務業，交通運輸、倉儲和郵政業，房地產業，科學研究和技術服務業以及水利、環境和公共設施管理業的迴歸系數為正且均在1%或5%水平上顯著，表明這些行業樣本公司的微觀社會資本指數相對較高；農、林、牧、漁業和綜合業的迴歸系數為負且均在5%水平上顯著，表明這些行業樣本公司的微觀社會資本指數相對較低。

第三，從社會資本綜合指數（SC）的行業虛擬變量系數來看，建築業，批發和零售業，信息傳輸、軟件和信息技術服務業以及房地產業的迴歸系數為正且均在1%或5%水平上顯著，表明這些行業樣本公司的社會資本綜合指數相對較高；農、林、牧、漁業以及採礦業的迴歸系數為負且均在1%水平上顯著，表明這些行業樣本公司

的社會資本綜合指數相對較低。

4.4.3 地域分佈和社會資本指數

Forte 等（2015）對比分析了 1995—2008 年 85 個歐洲區域的社會資本發展水平。研究發現，無論從社會信任、社會參與的發展水平，還是從社會規範的發展程度來看，與中歐地區國家和東歐地區國家相比，北歐地區國家、荷蘭、英國、德國等歐洲地區的社會資本發展水平相對較高，研究結論意味著，不同國家的經濟發展水平、法律制度環境、社區工作傳統等的不同，將導致社會資本的發展水平也隨之各不相同。Guiso 等（2004）對比分析了 1989—1995 年義大利不同地區的社會資本發展水平。研究發現，與義大利南部地區相比，義大利北部地區的社會資本發展水平相對較高。研究結論意味著，同一個國家內部不同地區的經濟發展水平、信貸市場發展水平、法律執行效率、家庭收入水平、公民受教育程度等的不同，同樣將導致社會資本的發展水平也隨之各不相同。上述研究結論表明，無論是全球不同的國家，還是同一國家內部的不同區域，分佈於不同地域的公司，其社會資本水平可能隨之產生差異。本部分對 2007—2014 年在滬、深上市的 690 家非金融類樣本公司按照其不同的地域分佈，運用參數檢驗和非參數檢驗方法對不同地域特徵的社會資本指數差異進行檢驗。

4.4.3.1 上市公司樣本的地域分佈統計

2007—2014 年在滬、深上市的 690 家非金融類樣本公司數量及其所屬地域的統計情況如表 4—14 所示。

表 4—14　上市公司樣本的地域分佈統計

地區	北、東、中、南、西部	公司數量	占總樣本的百分比（%）
北京	北部	57	8.26
天津	北部	14	2.03
河北	北部	17	2.46
內蒙古	北部	9	1.30
遼寧	北部	24	3.48
吉林	北部	20	2.90
黑龍江	北部	13	1.88
上海	東部	53	7.68
江蘇	東部	58	8.41

續表4-14

地區	北、東、中、南、西部	公司數量	占總樣本的百分比（%）
浙江	東部	29	4.20
安徽	東部	26	3.77
福建	東部	24	3.48
江西	東部	13	1.88
山東	東部	31	4.49
河南	中部	21	3.04
山西	中部	16	2.32
陝西	中部	17	2.46
湖北	中部	34	4.93
湖南	中部	21	3.04
廣東	南部	69	10.00
廣西	南部	14	2.03
海南	南部	8	1.16
重慶	南部	11	1.59
四川	南部	28	4.06
貴州	南部	9	1.30
雲南	南部	15	2.17
西藏	西部	4	0.58
甘肅	西部	6	0.87
青海	西部	6	0.87
寧夏	西部	5	0.72
新疆	西部	18	2.61
全國	—	690	100.00

從表4-14可見，從地域分佈來看，東部地區分佈的上市公司樣本數量相對最高（占總樣本的百分比為33.91%）；北部地區、南部地區和中部地區分佈的上市公

司樣本數量相對居中（占總樣本的百分比分別為22.32％、22.32％和15.80％）；而西部地區分佈的上市公司樣本數量相對最低（占總樣本的百分比僅為5.65％）。

4.4.3.2 社會資本指數分地區的描述性統計

基於中國5個地區（北、東、中、南、西部地區）的2007—2014年社會資本指數（宏觀社會資本指數、微觀社會資本指數、社會資本綜合指數）的描述性統計分析結果如表4-15所示。

表4-15（1） 基於地域分佈的 RSC 描述性統計結果

地域分佈	2007年	2008年	2009年	2010年	2011年	2012年	2013年	2014年	混合樣本
北部	-0.540,1 (0.31)	-0.516,1 (0.28)	-0.397,9 (0.29)	-0.268,2 (0.24)	-0.263,3 (0.26)	-0.118,4 (0.25)	-0.101,5 (0.28)	-0.075,0 (0.27)	-0.285,1 (0.32)
東部	0.034,1 (0.42)	0.074,0 (0.38)	0.242,2 (0.36)	0.414,3 (0.38)	0.361,7 (0.40)	0.533,8 (0.41)	0.557,7 (0.40)	0.608,0 (0.42)	0.353,2 (0.44)
中部	-0.212,7 (0.18)	-0.204,1 (0.18)	-0.157,3 (0.21)	-0.073,9 (0.25)	-0.048,8 (0.25)	0.019,2 (0.26)	0.065,0 (0.26)	0.093,3 (0.27)	-0.064,9 (.026)
南部	-0.132,1 (0.59)	-0.135,9 (0.61)	-0.008,2 (0.67)	0.023,7 (0.58)	0.069,2 (0.59)	0.254,7 (0.61)	0.366,4 (0.64)	0.443,1 (0.63)	0.110,1 (0.65)
西部	-1.351,3 (0.80)	-1.341,0 (0.81)	-1.280,1 (0.84)	-1.263,7 (0.85)	-1.249,2 (0.83)	-1.208,5 (0.86)	-1.158,6 (0.85)	-1.124,3 (0.84)	-1.247,1 (0.83)
總計	-0.248,4 (0.56)	-0.228,5 (0.56)	-0.105,7 (0.59)	0.002,8 (0.59)	0.001,0 (0.59)	0.146,2 (0.62)	0.193,0 (0.63)	0.239,5 (0.63)	-1.92×10^{-6} (0.62)

註：①表中數值為均值，括號中數值為標準差；②RSC 為宏觀社會資本指數。

從表4-15（1）可見，在中國五個地域分佈之中，東部地區（0.353,2）的宏觀社會資本指數均值相對最高；南部地區（0.110,1）的宏觀社會資本指數均值緊隨其後；中部地區（-0.064,9）和北部地區（-0.285,1）的宏觀社會資本指數均值相對居中；而西部地區（-1.247,1）的宏觀社會資本指數均值相對最低。此外，2007—2014年，各地區的宏觀社會資本指數均值大體呈現出逐年上升的趨勢。

表4-15（2） 基於地域分佈的 ESC 描述性統計結果

地域分佈	2007年	2008年	2009年	2010年	2011年	2012年	2013年	2014年	混合樣本
北部	0.137,2 (0.35)	0.021,3 (0.31)	0.015,8 (0.31)	0.043,4 (0.25)	0.053,9 (0.24)	0.250,1 (0.34)	0.214,8 (0.33)	0.216,0 (0.30)	0.119,1 (0.32)
東部	-0.004,4 (0.30)	-0.078,5 (0.37)	-0.103,9 (0.27)	0.007,1 (0.22)	0.019,0 (0.22)	0.208,7 (0.28)	0.175,8 (0.28)	0.168,7 (0.23)	0.049,1 (0.30)
中部	-0.145,3 (0.29)	-0.217,2 (0.30)	-0.216,0 (0.18)	-0.060,0 (0.26)	-0.069,7 (0.17)	0.020,4 (0.17)	0.025,7 (0.20)	0.006,9 (0.17)	-0.081,9 (0.24)

續表 4－15（2）

地域分佈	2007 年	2008 年	2009 年	2010 年	2011 年	2012 年	2013 年	2014 年	混合樣本
南部	－0.150,6 (0.31)	－0.208,0 (0.30)	－0.238,3 (0.29)	－0.108,2 (0.30)	－0.090,0 (0.30)	－0.000,6 (0.33)	0.036,0 (0.33)	0.035,3 (0.31)	－0.090,5 (0.32)
西部	－0.169,2 (0.18)	－0.194,9 (0.21)	－0.267,6 (0.20)	－0.194,4 (0.20)	－0.208,6 (0.21)	－0.133,4 (0.20)	－0.109,9 (0.24)	－0.147,3 (0.26)	－0.178,2 (0.22)
總計	－0.037,0 (0.33)	－0.113,6 (0.34)	－0.134,2 (0.28)	－0.032,5 (0.26)	－0.024,4 (0.24)	0.122,2 (0.31)	0.113,4 (0.30)	0.106,1 (0.28)	－5.44×10^{-7} (0.31)

從表 4－15（2）可見，在中國五個地域分佈之中，北部地區（0.119,1）的微觀社會資本指數均值相對最高；東部地區（0.049,1）的微觀社會資本指數均值緊隨其後；中部地區（－0.081,9）和南部地區（－0.090,5）的微觀社會資本指數均值相對居中；而西部地區（－0.178,2）的微觀社會資本指數均值相對最低。此外，2007—2014 年，各地區的微觀社會資本指數均值大體呈現出逐年上升的趨勢。

表 4－15（3）　基於地域分佈的 SC 描述性統計結果

地域分佈	2007 年	2008 年	2009 年	2010 年	2011 年	2012 年	2013 年	2014 年	混合樣本
北部	－0.093,7 (0.30)	－0.160,5 (0.27)	－0.121,8 (0.28)	－0.057,9 (0.23)	－0.047,5 (0.22)	0.123,2 (0.26)	0.109,5 (0.27)	0.126,2 (0.24)	－0.015,3 (0.28)
東部	0.007,3 (0.25)	－0.030,1 (0.27)	0.016,8 (0.23)	0.153,5 (0.20)	0.140,6 (0.20)	0.328,0 (0.22)	0.314,9 (0.21)	0.334,0 (0.20)	0.158,1 (0.27)
中部	－0.180,0 (0.22)	－0.222,0 (0.22)	－0.204,2 (0.14)	－0.070,6 (0.19)	－0.065,5 (0.15)	0.017,4 (0.15)	0.038,2 (0.17)	0.042,0 (0.16)	－0.080,6 (0.20)
南部	－0.162,1 (0.29)	－0.202,9 (0.30)	－0.178,1 (0.31)	－0.074,8 (0.30)	－0.045,6 (0.31)	0.089,8 (0.32)	0.155,6 (0.34)	0.185,9 (0.32)	－0.029,0 (0.34)
西部	－0.577,3 (0.32)	－0.593,4 (0.34)	－0.621,7 (0.34)	－0.565,6 (0.35)	－0.570,4 (0.35)	－0.508,6 (0.33)	－0.469,4 (0.36)	－0.482,0 (0.43)	－0.548,5 (0.35)
總計	－0.115,7 (0.30)	－0.159,9 (0.31)	－0.128,6 (0.30)	－0.020,6 (0.29)	－0.015,7 (0.29)	0.132,8 (0.31)	0.145,5 (0.32)	0.162,3 (0.32)	1.45×10^{-7} (0.33)

從表 4－15（3）可見，在中國五個地域分佈之中，東部地區（0.158,1）的社會資本綜合指數均值相對最高；北部地區（－0.015,3）的社會資本綜合指數均值緊隨其後；南部地區（－0.029,0）和中部地區（－0.080,6）的社會資本綜合指數均值相對居中；而西部地區（－0.548,5）的社會資本綜合指數均值相對最低。此外，2007—2014 年，各地區的社會資本綜合指數均值大體呈現出逐年上升的趨勢。

總體而言，2007—2014 年期，中國東部地區和北部地區的社會資本發展水平相

對較好，南部地區和中部地區的社會資本發展水平相對居中，而西部地區的社會資本發展水平相對較差。

基於地域分佈的混合樣本公司的社會資本指數差異如圖4－2所示。

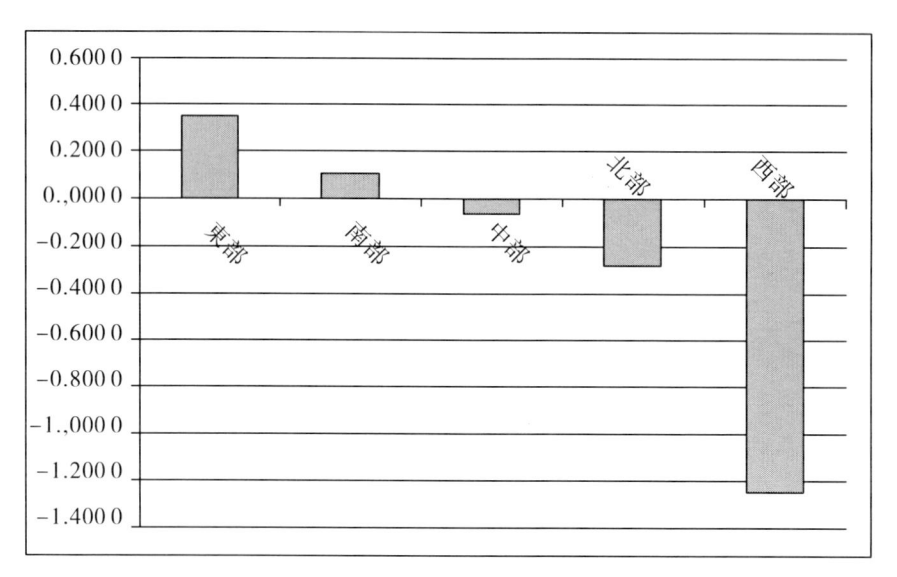

圖4－2（1）　基於地域分佈的宏觀社會資本指數（RSC）均值

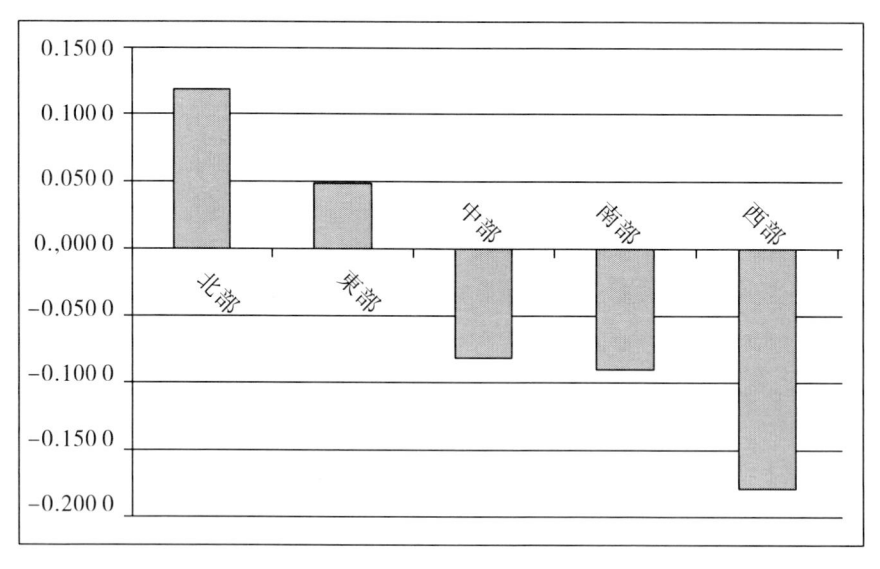

圖4－2（2）　基於地域分佈的微觀社會資本指數（ESC）均值

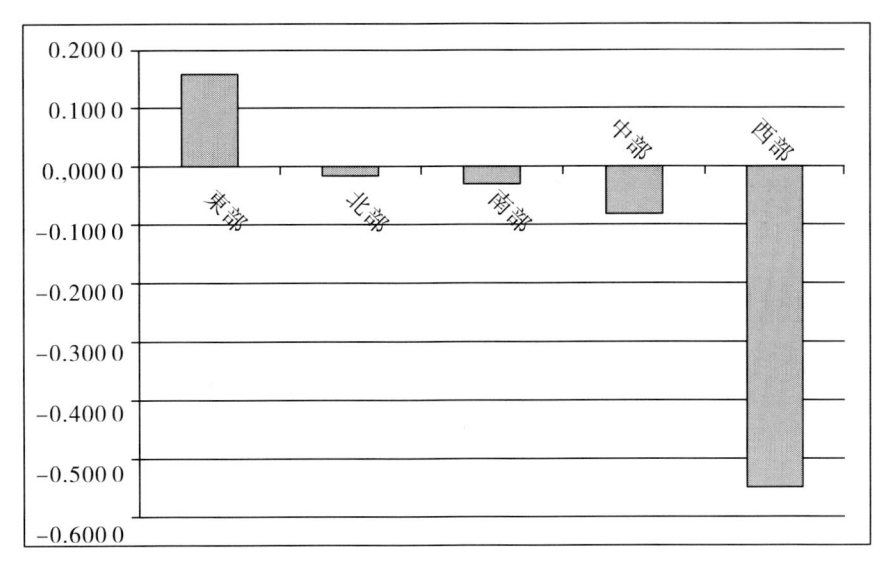

图 4-2（3） 基於地域分佈的社會資本綜合指數（SC）均值

4.4.3.3 地域分佈與社會資本指數差異性

根據中國五個地域分佈對上市公司社會資本指數進行方差分析（ANOVA）和非參數檢驗（Krusksal－Wallis H 檢驗和中位數檢驗）的統計分析結果如表 4－16 所示。

表 4-16（1） 基於五個地域分佈的社會資本指數差異的方差分析結果

年份	宏觀社會資本指數（RSC）		微觀社會資本指數（ESC）		社會資本綜合指數（SC）	
	卡方值	P值	卡方值	P值	卡方值	P值
2007	206.236（4）	0.000	24.622（4）	0.000	21.135（4）	0.000
2008	247.580（4）	0.000	23.253（4）	0.000	15.241（4）	0.004
2009	258.784（4）	0.000	39.636（4）	0.000	82.678（4）	0.000
2010	222.544（4）	0.000	22.357（4）	0.000	57.720（4）	0.000
2011	197.728（4）	0.000	39.531（4）	0.000	89.705（4）	0.000
2012	212.493（4）	0.000	69.827（4）	0.000	73.781（4）	0.000
2013	201.488（4）	0.000	38.878（4）	0.000	84.051（4）	0.000
2014	189.406（4）	0.000	60.333（4）	0.000	108.983（4）	0.000

表 4-16（2） 基於五個地域分佈的社會資本指數差異的 Krusksal-Wallis 檢驗結果

年份	宏觀社會資本指數（RSC） 卡方值	P 值	微觀社會資本指數（ESC） 卡方值	P 值	社會資本綜合指數（SC） 卡方值	P 值
2007	230.960（4）	0.000	72.408（4）	0.000	125.873（4）	0.000
2008	252.796（4）	0.000	56.307（4）	0.000	122.418（4）	0.000
2009	263.327（4）	0.000	72.262（4）	0.000	151.109（4）	0.000
2010	292.687（4）	0.000	60.648（4）	0.000	206.655（4）	0.000
2011	269.448（4）	0.000	62.682（4）	0.000	184.108（4）	0.000
2012	285.542（4）	0.000	108.164（4）	0.000	226.433（4）	0.000
2013	291.621（4）	0.000	67.445（4）	0.000	197.110（4）	0.000
2014	269.784（4）	0.000	87.685（4）	0.000	211.518（4）	0.000

表 4-16（3） 基於五個地域分佈的社會資本指數差異的中位數檢驗結果

年份	宏觀社會資本指數（RSC） 中位數	卡方值	P 值	微觀社會資本指數（ESC） 中位數	卡方值	P 值	社會資本綜合指數（SC） 中位數	卡方值	P 值
2007	-0.223,3	192.647（4）	0.000	-0.075,8	42.217（4）	0.000	-0.093,1	94.424（4）	0.000
2008	-0.157,4	192.647（4）	0.000	-0.138,6	31.853（4）	0.000	-0.146,3	97.684（4）	0.000
2009	-0.094,7	262.304（4）	0.000	-0.161,4	36.888（4）	0.000	-0.113,6	131.159（4）	0.000
2010	0.000,8	270.196（4）	0.000	-0.041,4	50.102（4）	0.000	-0.005,7	140.469（4）	0.000
2011	0.015,4	270.196（4）	0.000	-0.033,6	47.124（4）	0.000	0.015,5	134.049（4）	0.000
2012	0.192,8	206.099（4）	0.000	0.082,9	83.069（4）	0.000	0.171,0	157.692（4）	0.000
2013	0.216,4	206.099（4）	0.000	0.079,5	37.867（4）	0.000	0.184,7	141.271（4）	0.000
2014	0.242,6	229.783（4）	0.000	0.091,6	51.183（4）	0.000	0.200,7	151.246（4）	0.000

從表 4-16（1）的方差分析結果、表 4-16（2）的 Krusksal-Wallis H 檢驗結果和表 4-16（3）的中位數檢驗結果可見，2007-2014 年，宏觀社會資本指數、微觀社會資本指數以及社會資本綜合指數的卡方統計量均在 1% 的水平上顯著，表明中國北部、東部、中部、南部和西部地區的社會資本指數均值存在系統性差異。

中國 31 個省（自治區、直轄市）虛擬變量與宏觀社會資本指數（RSC）、微觀社會資本指數（ESC）、社會資本綜合指數（SC）的迴歸分析結果如表 4-17 所示。

表 4-17　31 個省（自治區、直轄市）社會資本指數的地區虛擬變量係數（2007-2014 年）

地區	宏觀社會資本指數（RSC）	微觀社會資本指數（ESC）	社會資本綜合指數（SC）
安徽	1.117,5（60.38）***	0.210,7（5.22）***	0.522,7（18.10）***
北京	1.116,4（63.15）***	0.683,0（17.70）***	0.850,1（30.82）***
福建	1.095,1（58.77）***	0.203,6（5.01）***	0.496,7（17.08）***
甘肅	0.784,0（34.16）***	0.124,4（2.48）**	0.349,5（9.76）***
廣東	1.797,5（102.40）***	0.242,7（6.33）***	0.759,8（27.74）***
廣西	0.914,9（46.33）***	0.068,7（1.59）	0.354,7（11.51）***
貴州	0.434,4（20.55）***	0.182,6（3.96）***	0.273,9（8.30）***
海南	-0.292,9（-13.55）***	0.071,2（1.51）	-0.051,5（-1.53）
河北	1.159,4（60.12）***	0.221,5（5.26）***	0.542,4（18.02）***
河南	1.262,3（66.93）***	0.179,4（4.36）***	0.543,0（18.45）***
黑龍江	0.771,1（38.66）***	0.214,3（4.92）***	0.393,2（12.63）***
湖北	1.341,5（73.89）***	0.254,8（6.43）***	0.617,5（21.80）***
湖南	1.234,6（65.46）***	0.206,2（5.01）***	0.535,4（18.21）***
吉林	0.582,8（30.75）***	0.160,6（3.88）***	0.305,7（10.34）***
江蘇	1.944,8（110.09）***	0.275,7（7.15）***	0.849,0（30.80）***
江西	0.878,8（44.06）***	0.225,0（5.17）***	0.423,3（13.60）***
遼寧	1.072,0（57.53）***	0.287,1（7.06）***	0.531,7（18.29）***
內蒙古	0.509,9（24.12）***	0.129,3（2.80）***	0.275,2（8.34）***
寧夏	—	—	—
青海	-0.215,0（-9.37）***	0.047,5（0.95）	-0.060,5（-1.69）*
山東	1.889,0（103.41）***	0.273,0（6.85）***	0.838,1（29.40）***
山西	0.816,8（42.06）***	0.159,5（3.75）***	0.376,5（12.42）***
陝西	0.794,5（41.20）***	0.255,7（6.08）***	0.450,7（14.98）***
上海	1.371,0（77.31）***	0.669,9（17.31）***	0.907,9（32.81）***
四川	1.617,0（87.87）***	0.186,4（4.64）***	0.685,3（23.87）***
天津	0.487,6（24.69）***	0.543,7（12.62）***	0.494,3（16.04）***
西藏	-2.313,4（-90.98）***	-0.018,4（-0.33）	-0.812,5（-20.48）***
新疆	0.240,2（12.54）***	0.208,2（4.98）***	0.210,0（7.02）***

續表4-17

地區	地區虛擬變量系數（T統計量）		
	宏觀社會資本指數（RSC）	微觀社會資本指數（ESC）	社會資本綜合指數（SC）
雲南	0.778,4（39.77）***	0.188,2（4.41）***	0.356,9（11.69）***
浙江	1.882,7（102.57）***	0.281,6（7.03）***	0.848,0（29.61）***
重慶	0.697,2（34.10）***	0.374,5（8.39）***	0.450,8（14.13）***
Adjusted R^2	0.970,2	0.430,3	0.742,1
總體F值	4,854.39（37）***	113.68（37）***	430.23（37）***
年度效應F值	2,067.81（7）***	131.43（7）***	427.28（7）***

註：***、**、*分別表示在1%、5%、10%水平上顯著。

從表4-17可見，調整後R^2統計量表明97.02%、43.03%和74.21%的宏觀社會資本指數、微觀社會資本指數和社會資本綜合指數變異能由地域分佈加以解釋。總體F值均在1%的水平上顯著，表明地區虛擬變量迴歸方程的整體擬合效果較好。

從宏觀社會資本指數（RSC）、微觀社會資本指數（ESC）以及社會資本綜合指數（SC）的地區虛擬變量系數來看，對於分佈於中國市場化程度較高的東部地區的上海市、江蘇省、浙江省、山東省，北部地區的北京市，以及南部地區的廣東省而言，上市公司社會資本的平均發展水平相對較好；而對於分佈於市場化程度較低的西部地區的西藏自治區、青海省等而言，上市公司社會資本的平均發展水平相對較差。

為了進一步檢驗市場化進程不同地區的社會資本指數均值是否存在系統性差異，我們根據樊綱等（2011）編制的地區市場化指數數據，將中國31個省（自治區、直轄市）劃分為市場化發展水平較高和市場化發展水平較低的兩組，運用方差分析、參數檢驗和非參數檢驗方法分析市場化進程如何影響社會資本的發展水平。市場化進程高低對上市公司社會資本指數影響的方差分析（ANOVA）、非參數檢驗（Krusksal-Wallis H檢驗和中位數檢驗）以及參數檢驗（T檢驗）的統計分析結果如表4-18所示。

表4-18 市場化進程高低與社會資本指數差異性的檢驗結果（2007-2014年）

Panel A：方差分析結果		
社會資本指數	卡方值	P值
RSC	349.363（1）	0.000
ESC	323.627（1）	0.000
SC	58.333（1）	0.000

續表4-18

社會資本指數	Panel B：非參數檢驗結果					
	Krusksal-Wallis 檢驗		中位數檢驗		
	卡方值	P值	中位數	卡方值	P值
RSC	2,070.208（1）	0.000	0.026,2	1.4×10^3（1）	0.00
ESC	753.016（1）	0.000	-0.023,0	516.186（1）	0.000
SC	2,230.148（1）	0.000	0.019,0	1.8×10^3（1）	0.000

社會資本指數	Panel C：參數檢驗（T檢驗）結果			
	市場化進程較高公司的均值（N=2760）	市場化進程較低公司的均值（N=2760）	均值差異	T統計量（P值）
RSC	0.354,0	-0.354,0	0.708,0	63.880 (0.000)
ESC	0.101,3	-0.101,3	0.202,6	26.444 (0.000)
SC	0.191,4	-0.191,4	0.382,8	61.213 (0.000)

註：RSC、ESC和SC分別表示宏觀社會資本指數、微觀社會資本和社會資本綜合指數。

從表4-18中Panel A的方差分析結果、Panel B的非參數檢驗結果以及panel C的參數檢驗結果可見，市場化進程較高地區的公司和市場化進程較低地區的公司的社會資本指數（包含宏觀社會資本指數、微觀社會資本和社會資本綜合指數）在1%的顯著性水平上存在系統性差異。

4.5 本章小結

本章對社會資本的內涵、度量以及指數特徵進行了深入系統的剖析，有助於進一步全面理解中國上市公司社會資本的定義內涵問題、度量指標體系的構建問題以及社會資本指數究竟具有何種特徵的問題。

第一，從西方社會資本理論的發展脈絡來看，西方社會資本理論先後經歷了20世紀初期的萌芽階段（「社會資本」概念的提出和創建階段）、20世紀70年代至80年代的成長階段（「社會資本」理論的形成和在各個研究領域的推廣階段）以及20世紀90年代至21世紀初期的繁榮階段（「社會資本」理論各種學派的爭論和分化階段）共三個時期。

第二，從社會資本的定義內涵來看，「宏觀社會資本」指的是由社會信任、社會

網路、社會規範、社會參與、價值感、道德責任感、團結協作態度等社會資源有機融合、共同作用形成的一種非正式社會制度環境;「微觀社會資本」指的是公司高管與其他經濟參與者之間通過禮尚往來、互惠互利,以及人情交往等隱性規則逐漸形成和發展、不斷得到增強和鞏固的一種非正式人際關係網路。

第三,從社會資本的度量方法來看,中國上市公司的社會資本度量指標體系由兩個層面7個指標12個變量構建而成,具體而言,包含宏觀層面的社會信任、社會規範、社會參與、社會組織共4個指標4個變量,以及微觀層面的政府關係網路(公司的政治關係背景、公司高管的政治關係背景)、銀行關係網路(公司高管的金融機構任職經歷、銀行貸款對於借款公司的重要性、銀行對於借款公司的控制力和影響力)、社會關係網路(公司高管與商業協會的非正式社會聯繫、公司高管與供應商顧客的非正式社會聯繫、公司高管與其他公司高管的非正式社會聯繫)共3個指標8個變量。同時,運用主成分因子分析法計算宏觀社會資本指數、微觀社會資本指數以及社會資本綜合指數。

第四,從社會資本的指數特徵來看,運用方差分析(ANOVA)、非參數檢驗(Krusksal－Wallis H檢驗和中位數檢驗)以及參數檢驗(T檢驗)等統計方法,基於宏觀經濟、行業類別、地域分佈三個方面分析中國上市公司的社會資本指數特徵。統計結果顯示,對於不同的宏觀經濟、不同的行業類別、不同的地域分佈以及不同的市場化發展水平,中國上市公司的社會資本指數均存在顯著的系統性差異。

中國上市公司的社會資本發展水平與中國融資制度背景之間具有密切的聯繫,例如,中國上市公司的國有產權屬性居主導地位,因而在政府干預程度較高的制度環境中,國有上市公司建立維持政治關係網路、銀行關係網路和社會關係網路的能力相對較強;中國上市公司的股權集中度較高,終極控股股東和外部投資者之間的代理衝突矛盾較嚴重,因而在公司治理機制較差的制度環境中,公司內部人和公司外部投資者之間的社會信任程度相對較低;契約的法律執行質量較低,對投資者權利的法律保護力度較弱,因而在這種發展水平較差的法律制度環境中,社區公民對社會規範的遵守程度相對較低,契約雙方之間的社會信任度也相對較低;中國資本市場的有效性程度和發展均衡度較低,經濟發展水平相對落後,因而在這種發展水平較低的經濟制度環境中,社會組織的發展規模相應較小,社區公民參與社會組織活動的積極性相對較差。

第 5 章　終極所有權結構、社會資本與銀行貸款契約的理論分析

　　Jensen 和 Meckling（1976），Myers（1977），Smith 和 Warner（1979）發展建立了「契約代理理論」（Agency Theory of Covenants，簡稱 ATC）的理論框架，闡述了債務契約條款的基本原理：公司內部治理機制的設計在很大程度上就是為了最大限度地保護內部股東的利益，內部股東關注的是股權投資的升值潛能，而外部債權人關注的則是債權投資的下跌風險，內部股東和外部債權人關注焦點的分歧導致二者之間將產生嚴重的利益衝突，追求股東價值最大化的公司管理層將以股東利益為重採取侵占債權人利益和損害公司價值的各種機會主義行為（包括未授權利益分配、稀釋債權人權益、資產替代、投資不足、投資過度等）。契約代理理論表明，緩解代理衝突矛盾、降低信息不對稱程度的方式之一就是通過簽訂和設計債務契約條款來約束抑制控製股東和管理者的「壕溝」行為，明確規定債務人可以採取哪些行為，禁止採取哪些行為；同時這些條款也為保障債權人利益提供擔保，即一旦債務發行，債務人不會侵占剝奪債權人的合法權益，這將有助於使內部股東利益和外部債權人利益趨於一致。由於債務代理成本和公司財務健康狀況負相關，ATC 理論的重要貢獻在於揭示了公司財務健康狀況和在債務契約中列入限制性條款之間的負相關關係，即公司的財務健康狀況越差，債務違約風險越高，債務契約條款的限制性和緊縮性程度將變得越高。Strahan（1999）建立的「契約結構理論」認為：債務人採取資產替代、轉移定價、過度投資等道德風險行為損害債權人利益的動機和能力越強，信用質量越差，債務違約風險越高；針對這類違約風險較高的債務人，債權人通過設計合理有效的銀行貸款契約結構（即價格型和非價格型契約條款的相互作用和協同補充）將有助於降低代理風險和信息風險、增強對債務人行為的監督能力、抑制貸款前的逆向選擇問題和貸款後的道德風險問題。結合 Jensen 和 Meckling（1976），Myers（1977），Smith 和 Warner（1979）的「契約代理理論」、Strahan（1999）的「契約結構理論」以及先前第 2 章中有關銀行貸款契約研究綜述部分可以看出，銀行貸款契約結構的設計和安排主要取決於債務人違約風險的高低，債務人違約風險的高低則主要由其用於履行債務契約的未來現金流量的充足程度（財務健康狀況）所決定，而對債務人未來現金流量的充足性進行評估時需要考慮兩個重要因素：一是

代理風險，二是信息風險。若債務人的代理風險和信息風險較高，銀行貸款契約結構的設計和安排將更加趨向於緊縮型。終極所有權結構和社會資本正是通過影響代理風險和信息風險進而對銀行貸款契約的設計和安排產生一定程度的影響作用。

一方面，從終極所有權結構的研究視角來看，當終極控製股東手中掌握的控製權較強、現金流量權較少、控製權和現金流量權的分離度較大、金字塔控製層級較多、終極控製股東類型為家族時，終極控製股東的利益侵占動機會更強烈、「壕溝效應」越顯著、利益攫取等機會主義行為越嚴重，導致內部控製股東和外部債權投資者之間產生越嚴重的代理衝突矛盾；同時，為了掩飾公司真實的淨資產價值，並向外部債權投資者掩飾其掠奪行為，終極控製股東具有操縱會計信息的動機，導致內部控製股東和外部債權投資者之間產生嚴重的信息不對稱問題。較高的代理風險和信息風險將降低債務人的信用質量或履行債務契約的能力，因而銀行貸款契約的設計和安排將趨向於緊縮型（提高貸款利率、降低貸款額度、縮短貸款期限、增大契約條款的限制性程度等）。

另一方面，從社會資本的研究視角來看，在社會資本發展水平較高的社會環境中，社會信任度較高、社會規範較嚴謹、社會網路密度較發達，高水平的社會資本有利於促進金融交易活動的發展水平。金融交易是鑲嵌於社會網路之中的，債權人和債務人之間通過反覆持續的金融交易聯繫不僅能提高雙方的相互信任水平，而且能擴大信息的傳播範圍、提高信息的傳播效率、降低雙方之間的信息不對稱程度，同時頻繁的金融交易活動能抑制債務人的機會主義行為，由此看來，高水平的社會資本能提高金融交易的活動效率和信貸市場的發展水平。由於社會資本有助於降低債權人面臨的代理風險和信息風險，因而銀行貸款契約的設計和安排將趨向於寬鬆型（降低貸款利率、提高貸款額度、延長貸款期限、減小契約條款的限制性程度等）。

此外，在契約的法律執行質量較差、對投資者權利的法律保護力度較弱的法律制度環境中，社會資本作為法律制度的替代品，將替代法律執行和法律保護的部分功能，發揮緩解內部股東和外部投資者之間代理衝突矛盾、降低信息不對稱程度的作用。由於高水平的社會資本通過迫使終極控製股東為其「隧道」行為承擔較高的成本和較大的風險，有助於抑制終極控製股東的掠奪動機和機會主義行為，因而終極所有權結構和銀行貸款契約之間的關係將有賴於社會資本的發展水平。

本章從理論上推演終極所有權結構（控製權、現金流量權、兩權分離度、金字塔控製層級、終極控製股東類型）、社會資本（宏觀社會資本、微觀社會資本、總社會資本）如何影響銀行貸款契約（貸款利率、貸款金額、貸款期限、貸款擔保），以及終極所有權結構和銀行貸款契約之間的關係如何受社會資本發展水平的影響，從而有助於更好地理解在中國融資制度背景之下，公司治理結構和社會制度環境在銀行貸款契約條款的設計和安排過程中所承擔的重要角色。

5.1　終極所有權結構對銀行貸款契約的影響

本節以終極控製股東和外部債權投資者之間的代理衝突矛盾和信息不對稱為切入點，理論推演終極所有權結構的五個代理變量，即控製權、現金流量權、兩權分離度、金字塔股權結構、終極控製股東類型如何影響銀行貸款契約，並提出相關研究假設。

5.1.1　控製權與銀行貸款契約

終極控製股東的控製權越強，代理風險和信息風險越高。一方面，終極控製股東的控製權越強，內部控製股東和外部投資者之間的代理衝突矛盾越嚴重，代理風險越高，導致銀行貸款契約結構的設計和安排越趨向於緊縮型。手中掌握著超強控製權的終極控製股東通常不以追求公司價值最大化為經營目標，而是通過「挖隧道」(Johnson等（2000）將「挖隧道」定義為終極控製股東為了攫取控製權私利而採取的諸如轉移公司資產、掏空公司利潤、把公司資金投入到能產生私有利益的非盈利項目上等機會主義行為）以犧牲外部債權投資者利益為代價獲取控製權私利，導致內部控製股東和外部債權投資者之間產生嚴重的代理衝突矛盾。控製權越強，終極控製股東的風險轉移動機越強，因為終極控製股東為了獲取一己私利可能利用其有效控製權轉移風險投資項目成功的上漲收益，而將風險投資項目失敗的下跌成本轉嫁給債權投資者。這種隱蔽的「挖隧道」行為使內部控製股東和外部債權投資者之間的利益衝突變得更加惡化，導致債權人面臨更嚴重的代理風險，最終債權人不得不提高銀行貸款契約價格型和非價格型條款的限制性程度。Inderst和Muller（1999）研究表明，股權集中度越高，由資產替代、投資過度或投資不足所導致的債務代理成本問題越嚴重，意味著終極控製股東控製權越強的公司的債務代理成本越高。Shleifer和Vishny（1997）研究認為，掌握超強控製權的終極控製股東以犧牲外部投資者利益為代價獲取控製權私利，尤其是對於外部債權投資者，終極控製股東的利益侵占行為將變得更加嚴重。Johnson等（2000）和Claessens等（2002）研究表明，終極控製股東的控製權越強，「隧道」動機越強烈，對外部投資者利益的掠奪程度越嚴重，這不僅將提高公司的破產風險，而且將為供應商、顧客以及公司未來的成長機會帶來潛在的損失。Friedman等（2003）研究發現，終極控製股東利用超強控製權通過「隧道」產生對公司資產的「掏空」行為和對外部債權投資者利益的「洗劫」行為，導致債權投資者在債務公司宣布破產倒閉時的債務回收率幾乎為零。Cheung等（2006）研究發現，終極控製股東的控製權越強，通過關聯交易渠道（例如，公司向大控製股東出售資產和股份，向董事會成員支付現金等）侵占外部投資者利益

的程度越嚴重，公司的信息披露程度越差，基於對進行關聯交易公司的終極控製股東侵占行為的預期，外部資本市場將下調對公司淨資產價值的評估。Cremers 等（2007）研究發現，終極控製股東的控製權越強，內部股東和外部投資者之間的利益衝突越嚴重，公司的信用風險越高，公司債券收益率越高，公司債券評級越低。此外，在終極控製股東控製權較強的情況下，與沒有簽訂債券契約保護條款的公司債券相比，簽訂債券契約保護條款的公司債券的收益率顯著更低，這意味著債券契約條款的簽訂有助於降低股東和債券投資者之間的利益衝突。Lin 等（2011a）研究發現，超強控製權有助於終極控製股東產生「挖隧道」行為和其他道德風險行為，這些機會主義行為將增加銀行等債權人所面臨的監督成本和信用風險，最終將提高控製權集中的債務公司的債務融資成本。因為利益侵占行為可能損害公司可抵押資產價值，一旦債務公司發生債務違約行為，將進一步降低債權人的債務回收率，因此債權人將向控製權集中的債務公司索取較高的貸款成本。從上述理論分析和研究結論可以看出，只要終極控製股東的手中掌握著超強的控製權，那麼終極控製股東必然會為了獲取控製權私利而產生強烈的利益侵占動機並發生嚴重的「挖隧道」等機會主義行為，代理風險增大所導致的結果通常是諸如，較高的債務代理成本（Inderst & Muller，1999）、較高的破產成本（Johnson et al.，2000；Claessens et al.，2002）、較低的債務回收率（Friedman et al.，2003）、公司淨資產價值的下跌（Cheung et al.，2006）、債務融資成本的增加和信用風險的提高（Cremers et al.，2007；Lin et al.，2011a）等。因此，債權人向這類代理風險較高的債務公司發放貸款時將相應地設計和安排緊縮度較高的銀行貸款契約，比如提高貸款利率、縮短貸款期限、增加條款的限制性程度等。

　　另一方面，終極控製股東的控製權越強，內部控製股東和外部投資者之間的信息不對稱程度越嚴重，信息風險越大，導致銀行貸款契約結構將趨向於緊縮型。終極控製股東的控製權越強，通過「隧道」轉移公司資產、掏空公司價值的動機和能力越強，為了掩飾公司真實績效、向外部投資者隱瞞其對控製權私利的攫取行為，終極控製股東將對會計信息產生強烈的操縱動機。這意味著，在公司治理水平較差、控製權私利較高、攫取控製權私利行為被察覺的可能性較低的情況下，終極控製股東產生與「隧道」有關的盈餘管理動機和會計信息操縱行為是固有的、內在的、必然的。終極控製股東掌握的超強控製權對公司財務報告質量和會計信息透明度具有顯著的負面影響作用。在保持控製權結構恆定不變的情況下，公司信息的不透明度越高，終極控製股東為了獲取控製權私利轉移公司資源以及產生其他道德風險行為的邊際成本可能越低（Lin et al.，2011a），其結果是債務公司的信息不透明度可能提高外部債權投資者對內部股東侵占行為發生概率和侵占嚴重程度的預期，因而最終債權人將提高銀行貸款契約條款的緊縮程度。Fan 和 Wong（2002）研究發現，終極控製股東掌握的控製權越強，對外部投資者利益造成的侵占威脅程度越高，與股票

回報率有關的盈餘信息質量越差。由於終極控製股東為了達到侵占或隱瞞侵占行為的目的而可能對會計盈餘信息進行操縱，因此外部投資者對股權集中公司會計報告信息質量的信任度較低。Liu和Lu（2004）研究發現，終極控製股東和高管擁有的控製權越強，其「隧道」動機越強烈，公司治理水平越差，盈餘管理程度越嚴重，意味著終極控製股東和外部債權投資者之間的代理衝突矛盾是終極控製股東操縱會計信息的重要誘因。從上述理論分析和研究結論可知，終極控製股東的控製權越強，操縱會計信息的動機和能力越強，信息不對稱程度越高，外部債權投資者對內部控製股東產生侵占動機和隧道行為的預期越高。因此，銀行等債權人向這類信息風險較高的債務公司發放貸款時將相應地設計和安排緊縮度較高的銀行貸款契約。

根據前述第3章有關中國融資制度背景的分析結論可知，中國上市公司股權集中度較高，終極所有權結構較為普遍，終極控製股東利用金字塔股權結構實現控製權和現金流量權的分離，且分離程度通常較高，與外部小投資者和機構投資者相比，終極控製股東通常掌握著較強控製權。La Porta等（1998，2000，2002），Dyck和Zingales（2004），Cheung等（2006）等研究發現，法律制度環境在抑制終極控製股東對控製權私利的攫取動機方面扮演著至關重要的角色。具體表現為，對外部投資者利益的法律保護力度越高、契約的法律執行程度越高，終極控製股東通過「隧道」對控製權私利的攫取程度越低。由於中國缺乏健全的法律保護機制、法律執行制度和信息披露制度，這種較差的法律制度環境將進一步加劇擁有超強控製權的終極控製股東的利益侵占動機和會計信息操縱動機，導致終極控製股東和外部投資者之間的代理衝突矛盾和信息不對稱問題更加嚴重。

綜上所述，終極控製股東的控製權越強，通過「隧道」掠奪外部投資者利益的動機和能力越強，利益侵占行為越嚴重，終極控製股東和外部債權投資者之間的代理衝突矛盾越激烈、信息不對稱問題越嚴重，這不僅侵害公司的成長機會、經營業績和財務健康狀況，而且降低公司的信用質量並提高違約風險。根據「契約代理理論」和「契約結構理論」可知，銀行等債權人進行信貸決策時必將借助價格型條款和非價格型條款的聯合作用以抑制控製權較強公司的利益侵占動機、補償高違約風險所導致的潛在損失、增強對終極控製股東機會主義行為的監管。據此，本書提出第一個研究假設。

研究假設 H1：終極控製股東的控製權越強，銀行貸款契約的緊縮性程度越高（貸款利率越高、貸款額度越小、貸款期限越短、貸款擔保要求越高）。控製權對銀行貸款契約的設計和安排具有負面的影響。

5.1.2 現金流量權與銀行貸款契約

終極控製股東的現金流量權越多，代理風險和信息風險越低。一方面，終極控製股東的現金流量權越多，內部控製股東和外部投資者之間的代理衝突矛盾越緩和，

代理風險越低，因而銀行貸款契約結構的設計和安排將趨向於寬鬆型。當所有權增加導致利益趨同的局面出現時，代理成本將所有下降（Jensen&Meckling，1976），這不僅意味著終極控製股東持有的現金流量權水平越高，代理成本的下降程度越大，而且還暗示了終極控製股東的任何行為都將以追求公司價值最大化為經營目標。終極控製股東的現金流量權越多，追求公司價值最大化的動機越強，因為通過採取投資淨現值為正的項目等能夠提高公司資產價值的經營策略將有助於其個人財富的增加和累積；而通過攫取控製權私利損害公司價值的動機則相應越弱，因為侵占行為將有損於其個人財富的增加和累積。因此，終極控製股東的現金流量權對公司價值具有正面的「激勵效應」。終極控製股東私人利益和公司集體利益結成的利益聯盟有助於加強監管、實施有利於公司價值最大化的行為，換言之，現金流量權能夠抵消或遏制內部控製股東和外部投資者之間的利益衝突（Denis&McConnell，2003；Hughes&Ozkan，2014）。Jensen和Meckling（1976）研究發現，現金流量權水平的提高有助於抑制公司內部股東的掠奪動機。Shleifer和Vishny（1997）研究認為，終極控製股東持有的現金流量權越少，追求風險的動機越強烈，因為他們為了獲取控製權私利而侵占外部投資者利益，卻將利益侵占成本轉移給外部債權投資者。這種利益侵占行為導致內部控製股東和外部債權投資者之間產生激烈的代理衝突矛盾，最終將提高公司的債務融資成本。Fan和Wong（2002）研究發現，緩解控製權和現金流量權相分離導致的負面「壕溝效應」的方式之一就是增加終極控製股東的現金流量權水平。因為一旦現金流量權水平有所增加，就必定會提高終極控製股東為攫取控製權私利而轉移資源或操縱信息的行為成本。Claessens等（2002）和La Porta等（2002）研究證明，終極控製股東的現金流量權水平越高，公司價值越高，現金流量權對終極控製股東具有正面的「激勵效應」，意味著終極控製股東持有的現金流量權所發揮的「激勵效應」能夠向外部債權投資者傳遞出有關公司代理風險較低、淨資產價值較高、信用質量較好的積極信號。Bebchuk等（2000），Claessens等（2000，2002）和Lemmon和Lins（2003）研究發現，隨著終極控製股東持有的現金流量權不斷減少，股權結構集中公司面臨的債務代理成本和信息不對稱程度將迅速上升，此外，較多的現金流量權對由於控製權超過現金流量權所導致的負面「壕溝效應」具有一定程度的抑製作用。Aslan和Kumar（2009）研究表明，終極控製股東的現金流量權越多，債務代理成本越低，銀團貸款價格越低、貸款規模越大、貸款期限越長，意味著銀行等外部債權投資者將內部控製股東持有的現金流量權比例視為考量債務公司代理風險高低的重要因素。Hughes和Ozkan（2014）研究發現，終極控製股東的現金流量權越多，終極控製股東將私人利益與公司集體利益結成聯盟的可能性越大，對控製股東侵占動機的抑製作用越強，當公司陷入財務困境時發生破產倒閉的可能性顯著越低，這意味著終極控製股東的現金流量權越多，公司價值越高，由侵占外部投資者利益、掏空公司資源等導致的代理風險越低（Claessens etal.，2002；Denis&McConnell，2003；Lemmon&Lins，2003；Lins，2003）。從上述理論分析和研究結論可知，終極控製股東持有的現金流量權水平越高，內部控製股東和外部投資者之間越容易結成穩固的利益聯盟陣營，現金流量權產生的正面「激勵效應」有助於降低侵占風險、抑制負面「壕溝效應」、緩解內部控製股東和外部投資者之間的代理衝突矛盾，隨著代理風險的不斷下降，公司價值隨之提高（Claessens etal.，2002；La Porta etal.，2002）；債務融資成本（Shleifer&Vishny，1997）、銀團貸款價格（Aslan&Kumar，2009）、債務代理成本（Bebchuk etal.，2000；Claessens etal.，2002；Lemmon&Lins，2003；Aslan&Kumar，2009）隨之降低；銀團貸款規模和貸款期限分別隨之增大和延長（Aslan&Kumar，2009）。鑒於高水平的現金流量權所傳遞出的這些積極信號，銀行等債權人向這類代理風險較低的債務公司發放貸款時將相應地設計和安排寬鬆度較高的銀行貸款契約。

另一方面，終極控製股東的現金流量權越多，內部控製股東和外部投資者之間的信息不對稱程度越低，信息風險越小，因而銀行貸款契約結構將趨向於寬鬆型。由於現金流量權具有正面的「激勵效應」，現金流量權水平越高，越有助於抑制終極控製股東對外部投資者利益的侵占行為，而終極控製股東之所以產生侵占行為是為了攫取控製權私利，控製權私利的利潤水平越高，他們操縱會計盈餘信息的動機越強烈。因此，現金流量權水平越高，對終極控製股東盈餘管理行為的約束作用越強。Jung 和 Kwon（2002）研究發現，隨著終極控製股東持有的現金流量權水平的不斷增加，盈餘信息質量越來越好，因為較高水平的現金流量權有助於使內部終極控製股東和外部投資者之間結成利益聯盟。Sanjaya（2011）研究發現，控製股東持有的現金流量權水平對盈餘管理和會計信息操縱具有抑製作用。Malan 等（2012）研究發現，終極控製股東持有的現金流量權水平越高，越有助於提高金字塔股權結構公司盈餘信息的價值相關性。由於現金流量權水平的提高有助於緩解內部控製股東和外部投資者之間的代理衝突，因而高水平的現金流量權能抑制終極控製股東操縱盈餘信息的動機、機會和能力。從上述理論分析和研究結論可知，終極控製股東持有的現金流量權水平越高，對終極控製股東利益侵占行為和盈餘管理動機的約束作用越強，終極控製股東和外部債權投資者的利益越趨於一致、信息不對稱程度越低，外部債權投資者基於對現金流量權正面「激勵效應」的預期。因此，銀行等債權人向這類信息風險較低的債務公司發放貸款時將相應地設計和安排寬鬆度較高的銀行貸款契約。

綜上所述，終極控製股東持有的現金流量權水平越高，對公司價值的正面「激勵效應」越強，終極控製股東和外部債權投資者之間的利益聯盟關係越堅固，越有助於降低侵占風險、抑制信息操縱動機、緩解終極控製股東和外部債權投資者之間的代理衝突矛盾和信息不對稱問題。現金流量權水平越高，公司價值越大，會計信息質量和財務健康狀況越好，代理風險和信息風險越低，根據「契約代理理論」和

「契約結構理論」可知，銀行等債權人願意為現金流量權水平較高、信用質量較好、違約風險較低的債務公司提供條款優惠程度較大的銀行貸款。據此，本書提出第二個研究假設。

研究假設 H2：終極控製股東的現金流量權越多，銀行貸款契約的寬鬆性程度越高（貸款利率越低、貸款額度越大、貸款期限越長、貸款擔保要求越低）。現金流量權對銀行貸款契約的設計和安排具有正面的影響。

5.1.3 控製權和現金流量權的分離度與銀行貸款契約

終極控製股東控製權和現金流量權的分離度越大，代理風險和信息風險越高。一方面，兩權分離度越高，內部控製股東和外部投資者之間的代理衝突矛盾越激烈，代理風險越高，因而銀行貸款契約結構的設計和安排將越趨向於緊縮型。終極控製股東通過金字塔股權結構、多重控製鏈和二元持股結構實現控製權和現金流量權的分離（Claessens etal.，2000，2002；Laeven&Levine，2008），兩權分離度反映了終極控製股東和外部投資者之間代理衝突矛盾的嚴重程度（Claessens etal.，2000；Faccio&Lang，2002）。較高的兩權分離度為內部控製股東侵占外部投資者利益提供了動機和機會，因為當終極控製股東利用「隧道」侵占外部債權投資者利益時，他們能夠攫取全部的侵占收益，卻讓債權投資者承擔大部分侵占成本（Jensen&Meckling，1976），這意味著當控製權和現金流量權出現分離時將產生嚴重的負面「壕溝效應」。因此，控製權和現金流量權的分離度越大，終極控製股東和外部投資者之間的代理衝突問題越激烈，終極控製股東對外部投資者利益的侵占程度越高（Bebchuk etal.，2000）。Claessens etal.（2002）和 Lins（2003）研究認為，控製權和現金流量權的分離度越大，公司股權價值顯著越低。由於控製權和現金流量權相分離而導致的負面「壕溝效應」將誘使終極控製股東產生風險性投資的動機以追求個人利益，例如「營建帝國大廈」（Jensen，1986），通過「隧道」轉移公司資源（Johnson etal.，2000）等，因此將增加公司的債務違約風險。Boubaker（2005）研究認為，終極控製股東掌握著超強控製權的同時卻僅持有比例相對嚴重失調的極小部分的現金流量權，導致終極控製股東和外部投資者的利益目標發生較大的偏離。它意味著兩權分離度越高，利益侵占行為發生的可能性越大，公司的債務融資能力將面臨越嚴重的障礙和約束。Aslan 和 Kumar（2009）研究表明，終極控製股東控製權和現金流量權的分離度越大，債務代理成本越高，因此銀團貸款價格越高、銀團貸款期限越短、銀團貸款債權人數量越多。意味著較高的兩權分離度與較大的債務違約風險有關。Boubakri 和 Ghouma（2010）研究發現，終極控製股東控製權和現金流量權的分離度對公司債券利率具有顯著的正面影響，而對公司債券評級具有顯著的負面影響。因為兩權分離度越高，侵占風險越大，基於對終極控製股東利益侵占行為的預期，債權投資者將索取較高的溢價以補償由於高違約風險帶來的損失。Lin

等（2011a）研究表明，兩權分離度越高，終極控製股東採取「挖隧道」行為和其他道德風險行為的動機越強，債權人面臨的信用風險和監督成本越高，公司債務資本成本越大。如果能抑制終極控製股東的「隧道」動機或降低債權人面臨的信用風險和監督成本，那麼兩權分離度對銀行貸款利率的負面影響將得到緩解。Lin等（2012）研究表明，終極控製股東的兩權分離度越大，銀團貸款中牽頭銀行承擔的監督成本越高，銀團貸款結構中債權銀行的類型越趨於單一化（多由與債務公司地理距離較近的國內銀行組成）。因為債權人和債務人之間的地理距離越遠，債權人面臨的貸款前的篩選成本和貸款後的監督成本越高，債務代理成本相應越高。它意味著兩權分離度越高，終極控製股東的侵占動機越強，債權人面臨的信用風險和違約風險越高。Lin等（2013）研究表明，終極控製股東的兩權分離度對公司銀行貸款融資能力以及債務結構的其他方面（債務期限和債務擔保要求等）具有顯著的負面影響。Lin等（2014）研究認為，兩權分離度越大，公司治理水平越差，代理風險和信息風險越高，因此銀行貸款利率越高、貸款規模越小、貸款期限越短。從上述理論分析和研究結論可知，超強控製權使得終極控製股東通過進行各種類型的內部交易活動轉移公司資源達到攫取控製權私利的目的，同時較少的現金流量權使得終極控製股東只需為這些掠奪行為承擔極其有限的經濟成本（Shleifer & Vishny，1997；Johnson et al.，2000）。其結果是，控製權和現金流量權的分離度越大，終極控製股東的「隧道」動機越強烈，利益侵占程度越嚴重，代理衝突矛盾越激烈，這將增大財務困境風險和違約風險、損害可抵押資產價值並提高預期破產成本。考慮到兩權分離度較高公司的代理成本和代理風險相對較高，銀行等債權投資者通過提高貸款價格、增加非價格型貸款條款的緊縮性程度。

另一方面，兩權分離度越高，內部控製股東和外部投資者之間的信息不對稱程度越大，信息風險越高，因而銀行貸款契約結構的設計和安排將越趨向於緊縮型。控製權和現金流量權的分離有利於終極控製股東憑藉超強的控製權和少量的現金流量權達到侵占外部投資者利益而無須承擔全部侵占成本的目的，兩權相分離將降低內部控製股東和外部投資者之間的利益聯盟程度。由此外部投資者預期終極控製股東很可能對公司的會計信息進行操縱，並且所報告的會計信息並非為了呈現公司真實的財務狀況，而很可能是為了達到隱瞞他們獲取控製權私利的目的。基於對兩權分離度所導致的負面「壕溝效應」的預期，外部投資者對公司報告的盈餘信息的信任度較低（盈餘信息的價值相關性較低），因此終極控製股東和外部投資者之間產生嚴重的信息不對稱問題。Haw等（2004）研究發現，終極控製股東的兩權分離度與盈餘管理程度顯著正相關，因為較高的兩權分離度將降低外部投資者對盈餘報告質量價值相關性的評估水平（Fang & Wong，2002）。Lee（2007）研究發現，控製權和現金流量權的分離度與會計信息的自願披露程度顯著負相關，因為兩權分離度越高，終極控製股東的利益侵占動機越強，為了更好地遮掩這種利益侵占行為，終極控製

股東必然降低公司會計信息的自願性披露水平，從而導致信息不對稱程度的提高。Lin等（2011a）研究發現，債務公司的信息不對稱程度越高，控製權和現金流量權的分離度對銀行貸款成本的負面影響越顯著。Sanjaya（2011）研究發現，兩權分離度越高，終極控製股東為了掩飾掠奪行為而操縱會計盈餘的動機越強，導致信息不對稱程度越高。從上述理論分析和研究結論可知，控製權和現金流量權的分離度越大，終極控製股東採取轉移資源、侵占利益等內部交易行為的動機越強。這些隱蔽的內部交易行為一旦被察覺，可能招致小股東、分析師、證券交易所以及金融監管機構等的外部干預和調查，出於對躲避外部監督、潛在的法律訴訟成本以及與之相關的聲譽損失的需求，終極控製股東越有可能通過扭曲公司真實業績等操縱會計信息的方式遮掩對外部投資者利益的侵占行為和不以公司價值最大化為目標的經營決策。因此，兩權分離度越高，終極控製股東和外部投資者之間的信息不對稱程度越高，銀行等債權投資者向這類信息風險較高的債務公司提供貸款時可能傾向於使用緊縮性程度較高的銀行貸款契約。

根據前述第3章有關中國融資制度背景的分析結論可知，中國上市公司的終極所有權結構現象較為普遍，終極控製股東通過金字塔股權結構等方式達到控製權和現金流量權相分離的目的，並且兩權分離通常較高，兩權分離導致的負面「壕溝效應」和侵占風險也隨之增加。而一個國家良好的法律制度環境卻能對終極控製股東潛在的機會主義行為造成一定程度的影響，例如，Lin等（2013）研究認為，較強的投資者權利法律保護制度能顯著地減弱由於控製權和現金流量權的分離所導致的侵占風險和「隧道」動機，進而削弱兩權分離度對銀行貸款融資的負面影響。這一研究結論強調了法律制度環境約束終極控製股東的「隧道」動機、緩解道德風險問題、減輕對公司會計信息的扭曲和操縱方面所發揮的重要作用。然而，對於中國這樣的新興市場國家，不僅缺乏強健的法律保護機制和法律執行制度，而且缺乏有效的信息披露制度，這種較差的法律制度環境不僅不利於抑制和緩解，而且還可能進一步加劇兩權分離度較高的終極控製股東的利益侵占動機和會計信息操縱動機，導致終極控製股東和外部投資者之間產生更加激烈的代理衝突矛盾和嚴重的信息不對稱問題。

綜上所述，當控製權和現金流量權之間的分離程度較高時，終極控製股東利用超強控製權所獲取的私人利益將超過利益侵占行為所導致的掠奪成本，因而終極控製股東通過「隧道」攫取控製權私利的動機越強，追求公司價值最大化的動機越弱，導致侵占風險越高，代理風險和違約風險越大。此外，兩權分離度越高，終極控製股東操縱會計信息的動機越強，信息風險越高，較高的信息風險進一步加劇了違約風險。較高的兩權分離度導致終極控製股東和外部債權投資者之間產生嚴重的代理衝突矛盾和信息不對稱問題，不僅損害債務公司的資產價值、財務健康狀況和信譽質量，而且增大債務公司的違約風險。從債權人的視角來看，通過「挖隧道」侵占

外部投資者利益、通過操縱會計信息逃避侵占成本等目光短淺、自私自利的機會主義行為不僅使債權投資者的合法利益遭受掠奪和侵占，而且增加了對終極控制股東侵占行為進行監督和約束的難度和成本。根據「契約代理理論」和「契約結構理論」可知，銀行等債權人向代理風險和信息風險較嚴重的債務公司發放貸款時更有可能使用更高的貸款價格和更嚴厲的非價格型條款，以補償由於控制權和現金流量權的分離導致的較高的違約風險。據此，本書提出第三個研究假設。

研究假設 H3：終極控制股東的控制權和現金流量權的分離度越高，銀行貸款契約的緊縮性程度越高（貸款利率越高、貸款額度越小、貸款期限越短、貸款擔保要求越高）。兩權分離度對銀行貸款契約的設計和安排具有負面的影響。

5.1.4 金字塔結構與銀行貸款契約

金字塔股權結構中的控制層級越多、控制鏈條越長，債權人面臨的代理風險和信息風險越高。一方面，金字塔控制層級越多，內部控制股東和外部投資者之間的代理衝突矛盾越激烈，代理風險越高，因而銀行貸款契約結構的設計和安排將越趨向於緊縮型。複雜的金字塔結構不僅有利於金字塔頂層的終極控制股東憑藉相對少量的現金流量權而獲取對金字塔底層子公司的有效控製權，使控製權和現金流量權產生根本性的分離，而且能為終極控制股東提供內部融資市場和「隧道」資產（Deng，2008）。金字塔結構中的關聯公司（附屬公司）相互之間通過使用內部資金達到「交叉補貼」（相互融通）（Fan 等，2005）的目的，以降低對外部資金的依賴性。終極控制股東往往以犧牲外部投資者利益為代價，通過「隧道」將公司資源轉移至能為他們獲取控製權私利的項目上去，一般而言，在複雜的金字塔股權結構中，眾多的關聯附屬公司之間具有直接或間接的錯綜複雜的關係，這些複雜關係為終極控製股東轉移資源、侵占利益提供更大程度的便利。因此，金字塔控制層級越多，控製權和現金流量權之間的分離程度越高，終極控制股東的「隧道」動機越強，導致侵占風險越高、代理成本越大。Wolfenzon（1999）研究發現，與橫向的水平結構相比，在縱向的金字塔股權結構中，終極控制股東對外部投資者利益的侵占程度相對更高。Claessens 等（2002）和 La Porta 等（2002）研究發現，不僅通過內部融資市場產生的各種關聯交易導致嚴重的代理問題，而且與內部融資市場有關的複雜的金字塔股權結構還將導致嚴重的侵占行為和「壕溝效應」，這種負面的「壕溝效應」將直接反映在外部投資者的定價決策之中。Friedman 等（2003）研究發現，在金字塔股權結構中，終極控制股東的「隧道」動機相對較強，因為終極控制股東轉移公司資源的成本相對最低。Fan 等（2005）研究表明，金字塔控制層級越多，控製權和現金流量權之間的分離程度越高，終極控制股東對外部投資者利益的掠奪行為越嚴重，代理衝突矛盾越激烈，公司價值和公司未來的成長機會受侵害的程度越高。Almeida 和 Wolfenzon（2006）研究表明，金字塔控制層級越多，終極控制股東對外

部投資者利益的侵占程度越嚴重，負面「壕溝效應」越顯著，公司價值和未來成長機會受侵害的程度越高。Deng（2008）研究表明，控制權和現金流量權之間的分離程度越高，由金字塔結構導致的終極控制股東和外部投資者之間的代理衝突矛盾越嚴重。Paligorova 和 Xu（2012）研究發現，與債權人權利保護較弱的國家相比，對於債權人權利保護較強的國家，具有金字塔結構的公司的負債水平顯著較低。此外，金字塔股權結構將導致嚴重的信息不對稱問題。Chan 等（2013）研究表明，金字塔控制層級越多，公司債務融資成本顯著越高，金字塔股權結構導致內部控制股東和外部債權投資者之間產生較高的債務代理成本和嚴重的信息不對稱問題。金字塔控制層級越多，控制權和現金流量權之間的不對稱性越高，因此金字塔股權結構為終極控制股東通過資源轉移方式侵占外部債權人財富提供了一個較為便利的渠道（例如，頂層母公司利用金字塔結構中某家子公司資產作為債務融資擔保，將所融資金轉移至其他的子公司）。從上述理論分析和研究結論可知，金字塔結構導致控制權和現金流量權之間產生根本性的分離，在金字塔結構中，終極控制股東通過內部資源轉移等渠道獲取全部的控制權私利，而無須承擔相同比例的現金流量權導致的成本，金字塔股權結構將增強終極控制股東的「隧道」動機。金字塔控制層級越多，兩權分離度越高，終極控制股東的「隧道」動機越強，「挖隧道」行為損害了公司的可抵押資產價值、增加財務困境成本和違約風險並提高預期破產成本。考慮到金字塔股權結構公司的侵占行為和代理風險相對較高，銀行等債權投資者將借助更高的貸款價格以及更嚴格的非價格型銀行貸款條款以補償高違約風險帶來的貸款損失。

　　另一方面，金字塔控制層級越多，內部控制股東和外部投資者之間的信息不對稱程度越大，信息風險越高，因而銀行貸款契約結構的設計和安排將越趨向於緊縮型。位於金字塔頂層的母公司通過多個控制層級對底層子公司實施間接控制，隨著金字塔控制層級的不斷增多，從底層子公司到頂層母公司的信息傳遞過程變得越來越複雜，頂層母公司的終極控制股東越容易操縱公司內部會計信息、躲避因採取機會主義行為遭受的法律懲罰、聲譽損失等成本。因此，外部債權人評估和監督公司項目投資風險的難度越大，終極控制股東和外部投資者之間將面臨嚴重的信息不對稱問題。Chan 等（2013）研究發現，公司金字塔層級數量越多，公司內部人和公司外部債權人之間的信息不透明度越高。由於外部債權人無法準確地獲取與公司如何在複雜的金字塔股權結構中進行經營有關的全部詳細信息，金字塔結構為位居頂層且具有控制權的母公司通過「隧道」掏空或轉移下層子公司的資源提供了較大的便利。這導致對公司內部信息知之甚少的外部債權人對公司內部人的侵占風險和「隧道」動機產生極大的擔憂，因為公司內部人可能將公司資源轉移至績效較差的子公司或風險較高的投資項目上去，最終債權人能索討到的可能除了空殼公司之外一無所獲。因此，債權人將把由金字塔股權結構帶來的較高的信息風險反映在銀行貸款契約條款的設計和安排上。Mindzak（2016）研究表明，金字塔控制層級越多，兩權

分离度越高，代理冲突问题越严重，终极控制股东对会计盈余信息的操纵行为越严重。从上述理论分析和研究结论可知，在金字塔股权结构中，金字塔控制层级越多，控制权和现金流量权之间的分离程度越高，代理冲突问题越严重，终极控制股东操纵会计盈余信息的动机和能力越强。因此，终极控制股东和外部债权投资者之间的信息不透明度越高，基于对内部控制股东侵占风险和「隧道」动机的预期，银行等债权投资者向这类债务公司发放贷款时将相应地把较高的信息风险反映在银行贷款契约结构的设计和安排上，例如提高贷款利率、减少贷款额度、缩短贷款期限、提高贷款担保要求等。

综上所述，金字塔股权结构为终极控制股东通过「隧道」转移公司资源、侵占外部债权投资者财富提供了便利的渠道，因此在金字塔股权结构中，终极控制股东的「隧道」动机相对更强（Johnson 等，2000；Claessens 等，2002）。金字塔控制层级越多，控制权和现金流量权之间的分离程度越高，终极控制股东利用复杂的金字塔内部控制结构掠夺外部债权投资者利益的侵占行为越严重，终极控制股东与外部债权投资者之间的代理冲突矛盾越激烈、信息不对称问题越严重。根据「契约代理理论」和「契约结构理论」可知，银行等外部债权投资者向这类金字塔层级数量较多、违约风险较高的债务公司提供贷款时将通过提高贷款价格、增加非价格型条款的紧缩性程度来降低违约风险、加强监督、控制损失，以应对贷款过程中可能出现的逆向选择问题和道德风险问题。据此，本书提出第四个研究假设。

研究假设 H4：金字塔结构的控制层级越多，银行贷款契约的紧缩性程度越高（贷款利率越高、贷款额度越小、贷款期限越短、贷款担保要求越高）。金字塔结构对银行贷款契约的设计和安排具有负面的影响。

5.1.5 终极控制股东类型与银行贷款契约

与家族型终极控制股东相比，当终极控制股东类型为国有时，债权人面临的代理风险和信息风险相对较低。一方面，当终极控制股东类型为国有时，公司内部控制股东和公司外部债权投资者之间的代理冲突矛盾越容易得到缓和，代理风险越低，因而银行贷款契约结构的设计和安排将越趋向于宽松型。不同类型的终极控制股东具有不同的行为动机和激励特征，外部投资者可能根据终极控制股东的不同类型而对其侵占风险和掠夺动机进行判别和评估。首先，从家族控制类型来看，家族型终极控制股东导致的代理冲突矛盾和信息不对称问题可能更加严峻，控制家族通常会指派或委任与家族有血缘关系的亲属作为公司高层管理者，这种被外部债权投资者视为的「勾结」（Faccio et al.，2001b）行为将提高家族型控制股东的侵占风险，如果对家族控制型股权结构可能导致的债务违约风险产生预期，那么不仅外部债权投资者将索取更高的溢价，而且债权评级机构也会下调该家族企业的评级。换言之，债权投资者和评级机构都将家族控制类型视为一种潜在的侵占风险，控制家族利用控

製權攫取控制權私利，而讓所有的利益相關者承擔他們導致的侵占成本。Morck 和 Yeung（2003）研究認為，所有類型的家族企業中都會出現較嚴重的代理問題，無論家族的控制權和所有權結構如何安排。Niskanen 等（2007）研究表明，家族型控制股東的控制權越強，家族企業的銀行貸款融資能力越弱，銀行貸款契約條款的緊縮性程度越高，銀行貸款擔保要求越嚴格，意味著家族控制權將導致較高的債務代理成本，銀行向家族控制公司提供貸款時將著重考慮這類代理風險。Boubakri 和 Ghouma（2010）研究發現，家族控制對公司債券利率具有顯著的正面影響效應，對公司債券評級具有顯著的負面影響效應；而國家控制對債券利率和債券評級沒有顯著的影響作用。Lin 等（2013）研究發現，當終極控制股東類型為家族時，他們的「隧道」動機將變得更加強烈，因為在家族控制公司中，控制權私利更多地集中在控制家族成員手中，家族控制公司躲避外部債權人對其侵占行為進行監督的動機越強。Hughes 和 Ozkan（2014）研究發現，當終極控制股東類型為家族控制時，陷入財務困境公司發生破產倒閉的可能性顯著更高，表明家族控制公司不僅將面臨更加嚴峻的債務融資約束問題，而且更容易產生嚴重的代理衝突矛盾。其次，從國有控制類型來看，由於國有型終極控制股東能相對容易地獲取財政補貼，由政府信用提供債務擔保，國有企業發生債務違約或陷入財務困境的可能性相對較低，因此國有企業面臨的債務融資約束程度相對更低，銀行貸款融資能力相對更強。另外，國有型終極控制股東通常會追求有利於社會發展的目標，例如，維持較高水平的就業率，或向對國家、社會和軍事目標等關係重大的行業提供資助和財政補貼，這種追求社會福利最大化的動機意味著政府不太可能允許國有企業發生經營失敗或破產倒閉的情況。相應地，外部投資者預期政府一定會盡力履行國有企業的債務責任，並為國有企業提供債務擔保。這種債務擔保有利於降低國有企業的預期違約風險，導致外部投資者將要求較低的風險溢價，因此有助於降低國有企業的債務融資成本、放寬債務契約的緊縮性程度。Faccio 等（2006）研究認為，政府通常不會允許國有企業發生債務違約的情況。An 等（2014）研究發現，與私營控制公司相比，國家控制企業被要求提供貸款抵押擔保的可能性相對更低。此外，在外資持股比例較高、第三方擔保人數量較多的情況下，國家控制對貸款抵押擔保要求的影響效應將受到削弱；而在政府干預程度較高的情況下，國家控制對貸款抵押擔保要求的影響效應將得到增強。Borisova 等（2015）研究發現，當終極控制股東類型為國有時，由於有政府信用為國有企業債務提供潛在的擔保，因此國有企業的債務違約風險相對較小、債務融資成本相對較低、銀行貸款融資能力相對較強。從上述理論分析和研究結論可知，與家族型終極控制股東相比，當終極控制股東類型為國有時，由於政府追求社會福利的最大化等國計民生目標，通常不會允許國有企業有經營失敗或破產倒閉事件的發生。另外，由於國有企業通常有政府信用作為潛在的債務擔保，因此外部投資者預期國有企業的代理風險和違約風險較低，國有企業獲取銀行貸款融資的能力相對

更強。

　　另一方面，與家族型終極控製股東相比，當終極控製股東類型為國有時，公司內部控製股東和公司外部債權投資者之間的信息不對稱程度越低，信息風險越小，因而銀行貸款契約結構的設計和安排越趨向於寬鬆型。首先，從家族控製類型來看，家族治理具有較強的「家族排外」傳統（Poutziouris，2002），家族企業通常反對追求外部股權融資，因為他們不願意雇備或聘用家族管理團隊之外的職業經理人和非執行董事，而且與非家族企業相比，家族企業在實施具有前瞻性的管理實踐活動方面也更加落後。由於家族團隊的企業管理效率較差、管理操作制度缺乏正規性和透明性，因此家族企業和外部債權人之間將面臨嚴重的信息不對稱問題。其次，從國家控製類型來看，由於政府更多地追求長遠的社會發展、民生福利等國家層面的宏觀目標，國有企業的利益與外部投資者乃至整個社會利益相關者的利益更加趨於一致，國有型終極控製股東攫取控製權私利、侵占外部投資者利益的動機較弱。因此為掩飾「隧道」動機和侵占風險而操縱會計盈餘信息的可能性也相應較低，國有型終極控製股東和外部投資者之間的信息不對稱程度較低。Mohammed 等（2010）研究發現，國有型控製權與會計穩健性水平之間呈現顯著的正相關關係。Cullinan 等（2012）研究發現，與沒有國家持股的私營企業相比，在有國家持股的私營企業中，會計穩健性程度相對更高。Dehkordi（2013）研究發現，當終極控製股東類型為國有政府時，會計穩健性程度相對更高。從上述理論分析和研究結論可以看出，國有型終極控製股東追求外部利益相關者利益和社會福利的最大化目標，他們的侵占風險和代理風險較低，操縱會計盈餘信息的動機較弱。因此國有型終極控製股東和外部投資者之間面臨的信息不對稱程度較低，銀行等債權投資者願意向信息風險較低的國有企業提供價格較低、非價格型條款較寬鬆的銀行貸款。

　　根據前述第 3 章有關中國融資制度背景的分析結論可知，在中國的銀行業系統中，國有銀行歷來一直占據著重要地位。由於有中國政府的擔保和行政干預，與非國有企業相比，銀行業部門與國有企業之間的銀企關係更加密切和牢固、金融交易活動更加頻繁。憑藉堅實的信貸關係和相同的產權屬性，國有銀行能建立良好的信息渠道以獲取國有企業的信用信息，國有銀行和國有企業之間的代理衝突矛盾和信息不對稱程度相對更低。因此，國有銀行向國有企業提供貸款時將索取較低的銀行貸款利率、放鬆銀行貸款契約的緊縮性程度，而這些信貸優勢條件是非國有企業所無法具備的。此外，當國有企業陷入財務困境時，出於對政治利益和社會需求的考慮，國有銀行更有可能以較低的貸款成本進一步擴大信貸額度來救助國有企業，而如果陷入財務困境的是非國有企業，出於對信息風險的擔憂，國有銀行可能不會向這類私營企業注入信貸資金。總而言之，在中國的政府行政干預程度較高、國有銀行占據著銀行業體系的重要地位的背景下，與家族控製公司相比，中國國有企業獲取銀行貸款的能力相對更強。

綜上所述，當終極控製股東類型為國有時，不僅國有企業利益和社會民生福利趨於一致，而且由於政府信用擔保能降低國有企業的債務違約風險、政府關係能幹預國有銀行的信貸決策、政府補助能救助國有企業避免陷入財務困境。因此，國有型終極控製股東導致的代理風險和信息風險相對較低，信用質量較高、違約風險較低的國有企業能獲得條款優惠性程度較高的銀行貸款。據此，本書提出第五個研究假設。

研究假設 H5：當終極控製股東類型為國有時，銀行貸款契約的寬鬆性程度較高（貸款利率較低、貸款額度較大、貸款期限較長、貸款抵押擔保要求較低）。國有型終極控製股東對銀行貸款契約的設計和安排具有正面的影響。

5.2 社會資本對銀行貸款契約的影響

根據前述第 4 章有關社會資本理論發展脈絡和社會資本內涵的分析可知，「社會資本」是一個十分重要的概念，它在社會學、政治學、經濟學等學科領域得到廣泛的研究和應用。社會資本對社會、社區、組織、公司和個體都將產生積極的社會影響和正面的經濟效益。儘管不同領域的研究學者對社會資本具體概念的界定各不相同，但社會資本通常被視為一種有利於集體行為的信任、規範和網路（Putnam，1993，1995；Fukuyama，1997；Woolcock，2001；Guiso et al., 2004），這意味著社會資本概念具有三個關鍵組成成分：信任、規範、網路。第一，眾多學者研究認為「信任」是社會資本的核心概念（Putnam，1993，1995，2000；Fukuyama，1997；Kaasa，2009；Orlowski&Wicker，2015），特定的社會結構（例如公民組織）能增強並促進信任，公民的社會組織參與有助於提供信任水平，Nahapiet 和 Ghoshal (1998) 認為信任是一種關係性嵌入。信任通常包含三種類型：人際型信任（Fukuyama，1997；Orlowski&Wicker，2015）、制度型信任（Kaasa，2009；Orlowski&Wicker，2015）和普遍性信任（Pastor&Tortosa-Ausina，2008；Fidrmuc&Gerxhani，2008；Kaasa，2009）。人際型信任指的是每個人都預期別人的行為舉止是仁慈慷慨的，並且為了共同的集體利益都願意採取團結合作的態度和行動。簡而言之，人際型信任意味著人們都是善良、正直、富有道德的公民，他們都是值得信任的、樂於助人的、值得尊敬的，人際型信任往往存在於同一個集體的個體成員之間，它來源於反覆的人際互動交往。制度型信任既可以是人們對法律系統、國會、警方等政府制度的信任，也可以指人們對教堂等非政府制度以及其他對社會福利造成影響的制度的信任。普遍性信任指的是人們普遍預期值得信賴的公民不會故意侵害別人的合法利益，或者不會為了個人利益而採取自私自利的行為，普遍性信任往往存在於不同社會集體或親屬關係網路的個體成員之中，來源於與群體特徵

有關的知識、潛在的文化以及個體成員所面臨的各種動機。人際型信任、制度型信任和普遍性信任三者是相互作用、相互關聯的，在一個社會裡，僅當值得信賴的公民數量越來越多時，整個社會的普遍性信任水平才預期變得更高；僅當政府或非政府機構由值得信賴的個體所領導、管理並制定公共政策時，人們對機構、制度的信任水平才預期變得更高。融資交易活動是否發生不僅取決於契約的法律執行質量，而且還依賴於債權人對債務人的信任程度（Guiso etal.，2004），銀行貸款契約屬於對交易各方之間信任度要求較高的一種特殊類型的契約形式。在一個信任水平較高的社會制度環境中（普遍性信任），債務人相信他們在銀行等金融機構的存款資金是安全穩定的（制度型信任），銀行等債權人期望每一位債務人都能遵守銀行貸款契約的條款規定，履行債務契約並償還貸款（人際型信任）。無論是何種類型的信任，較高的信任水平都意味著較低的債務違約風險。因此，債務公司的可信賴度越高，越容易獲得契約條款寬鬆程度越高的銀行貸款。第二，「規範」指的是一些社會價值，例如利他主義、履行責任以及相互信任等，這些社會價值有利於提高人們的相互團結合作水平（Hasan etal.，2015）。在合作規範較強的社區內，人們通常將機會主義行為視為與既定價值觀和社區規範背道而馳的不端行為，任何產生這種機會主義行為的個體都將遭受來自社區內部和外部的制裁和處罰（Coleman，1988）。由此可見，社區的規範水平越高，人們的機會主義行為越容易受到抑制和約束，追求集體利益的目標越趨於一致，相互合作水平越高。發生在公司（債務人）和銀行（債權人）之間的信貸契約代表著一種典型的債務責任。而履行債務責任的可能性越高、自私自利的機會主義行為的發生概率越低，意味著債務違約發生的可能性越低。因此債務公司的社會規範水平越高，預期銀行貸款利率越低、貸款非價格型條款的優惠程度越大。第三，「網路」指的是人們將聯繫（關係）作為一種資源，並利用這些關係資源達到或集體或個人的目標，它通常包含正式網路和非正式網路兩種類型。正式網路指的是人們通過共同參加正式社會組織活動或成為正式社會組織成員而建立起來的一種正式社會聯繫，志願者協會組織就是正式網路的一個例子；非正式網路則指的是人們與朋友、親屬、同事、鄰居或其他社會活動成員之間通過血緣關係或禮尚往來、人情互動的非血緣關係形成的一種非正式社會聯繫，公司高管與政府官員、銀行官員、其他公司高管之間形成的人際網路就是非正式網路的一個例子。密集的網路使得債權人和債務人擁有更多的機會接觸和瞭解對方，導致信息的供給量增多，對信息的需求也變得更加容易，這不僅能提高信息獲取的時效性、降低信息的搜集成本以及債權人和債務人之間的信息不對稱程度，而且能提高諸如債務違約等不端行為的發生成本（Coleman，1990）（例如，潛在的聲譽損失較大）。公司行為在一定程度上將受到社區公民特質的影響，因為「社會認同」理論（Turner&Oakes，1986）強調，人們的行為往往受到周圍人思維方式和行為特徵的影響。由此可知，管理模式、公司文化、高管特徵等都將與周圍環境特徵產生聯繫、逐漸融合，最終趨於一

致化。因此可以預期，較高的信任水平、較強的合作規範、密集的關係網路有助於培育一種環境。這種環境能遏制公司不端的機會主義行為，當有關債務人信用風險的其他內部私有信息難以獲取時，銀行等債權人將債務人社會資本的發展水平視為衡量其信用質量和違約風險的重要標準（Cheng等，2016），社會資本將對債務人如何履行債務責任產生影響，包含信任、規範和網路三個核心概念的社會資本將在銀行貸款契約的設計和安排過程中發揮著至關重要的作用。

Guiso等（2010）研究認為，較高水平的社會資本意味著較強的合作規範和較密集的社會網路，社會資本能產生經濟效益。Guiso等（2004）研究認為，較高水平的社會資本有利於促進金融交易活動的發展水平，因為通過債權人和債務人之間反覆持續的金融交易聯繫所建立和發展起來的信任水平以及信息優勢能提高金融交易活動的效率。公司內部人通常利用私有信息侵占外部債權人的利益，這些機會主義行為和自私自利的內部交易行為導致嚴重的債務契約問題，例如逆向選擇問題和道德風險問題，通過緩解道德風險和信息風險，社會資本有助於降低債務人的債務違約風險，從而降低銀行貸款契約的緊縮性程度。

一方面，社會資本有助於緩解債務人的道德風險。Guiso等（2010）研究認為，具有經濟產出效應的社會資本誕生於社會關係網路和共同的道德信念之中，能夠促進團結合作行為，並建立較強的合作規範。這種合作規範是一種非宗教式的社會規範，它有利於約束個人狹隘的自私自利心態（Knack&Keefer，1997）、遏制交易活動中的機會主義行為（Coleman，1988）、克服免費搭便車問題（Guiso etal.，2010）。在社會資本發展水平較高、合作規範較強、社會網路較密集的環境中，人們採取自私自利的機會主義行為的可能性較低，因為在社會合作規範嚴謹的社區，社區居民將機會主義行為視為與合作規範所規定的價值觀背道而馳的可恥行為，社區居民之間緊密的社會關係網路不僅將對這種可恥的機會主義行為施加各種嚴厲的外部社會制裁和懲罰，例如社會驅逐（Uhlaner，1989）、輿論譴責（Posner，2000）等，而且還將迫使機會主義者產生各種強烈的負面道德情感，比如犯罪感、羞愧感等。此外，在社會資本發展水平較高的社區，即便已經發生的機會主義行為暫時沒有被察覺，但僅僅只是產生機會主義行為的動機都可能使機會主義者產生沉重的心理負擔（Elster，1989），這是因為每一個公民個體都對維護道德認知感和社會聲譽具有強烈的心理需求（Mazar等，2008），而不端的機會主義行為恰巧突顯出心理上的道德認知與實際行為之間的強烈反差。由此可知，社會資本通過增加債務人機會主義行為的邊際社會成本而對債務契約產生影響，並激勵債務人採取合作誠信的態度，以降低債權人面臨的道德風險問題。Kim等（2009）研究發現，高水平的社會資本能增進社會成員的利他主義道德觀，激勵社會關係網路中的誠信行為。因此，金融契約雙方的相互信任程度越高，越有助於抑制機會主義行為，緩解債權人和債務人之間的代理衝突問題和信息不對稱問題，從而降低監督成本、契約執行成本、信息搜索成

本、擔保成本以及剩餘損失。

另一方面，社會資本有助於緩解債務人的信息風險。社會資本的發展水平越好，社會信任水平越高，因此，盈餘管理程度越低，財務報告的信息透明度越高（Jha，2013），審計費用越低（Jha&Chen，2015）。Guiso等（2004）研究發現，社會資本發展水平越高，社會信任水平相應越高，社會資本通過提高不同類型信貸交易活動中交易各方之間的相互信任度而對金融交易活動（例如債務契約）產生最直接的影響作用，因為相互信任水平有助於在廣泛、反覆、持久的金融交易活動中建立緊密的社會關係網路。而社會關係網路有助於降低信息不對稱程度，例如，Ferrary（2003）研究發現，社會資本利用社會關係網路所形成的規模經濟效應能降低債務契約執行的交易成本、信息成本和監督成本。因為社會資本水平越高，社會個體成員之間的社會交往聯繫越密切，越有助於提高信息在社會網路中的傳播效率和傳播範圍，最終形成信息的社會化、公開化、透明化。此外，由於社會資本有助於提高社會參與水平（Putnam，1993），公民對社區活動的參與水平越高，信息的傳播範圍越廣、傳播速度越快、傳播效率越高，因而信息不對稱程度的降低有利於提高人們團結、協調、合作的意願和能力，同時頻繁的交易合作活動也對機會主義行為具有一定的抑製作用（Fidrmuc&Gerxhani，2008）。因此，在社會信任水平較高、社會關係網路較發達的社會制度環境，信息不對稱程度越低，越有利於銀行貸款契約的簽訂和執行。例如，Pastor和Tortosa—Ausina（2008）研究認為，在社會資本發展水平較高的制度環境中，社會資本被視為一系列無形的社會環境資源組合，諸如社會價值、社會規範、社會態度、社會信任、社會關係網路等，金融交易各方不僅能建立彼此之間相互信任的紐帶，還共同相信金融契約的法律可執行性能夠得到保障，因為社會資本能有效地緩解債務人的債務違約問題，至少能降低債務違約的發生概率，發展水平不斷提高的社會資本能逐漸改善金融契約執行的社會制度環境。Aggarwal和Goodell（2009）研究發現，由於設計和執行一份完全契約的難度較大，因此，信息不對稱問題能被債務契約條款所緩解的程度主要取決於宏觀契約環境，這種宏觀契約環境不僅包括法律、政治、經濟等正式的制度環境，還包括民族文化、倫理道德、規範習俗、社會資本等非正式的制度環境。Hasan（2015）研究證明，社會資本就是這樣一種制度環境，因為在債務契約的執行過程中，債權人將社會資本視為一種通過交易合作規範和社會關係網路形成的制度環境壓力，這種壓力效應有助於抑制和約束債務人的機會主義行為。

鑒於社會資本對道德風險和信息風險的影響機制，先前部分研究文獻分別基於宏觀層面和微觀層面考察了社會資本的經濟利益及其對信貸交易和債務契約的影響。從社會資本的宏觀層面來看，Guiso等（2004）研究發現，在社會資本發展水平較高的地區，社會信任水平較高，家庭將更多的資金用於股票投資，更多地使用信用支票，從金融機構獲得信貸資金的能力較強；同樣地，公司獲得銀行信貸資金的能力

也較強，表明在社會資本發展水平越高的地區，金融市場的發展規模越大、發展水平越高。Wu（2008）研究發現，社會資本的發展水平越高，社會組織的發展規模越大，眾多的社會組織之間通過信息共享形成一個廣泛強效的監管網路，這種無形的監管網路環境不僅對人們誠信、負責、團結的行為進行鼓勵和激勵，而且還對任何不端的機會主義行為給予嚴厲的懲罰，意味著在社會資本水平越高的地區，信息透明度越高、社會懲戒力度越強，對個體、公司乃至整個社會的約束效應和震懾力量相應越強，債務人的機會主義行為越容易受到抑制。Karlan 等（2009）研究表明，社會網路可視為非正式貸款的一種抵押擔保品，這與正式貸款契約中的實物抵押資產的功能類似。因此，社會資本的發展水平越高，網路密度越大，基於網路的信任水平越高，信息不對稱程度越低，非正式信貸交易活動的發展水平越高。Kim 等（2009）和 Goss 和 Roberts（2011）研究發現，社會資本的發展水平越高，債權債務雙方之間的相互信任水平越高，這種高信任度的社會環境有助於降低債務代理成本。因此銀行貸款利率越低，表明社會資本能傳遞有關信任、合作的有利信號，緩解契約雙方之間的代理衝突矛盾和信息不對稱問題。Mistrulli 和 Vacca（2015）研究發現，金融危機發生之後，與總部位於社會資本發展水平較低地區的公司相比，總部位於社會資本發展水平較高地區的公司的銀行貸款利率的提高程度更緩和，表明較高水平的社會資本通過降低信息不對稱程度能在一定程度上緩解金融危機對實體經濟帶來的衝擊和侵害，在社會資本發展水平越好的地區，信貸市場的有效性程度越高。Hasan 等（2015）研究發現，總部位於社會資本發展水平較高國家的公司，獲取貸款價格較低、貸款非價格型條款的緊縮性程度較小的銀行貸款的可能性較大。此外，當公司將總部從社會資本發展水平較低的國家遷移至社會資本發展水平較高的國家時，在遷移前和遷移後的這段時間內，不僅其銀行貸款成本出現顯著的下降，而且其銀行貸款的抵押擔保要求也變得更加寬鬆、銀行貸款契約條款的數量更少、條款的限制性程度更低。研究結論意味著，銀行等債權人認為社會資本能提供一種社會環境壓力，這種環境壓力有助於緩解公司在面臨債務契約時由於採取機會主義行為所導致的違約風險。Cheng 等（2016）研究發現，公司總部所屬地區的社會資本發展水平越高，債權債務雙方之間的相互信任度越高，銀行貸款利率越低，尤其是對於那些曾經與債權人沒有信貸關係、與債權人地理距離較遠的債務公司而言，地區社會資本發展水平對銀行貸款利率的影響效應越顯著。此外，當公司總部所屬地區（國家）遭受「9·11」恐怖襲擊之後，由於這些地區（國家）政府在遭遇恐怖襲擊之後通過採取一系列措施重建社會資本致使其社會資本發展水平得到迅速恢復和提高（例如，公民的政治覺悟、政治參與率、制度型信任水平有所提高），因此受襲公司的銀行貸款利率經歷了顯著的下降。

從社會資本的微觀層面來看，Uzzi（1999），Uzzi 和 Lancaster（2001）研究發現，企業家與銀行等金融機構發展並保持良好穩定的社會關係網路有利於公司獲得

條款更加優惠的銀行貸款契約以及稀缺的私有金融信息，因此，企業家社會資本對於創造、獲取稀缺資源的機會尤為重要。Kim等（2009）研究發現，高水平的社會資本能增進人們的利他主義道德觀，激勵社會關係網路中的誠信行為，因此，金融契約雙方的相互信任程度越高，越有助於抑制機會主義行為，緩解債權人和債務人之間的代理衝突問題和信息不對稱問題，從而降低監督成本、契約執行成本、信息搜索成本、擔保成本以及剩餘損失。Dass和Massa（2011）研究發現，債務公司和債權銀行之間的關係網路發展得越緊密，越能產生良好的外部監管效應，越有助於抑制貸款前的逆向選擇問題和貸款後的道德風險問題，從而降低債權人和債務人之間的信息不對稱程度，提高債務人的公司治理水平。Talavera等（2012）研究發現，企業家在慈善公益方面所做的貢獻越大，申請銀行貸款獲得成功的可能性越高；企業家擁有的政治關係背景越強，獲得國有銀行貸款融資的能力越強；企業家在參加社會活動上所花費的時間越多，從商業銀行獲得銀行貸款的可能性越高。Du等（2013）研究發現，和發達經濟體相比，由於轉型經濟體的法律制度環境發展得不成熟，因此高管社會資本有助於公司克服制度缺陷獲得更多的資源（包括優惠的債務融資條款）。Jonsson和Lindbergh（2013）研究認為，由於在既定網路關係中獲取信息資源受到限制，企業家發展結構型維度的社會資本有助於公司獲得債務融資，發展認知型維度和關係型維度的社會資本有助於公司搜尋金融信息，因此，企業家社會資本的發展水平越高，公司獲取銀行貸款資金的能力越強。Houston等（2014）研究發現，當公司高管擁有政治背景或政治關係時，銀行貸款成本顯著較低。銀行等債權人索取較低的貸款利率是因為：一方面，債權人認為政治關係能直接增強債務人的信譽度；另一方面，政治關聯貸款能間接增強債權人和政治家（或當權者）之間的聯繫紐帶。由此可知，公司高管與其他公司保持良好的社會關係有助於公司獲得交易信用和內部融資；與銀行官員保持良好的社會關係有助於公司獲得優惠的銀行貸款；與政府官員保持良好的社會關係（政治聯繫或政治背景）更加有助於公司獲得金融市場的支持（包括從銀行部門獲得金融資本）和有利的管控條件（Brandt&Zhu，2007）。鑲嵌於社交關係網路之中的高管社會資本有助於公司搜尋並獲取信息、資本等稀缺資源，提高債權債務雙方之間的互信度，保障金融契約的執行力度和執行效率，從而可能影響銀行貸款契約的設計和安排。

根據上述理論分析和研究結論可以看出，債權人根據債務人的「社會風險」評估其違約風險（Cheng et al.，2016），較高水平的社會資本是一種社會信任水平較高、合作規範較強、社會關係網路較密集的社會制度環境，這種制度環境形成的壓力能抑制債務人的機會主義行為，緩解債務人的道德風險和信息風險，降低債務人的違約風險。因此，公司的社會資本水平越高，社會風險越低，違約風險也相應越低。根據「契約代理理論」和「契約結構理論」可知，銀行等債權人願意為社會資本發展水平較高的債務人提供契約條款寬鬆程度較高的銀行貸款。據此，本書提出第六

個研究假設。

研究假設 H6：社會資本的發展水平越高，銀行貸款契約的寬鬆性程度越高（貸款利率越低、貸款額度越大、貸款期限越長、貸款擔保要求越低）。社會資本對銀行貸款契約的設計和安排具有正面的影響。

另外，根據上述分別基於宏觀和微觀兩個層面的理論分析和研究結論可知，無論是宏觀社會資本還是微觀社會資本，都將對銀行貸款契約的設計和安排產生正面積極的影響。據此，本書在研究假設 H6 的基礎上進一步提出研究假設 H6a 和 H6b。

研究假設 H6a：宏觀社會資本的發展水平越高，銀行貸款契約的寬鬆性程度越高。

研究假設 H6b：微觀社會資本的發展水平越高，銀行貸款契約的寬鬆性程度越高。

5.3 終極所有權結構和社會資本對銀行貸款契約的交互影響

銀行貸款契約的設計和安排受到債務違約風險的影響，而債務違約風險不僅僅受法律制度環境的影響，例如 La Porta 等（1997，1998，2002）、Qian 和 Strahan（2007）、Bae 和 Goyal（2009）、Haas 等（2010）研究表明，投資者權益的法律保護和債務契約的法律執行是影響公司融資行為的重要因素，功能完善的投資者保護法律和高質量的契約執行能在一定程度上抑制終極控製股東的「隧道」動機和掠奪能力、提高侵占風險和機會主義行為成本，緩解終極控製股東和外部投資者之間的代理衝突矛盾和信息不對稱程度。然而，法律所發揮的對債務契約的積極影響只有在法律體系健全的制度環境中才有效，在法律體系不健全的情況下，債務違約風險可能更多地將受到社會資本等非法律制度環境的影響，社會資本等非正式制度能為法律制度提供補充和完善。例如，Guiso 等（2004）研究發現，在法律執行質量較差的發展中國家，社會資本能彌補法律執行質量較差的制度缺陷，社會資本和法律執行具有相互替代的作用（即社會資本是法律執行的制度替代品）。這一研究結論意味著，在投資者法律保護較弱、契約執行質量較差的制度環境中，社會資本將替代法律保護和法律執行的部分功能，承擔著緩解終極控製股東和外部債權投資者之間產生的代理衝突矛盾和信息不對稱程度的作用。超強的控製權、控製權和現金流量權產生的較大分離度、較多的金字塔控製層級增強了終極控製股東的「隧道」動機和侵占風險，作為法律制度的替代機制，高水平的社會資本能抑制終極控製股東的侵占動機、掠奪能力和機會主義行為。因此，社會資本將可能影響控製權、現金流量權、兩權分離度、金字塔結構、終極控製股東類型與銀行貸款契約之間的關係。

有關社會資本的實證研究文獻表明，社會資本將對公司行為（Cheng et al.，

2016)、經濟績效（Forte etal.，2015）、金融發展（Guiso etal.，2004）、社會福利（Putnma，1993；2000）產生積極的影響。Andriani（2010）將社會資本產生這種有利影響的原因歸結為三個方面。第一，網路成員之間的信息共享很有可能降低交易成本；第二，共享的態度和社區歸屬感可能有利於集體決策的制定；第三，社區公民的團結協作和互惠互助有可能降低機會主義行為的發生概率。根據 Bowles 和 Gintis（2002）的研究，社會資本的所有這些特徵共同表現出一種「社區治理」功能。當公司治理不能有效地抑制公司內部控製股東的侵占動機、會計信息操縱動機和「隧道」行為時，公司外部社區環境將發揮社區治理的功能，在制約終極控製股東的機會主義行為、降低代理風險和信息風險方面扮演著重要的角色。因為根據「社會認同」理論（Turner&Oakes，1986），公司行為方式和文化特徵將受到其所處周圍社區環境的影響，在一個信任水平較高、合作規範較強、關係網路密度較大的社區環境中，終極控製股東的任何侵占動機都將受到來自密集社會網路成員的監督，終極控製股東產生任何違背社區規範的不端的機會主義行為都將遭受嚴厲的制裁、懲處，制裁和懲處會給終極控製股東帶來較高的成本（法律訴訟成本）和沉重的負擔（聲譽受損）。出於對較高的掠奪成本的畏懼以及社區環境的潛在影響，終極控製股東的機會主義行為將逐漸得到抑制和約束。因此，高水平的社會資本可能削弱控製權、兩權分離度、金字塔結構對銀行貸款契約的負面影響。與之相反，持有較多現金流量權的終極控製股東，由於其追求公司價值最大化的動機與信任度較高、合作規範較強、網路密度較大的社區環境特徵更加契合和一致。因此，高水平的社會資本可能增強現金流量權、國有型終極控製股東對銀行貸款契約的正面影響。由此看來，具有社區治理功能的社會資本可以被視為公司治理的一個重要補充機制，是代理問題和信息不對稱問題的重要緩解措施，社會資本能提高公司治理水平，因而高水平的社會資本可能影響終極所有權結構與銀行貸款契約之間的關係。銀行貸款契約的設計和安排將面臨代理衝突問題和信息不對稱問題，能緩解代理風險和信息風險的各種積極信號都是非常有價值的，因為這些信號意味著債務人較高的信用質量和較低的違約風險。例如，社會資本就是這樣一種積極信號，債權人通常將債務人較高水平的社會資本視為一種可信賴度較高、社會風險和違約風險較低的信號。

　　Kim 和 Cannella（2008）研究發現，董事會社會資本是一種公司資產，這種資產不僅包括董事會與公司內部和外部之間的關係網路，而且還包括與這些關係網路有關的潛在資源，社會資本水平越好，公司董事會的決策制定效率顯著越高。不僅因為社會資本能提高信任度、促進團隊合作，而且因為社會資本為內部組織和外部環境之間提供聯繫紐帶，充當銜接和橋樑的角色，由於社會資本能提供稀缺信息和資源，因此社會資本具有提高公司治理水平的作用。在 Bowles 和 Gintis（2002）有關「社區治理」的研究基礎之上，Boytsun 等（2011）進一步研究發現，社區社會資本的發展水平越好，社會信任水平越高、社區合作規範越強、社會網路密度越大，社

區內公司的公司治理水平越好，即社會資本通過社區治理將發揮公司外部治理的功能。因為在社會資本發展水平較高的制度環境中，終極控製股東的掠奪成本和侵占風險面臨一定程度的提升，當其掠奪成本超過掠奪收益時，高水平的社會資本能抑製終極控製股東的侵占動機和掠奪能力，緩解終極控製股東和外部債權人之間的代理衝突矛盾和信息不對稱問題。Cao 等（2014）研究認為，在投資者權益的法律保護力度較弱的環境中，作為正式公司治理機製的替代品，社會資本可被視為一種非正式公司治理機製，將有助於改善公司治理水平並提高公司業績。

上述實證研究結論表明，在投資者保護法律體系不完善、債務契約執行質量較差的發展中國家，社會資本不僅能作為法律制度的替代機製（Guiso et al.，2004），而且還能作為一種非正式公司治理機製（Cao et al.，2014），在法律制度不健全的環境中，通過「社區治理」（Bowles & Gintis，2002）糾正和補救由於正式公司治理機製不完善所導致的缺陷，社會資本能有效抑製終極控製股東的機會主義行為、降低債務代理成本、緩解信息不對稱程度，從而降低銀行等債權人面臨的代理風險、信息風險和違約風險。社會資本的發展水平越高，對終極控製股東的約束效應越強、懲處力度越高，公司治理水平越好，債權人將公司社會資本的發展水平視為衡量債務人信用質量優劣的一種標尺。這意味著在社會資本發展水平較高的制度環境中，控製權、兩權分離度、金字塔層級對銀行貸款契約的負面影響將受到削弱，而現金流量權、國有型終極控製股東對銀行貸款契約的正面影響作用將得到增強。綜上所述，通過使終極控製股東的掠奪行為承擔更高的成本和更大的風險，終極所有權結構與銀行貸款契約之間的關係將依賴於社會資本發展水平的高低。據此，本書提出以下研究假設。

研究假設 H7：高水平的社會資本能減弱終極控製股東的控製權對銀行貸款契約的負面影響。

研究假設 H8：高水平的社會資本能增強終極控製股東的現金流量權對銀行貸款契約的正面影響。

研究假設 H9：高水平的社會資本能減弱終極控製股東的兩權分離度對銀行貸款契約的負面影響。

研究假設 H10：高水平的社會資本能減弱金字塔結構對銀行貸款契約的負面影響。

研究假設 H11：高水平的社會資本能增強國有型終極控製股東對銀行貸款契約的正面影響。

5.4　本章小結

本章根據「契約代理理論」（Jensen & Meckling，1976；Myers，1977；

Smith&Warner，1979)和「契約結構理論」(Strahan，1999)，基於代理衝突視角和信息不對稱視角理論推演終極所有權結構、社會資本如何影響銀行貸款契約的設計和安排，以及社會資本如何影響終極所有權結構與銀行貸款契約之間的關係。

若終極控製股東的控製權越強、控製權和現金流量權的分離度越高、金字塔控製層級越多，那麼終極控製股東對外部債權投資者利益的侵占動機越強、掠奪程度越嚴重，終極控製股東和外部債權投資者之間的代理衝突矛盾和信息不對稱問題越嚴重，債權人面臨的債務違約風險越大，銀行貸款契約的緊縮性程度越高。若終極控製股東的現金流量權越多、終極控製股東類型為國有時，那麼他們追求公司價值最大化（或社會福利最大化）的動機越強，終極控製股東和外部投資者之間越容易結成穩固的利益聯盟，債權人面臨的代理風險、信息風險和債務違約風險越小，銀行貸款契約的寬鬆性程度越高。社會資本的發展水平越好，社會信任水平越高、合作規範越強、關係網路越緊密，越有助於抑制終極控製股東的機會主義行為，緩解代理風險和信息風險，「社會風險」越低，那麼債務違約風險隨之降低，銀行貸款契約的寬鬆性程度越高。高水平的社會資本將影響終極所有權結構與銀行貸款契約之間的關係。

第 6 章　終極所有權結構、社會資本與銀行貸款契約的實證研究

第 5 章理論分析了終極所有權結構、社會資本對銀行貸款契約的影響，以及終極所有權結構和社會資本對銀行貸款契約的交互影響，並提出相關研究假設。本章在第 5 章理論分析的基礎之上，應用 OLS 迴歸、固定效應迴歸、隨機效應迴歸、Probit 迴歸、二元 Logistic 迴歸、有序 Logistic 迴歸、系統 GMM、差分 GMM、參數檢驗和非參數檢驗等估計方法，實證檢驗終極所有權結構、社會資本、終極所有權結構和社會資本的交互項與銀行貸款契約之間的關係。

6.1　研究變量的定義

本書的研究變量是終極所有權結構、社會資本和銀行貸款契約。其中，銀行貸款契約是被解釋變量，包括貸款利率、貸款金額、貸款期限、貸款擔保四個代理變量。終極控制股東的控制權、現金流量權、兩權分離度、金字塔層級、終極控制股東類型、社會資本、控制權與社會資本的交互項、現金流量權與社會資本的交互項、兩權分離度與社會資本的交互項、金字塔層級與社會資本的交互項、國有型終極控製股東與社會資本的交互項是解釋變量。此外，本書對影響銀行貸款契約的公司特徵變量和制度環境變量進行控制。

6.1.1　被解釋變量的定義

本書的被解釋變量是銀行貸款契約，銀行貸款契約包括貸款利率、貸款額度、貸款期限和貸款擔保共四個代理變量。對於貸款利率變量，本書從國泰安數據服務中心（CSMAR）的銀行貸款研究數據庫披露的貸款文件和銳思金融研究數據庫（www.resset.cn）的公司重大事項部分披露的借貸明細中手工收集貸款利率數據，借鑑胡奕明和唐松蓮（2007）的方法，通過計算樣本公司當年全部新增貸款對應借貸年利率的加權平均值來度量銀行貸款利率。對於貸款額度變量和貸款期限變量，借鑑陸正飛等（2008）、連軍等（2011）、張敦力和李四海（2012）等的方法，本書通

過計算短期借款、一年內到期的非流動負債以及長期借款之和占總負債的比重來度量銀行貸款額度；通過計算長期借款占短期借款、一年內到期的非流動負債以及長期借款之和的比重來度量銀行貸款期限。對於貸款擔保變量，本書從銳思金融研究數據庫（www.resset.cn）的公司重大事項部分披露的借貸條件中手工收集貸款擔保數據，通過選取二元虛擬變量來度量銀行貸款擔保，即當銀行貸款的借貸條件屬於「抵押」「質押」「保證」或「擔保」類型時取值為 1；屬於「信用」類型時則取值為 0。

另外，為了提供穩健性結論，首先，本書採用二分類變量，以樣本公司的貸款利率、貸款金額和貸款期限水平的中位數為臨界點將樣本公司的貸款利率、貸款金額和貸款期限依次劃分為低、高兩組，分別賦值 0 和 1；其次，本書採用有序分類變量，對樣本公司的貸款利率、貸款金額和貸款期限水平進行頻率分析，將樣本公司的貸款利率、貸款金額和貸款期限依次進一步劃分為低、中、高三組，分別賦值 1、2 和 3。對被解釋變量（銀行貸款契約）定義的總結如表 6－1 所示。

表 6－1 被解釋變量的定義

變量名稱	變量符號	變量定義
貸款利率水平	BR	樣本公司當年全部新增貸款對應借貸年利率的加權平均值
貸款額度水平	BL	（短期借款＋一年內到期的非流動負債＋長期借款）/總負債
貸款期限水平	BM	長期借款/（短期借款＋一年內到期的非流動負債＋長期借款）
貸款擔保水平	BG	當銀行貸款的借貸條件屬於「抵押」「質押」「保證」或「擔保」類型時取值為 1；屬於「信用」類型時則取值為 0
貸款利率類型	$BRT1$	當 BR 小於樣本公司的中位數時，$BRT1$ 取值為 0（低），否則取值為 1（高）
	$BRT2$	當 BR 小於或等於樣本公司頻率分佈累積比的 1/3 時，$BRT2$ 取值為 1（低）；當 BR 大於樣本公司頻率分佈累積比的 1/3，但小於或等於樣本公司頻率分佈累積比的 2/3 時，$BRT2$ 取值為 2（中）；否則取值為 3（高）
貸款額度類型	$BLT1$	當 BL 小於樣本公司的中位數時，$BLT1$ 取值為 0（低），否則取值為 1（高）
	$BLT2$	當 BL 小於或等於樣本公司頻率分佈累積比的 1/3 時，$BLT2$ 取值為 1（低）；當 BL 大於樣本公司頻率分佈累積比的 1/3，但小於或等於樣本公司頻率分佈累積比的 2/3 時，$BLT2$ 取值為 2（中）；否則取值為 3（高）
貸款期限類型	$BMT1$	當 BM 小於樣本公司的中位數時，$BMT1$ 取值為 0（低），否則取值為 1（高）
	$BMT2$	當 BM 小於或等於樣本公司頻率分佈累積比的 1/3 時，$BMT2$ 取值為 1（低）；當 BM 大於樣本公司頻率分佈累積比的 1/3，但小於或等於樣本公司頻率分佈累積比的 2/3 時，$BMT2$ 取值為 2（中）；否則取值為 3（高）

6.1.2 解釋變量的定義

本書的解釋變量是終極所有權結構和社會資本。終極所有權結構包括控製權、現金流量權、控製權和現金流量權的分離度、金字塔層級、終極控製股東類型共五個代理變量。對於控製權變量、現金流量權變量、控製權和現金流量權的分離度變量，借鑑 Claessens 等（2000，2002），Faccio 和 Lang（2002），Laeven 和 Levine（2008）等的方法，本書通過計算每條控製鏈條上的最低持股比例之和來度量控製權，通過計算每條控製鏈條上的持股比例乘積之和來度量現金流量權；通過計算控製權與現金流量權的比值來度量控製權和現金流量權之間的分離度。同時，本書使用 10% 作為分界點，位於這個分界點之上的便可認定終極控製股東對中間層公司和底層公司擁有有效的控製權。對於金字塔層級變量，本書借鑑 Fan 等（2005）的定義來度量金字塔層級，即金字塔層級等於終極控製股東所控製的最長控製鏈條上的公司層級數量，並根據國泰安數據服務中心（CSMAR）的股東研究數據庫披露的股東控股關係鏈公告圖逐個手工計算樣本公司的金字塔層級數量。對於終極控製股東類型變量，由於中國上市公司的國有產權屬性居主導地位，故本書將終極控製股東的類型分為國有和非國有兩大類，並採用終極控製股東的產權屬性是否為國有的二元虛擬變量來度量終極控製股東的類型，當終極控製股東類型為國有時取值為 1，否則為 0。其中，國有類型包括政府、國有資產管理局、國有資產經營公司、國有企業、教育科研事業單位、開發區管理委員會和軍隊。

社會資本包括宏觀社會資本指數、微觀社會資本指數和社會資本綜合指數共三個代理變量，它們是通過運用主成分因子分析法分別提取宏觀社會資本（上市公司所屬地區的社會資本）（社會信任、社會規範、社會參與、社會組織）4 個指標 4 個變量、微觀社會資本（上市公司高管的社會資本）（政府關係網路、銀行關係網路、社會關係網路）3 個指標 8 個變量、以及總社會資本共 7 個指標 12 個變量的公因子，並以公因子的方差貢獻率為權數進行計算構建的。社會資本的詳細定義和社會資本指數的具體計算方法可參見第 4 章相關內容。

另外，本書的解釋變量還包括控製權與社會資本的交互項、現金流量權與社會資本的交互項、控製權和現金流量權的分離度與社會資本的交互項、金字塔層級與社會資本的交互項、終極控製股東類型與社會資本的交互項。

對解釋變量（終極所有權結構和社會資本）定義的總結如表 6-2 所示。

表 6-2 解釋變量的定義

變量名稱	變量符號	變量定義	理論預期 利率	理論預期 金額	理論預期 期限	理論預期 擔保
控制權	CON	每條控製鏈條上最低持股比例之和	+	−	−	+
現金流量權	CFR	每條控製鏈條上持股比例乘積之和	−	+	+	−
控製權和現金流量權的分離度	SEP	控製權/現金流量權	+	−	−	+
金字塔層級	LAY	終極控製股東所控制的最長控製鏈條上的公司層級數量	+	−	−	+
終極控製股東類型	UCT	當終極控製股東類型為國有時取值為1，否則為0	−	+	+	−
社會資本	RSC	對社會信任、社會規範、社會參與、社會組織運用因子分析法計算的宏觀社會資本指數	−	+	+	−
社會資本	ESC	對政府關係網路、銀行關係網路、社會關係網路運用因子分析法計算的微觀社會資本指數	−	+	+	−
社會資本	SC	對社會信任、社會規範、社會參與、社會組織、政府關係網路、銀行關係網路、社會關係網路運用因子分析法計算的社會資本綜合指數	−	+	+	−
控制權與社會資本的交互項	$CON \times SC$	控製權×社會資本綜合指數	−	+	+	−
現金流量權與社會資本的交互項	$CFR \times SC$	現金流量權×社會資本綜合指數	−	+	+	−
兩權分離度與社會資本的交互項	$SEP \times SC$	（控製權/現金流量權）×社會資本綜合指數	−	+	+	−
金字塔層級與社會資本的交互項	$LAY \times SC$	金字塔層級×社會資本綜合指數	−	+	+	−
終極控製股東類型與社會資本的交互項	$UCT \times SC$	（當終極控製股東類型為國有時，UCT取值為1，否則為0）×社會資本綜合指數	−	+	+	−

註：①（控製權/現金流量權）的數值越大，表明控製權和現金流量權之間的分離程度越高。②宏觀社會資本指數、微觀社會資本指數、社會資本綜合指數的數值越大，分別表明宏觀社會資本、微觀社會資本、綜合社會資本的發展水平越好。③「＋」表明貸款利率、貸款額度、貸款期限、貸款擔保隨著該因素的增加而增加；「－」表明貸款利率、貸款額度、貸款期限、貸款擔保隨著該因素的增加而減小。④控製權越強、控製權和現金流量權的分離度越高、金字塔控製層級越多，終極控製股東的「隧道」動機越強、侵占風險越高，而社會資本的發展水平越好，對終極控製股東掠奪行為的抑制作用越明顯。因此，預期控製權、兩權分離度、金字塔層級和社會資本的交互項分別與貸款利率呈負相關、與貸款額度呈負相關、與貸款期限呈正相關、與貸款擔保呈負相關。⑤現金流量權越高、終極控製股東類型為國有時，終極控製股東與外部投資者利益越趨於一致。而社會資本的發展水平越好，越有助於增強現金流量權和國有屬性對終極控製股東掠奪動機的抑制作用。因此，預期現金流量權、國有型終極控製股東和社會資本的交互項分別與貸款利率呈負相關、與貸款額度呈正相關、與貸款期限呈正相關、與貸款擔保呈負相關。

6.1.3 控制變量的定義

借鑑 Strahan（1999），Guiso 等（2004），Ge 等（2012），Lin 等（2011a, 2012, 2013, 2014），Hasan（2015）等的研究，本書選取的控制變量包括公司特徵和制度環境兩個部分。對控制變量定義的總結如表6-3所示。

表6-3 控制變量的定義

變量名稱		變量符號	變量定義
公司特徵	公司規模	SIZE	總資產市場價值的自然對數
	成長機會	GROW	（總資產期末值－總資產期初值）/總資產期初值
	資本結構	LEV	總負債/（負債帳面價值＋權益市場價值）
	盈利能力	ROA	淨利潤/平均資產總額
	固定資產	FIX	（有形資產＋房地產＋設備＋廠房＋存貨－折舊）/總資產
制度環境	經濟發展水平	GDP	各地區GDP的自然對數
	法律制度水平	LAW	樊綱等（2011）編制的地區法律制度環境指數
年份、行業和地區	年份虛擬變量	YEAR	屬於該年份時取值為1，否則為0
	行業虛擬變量	ID	屬於該行業時取值為1，否則為0
	地區虛擬變量	REGION	屬於該地區時取值為1，否則為0

6.2 數據來源和樣本選擇

6.2.1 數據來源

銀行貸款契約數據來自國泰安數據服務中心（CSMAR）的銀行貸款研究數據庫以及銳思金融研究數據庫（www.resset.cn）的公司重大事項部分和財務報表部分。終極所有權結構數據來自國泰安數據服務中心（CSMAR）的股東研究數據庫。社會資本數據分別來自中國城市商業信用環境指數官網（www.chinacei.org）編制的「城市商業信用環境指數」；樊綱等（2011）編制的基於抽樣調查企業對「行政審批手續的方便簡捷情況」的評價指數；2008-2015年的《中國統計年鑑》；國泰安數據服務中心（CSMAR）的股東研究數據庫、公司治理結構數據庫以及財務報表附註數據庫；銳思金融研究數據庫（www.resset.cn）的財務報表、股東與股本部分以及組織治理結構部分。公司特徵數據來自國泰安數據服務中心（CSMAR）的財務指標分析數據庫。制度環境數據來自《中國統計年鑑》和樊綱等（2011）編制的法律制度環

境指數。

6.2.2 樣本選擇

結合終極所有權結構數據、社會資本數據和銀行貸款契約數據的可獲得性，本書根據以下原則對在滬深上市的樣本公司進行篩選：①剔除金融類上市公司；②剔除 ST、PT 類上市公司；③剔除 B 股、H 股類上市公司；④剔除數據存在極端異常值和缺損的上市公司；⑤保留上市年限相對較長的上市公司，因為這類公司的經營政策和公司行為相對成熟穩健，同時也為運行動態計量經濟模型提供先決條件。根據上述篩選原則，本書獲得一個包含 2007—2014 年連續 8 年均可持續獲得相關數據的 690 家上市公司組成的平衡面板數據為樣本（總共 5,520 個觀測值）。

6.2.3 描述性統計和相關性統計

本書選取的被解釋變量、解釋變量和控制變量的描述性統計結果如表 6－4 所示。

表 6－4　研究變量的描述性統計結果

變量符號	均值	標準差	最小值	25 分位數	中位數	75 分位數	最大值
BR	0.077,2	0.035,9	0.037,2	0.056,8	0.070,4	0.099,0	0.240,0
BL	0.401,0	0.243,6	0.024,9	0.209,6	0.418,0	0.588,0	0.967,1
BM	0.253,2	0.287,5	0.000,0	0.000,0	0.142,3	0.447,2	1.000,0
BG	0.937,1	0.242,7	0.000,0	1.000,0	1.000,0	1.000,0	1.000,0
CON	0.372,6	0.154,4	0.100,0	0.243,4	0.361,6	0.491,8	0.898,9
CFR	0.308,8	0.168,8	0.031,6	0.176,6	0.286,1	0.424,3	0.894,0
SEP	1.500,8	1.473,5	0.974,5	1.000,0	1.010,1	1.614,0	17.634,7
LAY	1.723,2	1.131,3	0.000,0	1.000,0	1.000,0	2.000,0	13.000,0
UCT	0.667,0	0.471,3	0.000,0	0.000,0	1.000,0	1.000,0	1.000,0
RSC	-1.92×10^{-6}	0.620,9	$-3.585,5$	$-0.330,6$	0.026,2	0.394,8	1.081,3
ESC	-5.44×10^{-7}	0.310,0	$-2.993,3$	$-0.188,4$	$-0.023,0$	0.175,8	3.731,6
SC	1.45×10^{-7}	0.329,4	$-1.923,4$	$-0.199,1$	0.019,0	0.228,3	2.181,4
$CON\times SC$	0.005,8	0.125,5	$-0.929,4$	$-0.063,7$	0.006,2	0.076,5	0.612,1

續表6-4

變量符號	均值	標準差	最小值	25分位數	中位數	75分位數	最大值
$CFR \times SC$	0.007,7	0.109,0	−0.929,4	−0.046,1	0.004,2	0.061,0	0.612,1
$SEP \times SC$	−0.039,7	0.730,2	−2.107,6	−0.253,3	0.024,5	0.280,2	4.258,8
$LAY \times SC$	0.028,8	0.686,5	−5.550,9	−0.274,9	0.000,0	0.322,0	4.878,9
$UCT \times SC$	0.018,2	0.257,5	−1.850,3	−0.066,1	0.000,0	0.144,4	2.181,4
$SIZE$	22.265,1	0.973,9	19.517,8	21.587,7	22.170,2	22.843,3	25.993,7
$GROW$	1.672,1	1.381,0	0.122,4	0.706,1	1.241,1	2.154,1	6.509,2
LEV	0.543,9	0.218,5	0.088,9	0.397,7	0.553,3	0.682,8	1.157,7
ROA	3.053,2	2.214,5	−1.871,8	1.162,0	3.011,6	4.630,1	7.780,9
FIX	0.253,1	0.186,9	0.001,1	0.105,2	0.217,3	0.370,9	0.936,3
GDP	9.596,6	0.835,7	5.670,0	9.140,0	9.620,0	10.170,0	11.040,0
LAW	4.978,4	2.150,1	−1.910,0	3.450,0	5.080,0	6.160,0	10.000,0

從表6-4可見，從被解釋變量來看，銀行貸款利率（BR）的均值（中位數）為7.72%（7.04%）。銀行貸款額度（BL）的均值（中位數）為0.401,0（0.418,0），表明樣本公司銀行貸款總額占總負債的平均水平約為40.10%。銀行貸款期限（BM）的均值（中位數）為0.253,2（0.142,3），表明樣本公司長期借款占銀行貸款總額的平均水平約為25.32%，樣本公司的銀行貸款多以短期借款為主。銀行貸款擔保（BG）的均值（中位數）為0.937,1（1.000,0），表明樣本公司獲得的銀行貸款多為抵押、質押、保證、擔保類型，而信用類型較少。

從被解釋變量來看，控制權（CON）的均值（中位數）為0.372,6（0.361,6），現金流量權（CFR）的均值（中位數）為0.308,8（0.286,1）。總體而言，樣本公司的平均控制權水平和平均現金流量權水平遠高於Claessens等（2000）研究的東亞國家（東亞國家控制權和現金流量權的平均值分別為0.197,7和0.157,0），但略低於Faccio和Lang（2002）研究的西歐國家（西歐國家控制權和現金流量權的平均值分別為0.384,8和0.346,4）。控制權和現金流量權的分離度（SEP）的均值（中位數）為1.500,8（1.010,1），總體而言，樣本公司的控制權和現金流量權的平均分離程度普遍高於Claessens等（2000）研究的東亞國家（東亞國家控制權與現金流量權的平均比值分別為1.340,5）和Faccio和Lang（2002）研究的西歐國家（西歐國家控制權與現金流量權的平均比值為1.152,1）。金字塔控制層級（LAY）的均值（中位數）

為1.723,2（1.000,0）。另外，樣本公司金字塔層級數量為0層、1層、2層、3層、4層及以上的樣本比重分別為4.37％、47.74％、30.51％、11.32％、6.06％，這與Fan等（2005）關於中國公司金字塔結構的研究結論基本一致，表明金字塔股權結構在中國上市公司中非常普遍，且金字塔控製層級大多分佈在1層至3層。終極控製股東類型（UCT）的均值（中位數）為0.667,0（1.000,0），表明約有66.70％的樣本公司的終極控製股東類型為國有屬性。總體而言，中國樣本公司的國有產權屬性遠遠高於Claessens等（2000）研究的東亞國家（東亞國家的國有控製平均水平僅為8.4％）和Faccio和Lang（2002）研究的西歐國家（西歐國家的國有控製平均水平僅為4.14％）。

宏觀社會資本指數（RSC）的均值（中位數）為-1.92×10^{-6}（0.026,2），最小值和最大值分別為$-3.585,5$和1.081,3。微觀社會資本指數（ESC）的均值（中位數）為-5.44×10^{-7}（$-0.023,0$），最小值和最大值分別為$-2.993,3$和3.731,6。社會資本綜合指數（SC）的均值（中位數）為1.45×10^{-7}（0.019,0），最小值和最大值分別為$-1.923,4$和2.181,4。

本書選取的被解釋變量和解釋變量的相關性統計結果如表6-5所示。

從表6-5可見，第一，控製權（CON）、兩權分離度（SEP）、金字塔層級（LAY）與貸款利率（BR）、貸款擔保（BG）顯著正相關，而與貸款金額（BL）、貸款期限（BM）顯著負相關，初步證實研究假設H1、H3和H4成立，表現為終極控製股東的控製權越強、兩權分離度越大、金字塔控製層級越多，銀行貸款契約的緊縮性程度越高。現金流量權（CFR）、終極控製股東類型（UCT）與貸款利率（BR）、貸款擔保（BG）顯著負相關，而與貸款金額（BL）、貸款期限（BM）顯著正相關，初步證實研究假設H2和H5成立，表現為終極控製股東的現金流量權越多、終極控製股東的產權屬性為國有時，銀行貸款契約的寬鬆性程度越高。

第二，宏觀社會資本指數（RSC）、微觀社會資本指數（ESC）、社會資本綜合指數（SC）與貸款利率（BR）、貸款擔保（BG）顯著負相關，而與貸款金額（BL）、貸款期限（BM）顯著正相關，初步證實研究假設H6a、H6b、H6成立，表現為（宏觀/微觀）社會資本的發展水平越高，銀行貸款契約的寬鬆性程度越高。

第三，控製權和社會資本的交互項（CON×SC）、現金流量權和社會資本的交互項（CFR×SC）、兩權分離度和社會資本的交互項（SEP×SC）、金字塔層級和社會資本的交互項（LAY×SC）、終極控製股東類型和社會資本的交互項（UCT×SC）均與貸款利率（BR）、貸款擔保（BG）顯著負相關，而與貸款金額（BL）、貸款期限（BM）顯著正相關，初步證實研究假設H7、H8、H9、H10、H11成立，表現為社會資本能減弱控製權、兩權分離度、金字塔結構對銀行貸款契約的負面影響；社會資本能增強現金流量權、國有型終極控製股東對銀行貸款契約的正面影響。

研究變量的Pearson相關性統計結果見表6-5。

表 6-5　研究變量的 Pearson 相關性統計結果

Panel.A：終極所有權結構、社會資本與銀行貸款契約的相關性統計結果

	BR	BL	BM	BG	CON	CFR	SEP	LAY	UCT	RSC	ESC	SC
BR	1.000,0											
BL	-0.008,7	1.000,0										
BM	-0.010,2	0.281,7***	1.000,0									
BG	0.006,6	-0.010,0	-0.013,6	1.000,0								
CON	0.024,5	-0.000,5	-0.144,4***	0.072,0***	1.000,0							
CFR	-0.023,2*	0.006,9***	0.136,4***	-0.071,5***	0.867,3***	1.000,0						
SEP	0.001,3**	-0.017,3***	-0.054,7***	0.032,7**	0.145,9***	-0.364,9***	1.000,0					
LAY	0.008,8*	-0.068,8***	-0.044,3***	0.006,0***	0.099,1***	-0.086,0***	0.245,1***	1.000,0				
UCT	-0.001,9*	0.015,3***	0.050,4***	-0.084,8***	0.240,9***	0.357,7***	-0.183,7***	-0.013,2	1.000,0			
RSC	-0.013,4*	0.068,8***	0.014,2***	-0.051,7***	0.036,9***	0.036,7***	-0.046,2***	0.039,1***	-0.082,1***	1.000,0		
ESC	-0.018,3*	0.386,0***	0.063,8***	-0.086,0***	0.157,3***	0.208,1***	-0.094,3***	0.076,5***	0.356,4***	0.179,6***	1.000,0	
SC	-0.005,0*	0.321,2***	0.064,5***	-0.081,7***	0.113,6***	0.138,1***	-0.081,7***	0.077,3***	0.117,3***	0.771,2***	0.755,8***	1.000,0

续表 6-5

Panel.B: 终极所有权结构和社会资本的交互项与银行贷款契约的相关性统计结果

	BR	BL	BM	BG	CON×SC	CFR×SC	SEP×SC	LAY×SC	UCT×SC
BR	1.000,0								
BL	-0.008,7	1.000,0							
BM	-0.010,2	0.281,7***	1.000,0						
BG	0.006,6	-0.010,0	-0.013,6	1.000,0					
CON×SC	-0.014,9*	0.329,4***	0.069,1***	-0.071,2***	1.000,0				
CFR×SC	-0.061,8**	0.316,1***	0.063,8***	-0.069,2***	0.968,1***	1.000,0			
SEP×SC	-0.002,5**	0.200,1***	0.041,2***	-0.053,7***	0.599,8***	0.477,5***	1.000,0		
LAY×SC	-0.006,4*	0.262,8***	0.054,4***	-0.069,7***	0.761,8***	0.671,7***	0.677,8***	1.000,0	
UCT×SC	-0.003,7	0.314,7***	0.071,4***	-0.061,2***	0.801,3***	0.806,5***	0.497,5***	0.664,7***	1.000,0

注：***、**、*分别表示在1%、5%、10%水平上显著。

6.3 實證模型的設定

本書利用平衡面板數據,分別構建靜態計量經濟模型和動態計量經濟模型對終極所有權結構、社會資本與銀行貸款契約之間的關係進行實證檢驗。

6.3.1 靜態面板計量經濟模型

根據第 5 章的理論分析部分可知,終極所有權結構(控製權、現金流量權、兩權分離度、金字塔結構、終極控製股東類型)、社會資本(宏觀社會資本、微觀社會資本、總社會資本),以及終極所有權結構與社會資本的交互項對銀行貸款契約(貸款利率、貸款金額、貸款期限、貸款擔保)具有影響。本章的研究目標是實證檢驗終極所有權結構、社會資本如何影響銀行貸款契約,以及社會資本如何影響終極所有權結構與銀行貸款契約之間的關係。

為了檢驗終極所有權結構、社會資本如何影響銀行貸款契約,本書構建靜態迴歸估計模型如式(6-1)所示:

$$CONTRACT_{it} = \alpha + \beta \times UOS_{it} + \gamma_2 \times ESC_{it} + \gamma \times SC_{it} + \eta \times CV_{it} + \delta_1 \times \sum YEAR + \delta_2 \times \sum ID + \delta_3 \times \sum REGION + \mu_{it}$$

(6-1)

為了檢驗終極所有權結構和銀行貸款契約之間的關係是否及如何受社會資本發展水平的影響,本書在式(6-1)的基礎上加入終極所有權結構與社會資本的交互項($UOS \times SC$),構建靜態迴歸估計模型如式(6-2)所示:

$$CONTRACT_{it} = \alpha + \beta \times UOS_{it} + \gamma \times SC_{it} + \lambda \times UOS_{it} \times SC_{it} + \eta \times CV_{it} + \delta_1 \times \sum YEAR + \delta_2 \times \sum ID + \delta_3 \times \sum REGION + \mu_{it}$$

(6-2)

其中,i 代表第 i 家樣本公司,t 代表第 t 年,μ 為靜態模型的隨機誤差項。被解釋變量 CONTRACT 代表銀行貸款契約,包含貸款利率(BR)、貸款金額(BL)、貸款期限(BM)和貸款擔保(BG)共四個代理變量。解釋變量 UOS 代表終極所有權結構,包含控製權(CON)、現金流量權(CFR)、兩權分離度(SEP)、金字塔層級(LAY)和終極控製股東類型(UCT)共五個代理變量。解釋變量 RSC、ESC、SC 分別代表宏觀社會資本指數、微觀社會資本指數和社會資本綜合指數。解釋變量 $CON \times SC$ 代表終極所有權結構與社會資本的交互項,包含控製權與社會資本的交互項($CON \times SC$)、現金流量權與社會資本的交互項($CFR \times SC$)、兩權分離度與社會資本的交互項($SEP \times SC$)、金字塔層級與社會資本的交互項($LAY \times SC$)、

終極控制股東類型與社會資本的交互項（UCT×SC）共五個代理變量。控制變量 CV 包括公司特徵變量和制度環境變量。YEAR、ID、REGION 分別代表年份、行業和地區虛擬變量。

6.3.2 動態面板計量經濟模型

由於靜態估計模型在迴歸過程中沒有考慮到不可觀測的異質性問題和可能的內生性問題，而銀行貸款契約的設計和安排是一個動態過程，因此，應當在一個動態的框架內分析檢驗銀行貸款契約的影響因素。動態方法非常重要，動態模型的特徵是將滯後的被解釋變量作為解釋變量，以充分考慮被解釋變量可能存在的局部調整或調整成本問題，例如，Du 等（2010，2015）考慮了債務期限和債務額度的動態調整成本問題，構建了社會資本與公司債務融資行為之間的關係的動態估計模型。Javakhadze 等（2016）研究認為，年度貸款數據並不能代表任何既定年份的一種長期均衡性和穩定性，考慮到銀行信貸規模可能存在的局部調整變化問題，構建了高管社會資本與信貸市場發展之間關係的動態估計模型。由於靜態估計模型沒有將這些調整因素考慮進去，靜態分析不能解釋貸款利率、貸款金額、貸款期限和貸款擔保的動態本質，因而，本章還將進一步構建動態估計模型以對終極所有權結構、社會資本與銀行貸款契約之間的關係進行實證檢驗。

為了檢驗終極所有權結構、社會資本如何影響銀行貸款契約，以及銀行貸款契約可能存在的動態調整問題，我們構建動態迴歸估計模型如式（6－3）所示：

$$CONTRACT_{it} = \alpha + \varphi \times CONTRACT_{i,t-1} + \beta \times UOS_{it} + \gamma_1 \times RSC_{it} + \gamma_2 \times ESC_{it} + \gamma \times SC_{it} + \eta \times CV_{it} + v_i + \varepsilon_{it}$$

（6－3）

為了檢驗終極所有權結構和銀行貸款契約之間的關係是否及如何受社會資本發展水平的影響，以及銀行貸款契約可能存在的動態調整問題，我們在式（6－3）的基礎上加入終極所有權結構與社會資本的交互項（UOS×SC），構建靜態迴歸估計模型如式（6－4）所示：

$$CONTRACT_{it} = \alpha + \varphi \times CONTRACT_{i,t-1} + \beta \times UOS_{it} + \gamma \times SC_{it} + \lambda \times UOS_{it} \times SC_{it} + \eta \times CV_{it} + v_i + \varepsilon_{it}$$

（6－4）

其中，φ 為被解釋變量一階滯後項的估計係數向量；v_i 為個體效應，用於控制公司的異質性特徵；ε 為動態模型的隨機誤差項。

由於動態面板模型在解釋變量中引入被解釋變量的滯後項，通常導致解釋變量的內生性問題，此時如果應用靜態面板的 OLS、固定效應或隨機效應方法進行估計將產生有偏、非一致的參數估計量。借鑑 Arellano 和 Bond（1991）的方法，本章運

用動態面板廣義矩估計方法（GMM）對模型進行估計，可以有效地控制不可觀測的異方差性問題並解決潛在的內生性問題。GMM 估計包括差分 GMM、水平 GMM 和系統 GMM 三種。對動態面板模型進行差分以消除個體效應 v_i，然後將水平變量的所有可能的高階滯後變量作為一階差分變量的有效工具變量進行 GMM 估計，這就是「Arellano-Bond 估計量」，也被稱為「差分 GMM」。在差分廣義矩估計的基礎上，進一步使用差分變量的所有可能的高階滯後變量作為一階水平變量的有效工具變量進行 GMM 估計，這稱為「水平 GMM」。通過對差分 GMM 和水平 GMM 進行結合，Blundell 和 Bond（1998）將差分方程和水平方程作為一個方程系統進行估計，這稱為「系統 GMM」。運用 Stata 12.0 統計軟件，我們分別採用差分 GMM 和系統 GMM 對動態面板數據模型進行估計。

6.4 實證結果分析

6.4.1 靜態估計結果分析

6.4.1.1 銀行貸款水平變量的估計結果分析

借鑑 Lin 等（2011，2012）和 Ge 等（2012）的估計方法，本章運用 OLS 迴歸模型和 Probit 迴歸模型來估計系數，即當被解釋變量是貸款利率水平（BR）、貸款額度水平（BL）、貸款期限水平（BM）時選用 OLS 迴歸模型；當被解釋變量是貸款擔保類型（BG）時選用 Probit 迴歸模型。另外，為了得到穩健性結論，當被解釋變量是貸款利率水平（BR）、貸款額度水平（BL）、貸款期限水平（BM）時，我們還同時運用固定效應模型和隨機效應模型進行迴歸估計。

終極控制股東的控制權、社會資本與銀行貸款契約之間關係的 OLS 迴歸、固定效應迴歸、隨機效應迴歸的靜態估計結果如表 6—6 所示。

表 6—6（1） 控制權、社會資本與銀行貸款契約的 OLS 迴歸靜態估計結果

變量名稱	BR		BL		BM		BG	
	（1）	（2）	（3）	（4）	（5）	（6）	（7）	（8）
$Intercept$	9.514,9 (2.04) **	9.537,8 (2.05) **	0.214,6 (0.43)	0.328,0 (0.65)	0.282,6 (0.43)	0.222,4 (0.34)	8.786,8 (1.47)	6.113,4 (1.05)
CON	0.000,9 (0.52)	0.000,6 (0.37)	−0.000,5 (−2.46) **	−0.000,3 (−1.38)	−0.000,5 (−2.06) **	−0.000,5 (−2.17) **	0.006,9 (3.20) ***	0.008,4 (3.76) ***

續表6-1(1)

變量名稱	BR (1)	BR (2)	BL (3)	BL (4)	BM (5)	BM (6)	BG (7)	BG (8)
RSC	-0.796,4 (-2.19)**		0.540,8 (13.90)***		0.097,3 (1.89)*		-0.562,5 (-1.20)	
ESC	0.802,9 (1.49)		0.649,3 (11.28)***		-0.008,1 (-0.11)		-2.039,9 (-3.20)***	
SC	-1.228,4 (-1.55)	0.250,1 (1.18)	-1.512,3 (-17.81)***	0.385,4 (16.80)***	-0.140,8 (-1.25)	0.061,5 (2.05)**	2.459,0 (2.54)**	-0.912,7 (-2.66)***
CON×SC		-0.007,9 (-1.66)*		0.004,8 (9.38)***		0.002,3 (3.41)***		-0.013,0 (-1.95)*
SIZE	-0.048,7 (-1.61)	-0.045,7 (-1.52)	0.019,7 (6.11)***	0.022,2 (6.85)***	0.066,2 (15.52)***	0.066,1 (15.54)***	-0.008,5 (-0.23)	-0.015,3 (-0.41)
GROW	-0.003,3 (-0.15)	-0.004,4 (-0.21)	-0.026,4 (-11.57)***	-0.027,3 (-11.86)***	-0.031,1 (-10.30)***	-0.031,0 (-10.30)***	0.107,2 (3.26)***	0.108,6 (3.29)***
LEV	-0.230,3 (-1.70)*	-0.189,3 (-1.41)	0.007,7 (0.53)	0.037,3 (2.59)**	0.004,1 (0.22)	0.006,6 (0.35)	-0.059,9 (-0.32)	-0.115,4 (-0.61)
ROA	-0.016,4 (-1.34)	-0.018,1 (-1.48)	-0.008,5 (-6.49)***	-0.009,7 (-7.39)***	0.001,3 (0.75)	0.001,2 (0.69)	0.014,1 (0.91)	0.016,8 (1.09)
FIX	0.358,9 (2.18)**	0.387,1 (2.36)**	0.240,3 (13.65)***	0.261,9 (14.78)***	0.197,2 (8.47)***	0.198,9 (8.57)***	0.261,8 (1.23)	0.225,0 (1.06)
GDP	-0.906,0 (-1.96)*	-0.908,9 (-1.98)*	0.010,9 (0.22)	-0.003,8 (-0.08)	-0.162,6 (-2.49)**	-0.153,3 (-2.36)**	-0.642,7 (-1.01)	-0.354,0 (-0.57)
LAW	0.070,2 (2.28)**	0.073,2 (2.39)**	-0.001,2 (-0.37)	0.000,2 (0.05)	-0.003,3 (-0.75)	-0.002,2 (-0.52)	0.008,0 (0.19)	0.008,5 (0.20)
F 統計量	0.94 (85)	0.93 (84)	48.62 (85)***	47.06 (84)***	25.66 (85)***	26.01 (84)***	—	—
LR 統計量	—	—	—	—	—	—	301.05 (77)***	291.67 (76)***

續表6-1(1)

變量名稱	BR (1)	BR (2)	BL (3)	BL (4)	BM (5)	BM (6)	BG (7)	BG (8)
Adjusted R^2	0.014,6	0.014,2	0.423,1	0.412,1	0.275,3	0.275,7	—	—
Pseudo R^2	—	—	—	—	—	—	0.118,6	0.114,9
Wald 檢驗 (YEAR)	0.79 (7)	0.98 (7)	12.26 (7)***	17.73 (7)***	6.02 (7)***	6.76 (7)***	4.62 (7)	4.23 (7)
Wald 檢驗 (ID)	0.67 (37)	0.66 (37)	13.35 (37)***	13.19 (37)***	25.91 (37)***	26.20 (37)***	81.04 (32)***	80.90 (32)***
Wald 檢驗 (REGION)	1.09 (30)	1.07 (30)	9.19 (30)***	13.85 (30)***	4.85 (30)***	4.96 (30)***	57.59 (27)***	71.63 (27)***
迴歸模型	OLS	OLS	OLS	OLS	OLS	OLS	Probit	Probit

註：①F 統計量表示 OLS 迴歸模型的整體顯著性檢驗值；②LR 統計量表示 Probit 迴歸模型的整體顯著性檢驗值，Pseudo R^2（偽可決系數）表示 Probit 迴歸模型的擬合優度；③Wald 檢驗（YEAR）、Wald 檢驗（ID）、Wald 檢驗（REGION）分別表示無相關零假設下漸進 χ^2 分佈年度、行業、地區虛擬變量的聯合顯著性 Wald 檢驗，括號內的數值為自由度；④***、**、* 分別表示在 1%、5%、10% 水平上顯著，估計系數下方括號內的數值為 T 統計量。

表6-6（2） 控製權、社會資本與銀行貸款契約的固定效應迴歸靜態估計結果

變量名稱	BR (1)	BR (2)	BL (3)	BL (4)	BM (5)	BM (6)
Intercept	9.966,2 (2.31)**	9.428,9 (2.19)**	−0.871,6 (−2.97)***	−0.537,3 (−1.73)*	−0.316,7 (−0.67)	−0.226,3 (−0.48)
CON	0.000,3 (0.08)	0.000,3 (0.09)	−0.001,1 (−4.13)***	−0.000,8 (−2.91)***	−0.002,7 (−6.23)***	−0.002,6 (−5.85)***
RSC	−0.275,1 (−0.43)		1.084,2 (24.75)***		−0.332,5 (−4.69)***	
ESC	−0.996,8 (−0.91)		1.640,5 (21.95)***		0.403,1 (3.33)***	
SC	1.669,3 (1.00)	0.534,9 (1.49)	−3.002,4 (−26.54)***	0.375,4 (14.54)***	0.786,6 (4.30)***	0.011,0 (0.28)
CON×SC		−0.006,3 (−0.82)		0.002,2 (4.05)***		0.003,3 (3.93)***
SIZE	−0.076,1 (−1.09)	−0.081,5 (−1.16)	0.037,1 (7.78)***	0.038,5 (7.62)***	0.081,5 (10.57)***	0.080,7 (10.46)***
GROW	−0.031,8 (−0.91)	−0.032,5 (−0.93)	−0.018,8 (−7.93)***	−0.022,0 (−8.79)***	−0.029,2 (−7.62)***	−0.030,5 (−7.97)***

續表6-6(2)

變量名稱	BR (1)	BR (2)	BL (3)	BL (4)	BM (5)	BM (6)
LEV	0.170,2 (0.73)	0.154,9 (0.69)	−0.037,6 (−2.37)**	0.081,1 (5.04)***	0.053,9 (2.10)**	0.094,6 (3.85)***
ROA	−0.016,8 (−1.08)	−0.017,0 (−1.09)	−0.005,8 (−5.42)***	−0.006,8 (−6.02)***	−0.001,8 (−1.07)	−0.002,3 (−1.31)
FIX	0.002,3 (0.01)	−0.011,0 (−0.04)	0.105,3 (5.27)***	0.142,6 (6.75)***	−0.010,8 (−0.33)	0.001,1 (0.03)
GDP	−0.920,2 (−2.03)**	−0.853,6 (−1.90)*	0.048,3 (1.57)	−0.000,2 (−0.01)	−0.140,3 (−2.82)***	−0.151,9 (−3.07)***
LAW	0.066,5 (2.21)**	0.069,3 (2.31)**	0.000,3 (0.15)	0.000,3 (0.12)	−0.002,9 (−0.87)	−0.002,6 (−0.78)
F統計量	1.26 (18)	1.25 (17)	119.59 (18)***	81.13 (17)***	24.97 (18)***	25.55 (17)***
Adjusted R²	0.004,7	0.004,4	0.237,7	0.185,4	0.089,7	0.052,9
Wald檢驗 (YEAR)	0.82 (7)	0.84 (7)	28.10 (7)***	24.56 (7)***	8.65 (7)***	10.54 (7)***
Wald檢驗 (ID)	—	—	—	—	—	—
Wald檢驗 (REGION)	—	—	—	—	—	—

註：①F統計量表示固定效應迴歸模型的整體顯著性檢驗值；②由於多重共線性問題，第（1）欄至第（6）欄中的37個行業虛擬變量（ID）和30個地區虛擬變量（REGION）均被省略，故不存在Wald檢驗（ID）值和Wald檢驗（REGION）值；③其他變量說明同表6-6（1）。

表6-6（3） 控製權、社會資本與銀行貸款契約的隨機效應迴歸靜態估計結果

變量名稱	BR (1)	BR (2)	BL (3)	BL (4)	BM (5)	BM (6)
Intercept	9.561,3 (2.26)**	9.370,9 (2.23)**	−0.624,2 (−2.06)**	−0.339,5 (−1.07)	0.189,3 (0.39)	0.192,7 (0.40)
CON	0.000,8 (0.42)	0.000,7 (0.35)	−0.000,6 (−2.60)***	−0.000,5 (−1.83)*	−0.001,7 (−4.89)***	−0.001,6 (−4.73)***
RSC	−0.694,8 (−1.77)*		0.940,6 (23.53)***		−0.223,9 (−3.75)***	
ESC	0.634,9 (1.04)		1.381,4 (20.45)***		0.210,7 (2.11)**	

第6章 終極所有權結構、社會資本與銀行貸款契約的實證研究

續表6-6(3)

變量名稱	BR (1)	BR (2)	BL (3)	BL (4)	BM (5)	BM (6)
SC	-0.955,2 (-1.06)	0.288,5 (1.23)	-2.609,1 (-25.61)***	0.373,8 (15.53)***	0.489,0 (3.26)***	0.024,5 (0.70)
CON×SC		-0.007,3 (-1.40)		0.002,8 (5.36)***		0.003,1 (4.15)***
SIZE	-0.052,4 (-1.53)	-0.050,6 (-1.48)	0.032,0 (7.75)***	0.033,5 (7.83)***	0.074,7 (12.53)***	0.074,3 (12.49)***
GROW	-0.008,4 (-0.36)	-0.009,5 (-0.41)	-0.019,6 (-8.87)***	-0.022,4 (-9.72)***	-0.029,4 (-8.76)***	-0.030,2 (-9.00)***
LEV	-0.186,8 (-1.25)	-0.142,8 (-0.97)	-0.025,3 (-1.71)*	0.071,9 (4.81)***	0.034,4 (1.53)	0.058,4 (2.69)***
ROA	-0.016,6 (-1.30)	-0.018,1 (-1.41)	-0.005,8 (-5.52)***	-0.007,0 (-6.36)***	-0.000,8 (-0.47)	-0.001,2 (-0.71)
FIX	0.308,5 (1.68)*	0.330,9 (1.81)*	0.132,0 (7.07)***	0.168,3 (8.65)***	0.060,4 (2.14)**	0.068,3 (2.43)**
GDP	-0.904,3 (-2.01)**	-0.899,6 (-2.01)**	0.038,2 (1.23)	-0.001,1 (-0.03)	-0.150,6 (-3.02)***	-0.153,5 (-3.10)***
LAW	0.069,7 (2.33)**	0.072,6 (2.43)**	-7.37×10^{-6} (-0.01)	0.000,3 (0.12)	-0.003,1 (-0.93)	-0.002,5 (-0.75)
Wald 統計量	61.44 (85)	59.75 (84)	2,627.70 (85)***	1,959.60 (84)***	861.57 (85)***	856.76 (84)***
Adjusted R²	0.014,5	0.014,1	0.403,7	0.408,5	0.276,2	0.277,9
Wald 檢驗 (YEAR)	5.75 (7)	6.90 (7)	193.02 (7)***	186.11 (7)***	64.37 (7)***	75.81 (7)***
Wald 檢驗 (ID)	16.52 (37)	16.26 (37)	96.53 (37)***	108.91 (37)***	213.05 (37)***	219.85 (37)***
Wald 檢驗 (REGION)	25.68 (30)	25.23 (30)	85.29 (30)***	113.09 (30)***	38.59 (30)	46.40 (30)**

註：Wald 統計量表示隨機效應迴歸模型的整體顯著性檢驗值。其他變量說明同表6-6(1)。

從表6-6(1)、6-6(2)和6-6(3)可見，LR 統計量、F 統計量、Wald 統計量分別表明本章運用的 Probit 迴歸模型、OLS 迴歸模型、固定效應迴歸模型以及隨機效應迴歸模型的整體顯著性檢驗值均在1%的水平上顯著（被解釋變量為銀行貸款利率（BR）的迴歸模型除外），迴歸模型的整體擬合效果較好。Pseudo R² 值表明在 Probit 迴歸模型中，終極控製股東的控製權、社會資本、控製權和社會資本的交

互項以及控制變量對銀行貸款擔保變異的解釋能力範圍為 11.49%～11.86%。Adjusted R^2 值表明在 OLS 迴歸模型、固定效應迴歸模型和隨機效應迴歸模型中,終極控製股東的控製權、社會資本、控製權和社會資本的交互項以及控制變量對銀行貸款利率、銀行貸款金額、銀行貸款期限變異的解釋能力範圍分別為 0.44%～1.46%、18.54%～42.31%、5.29%～27.79%。被解釋變量為銀行貸款利率（BR）的迴歸模型除外,Wald 檢驗（YEAR）值表明年度虛擬變量的聯合顯著性檢驗均在 1% 的水平上顯著,即年度效應對銀行貸款契約具有顯著性的影響；Wald 檢驗（ID）值表明行業虛擬變量的聯合顯著性檢驗均在 1% 的水平上顯著,即行業類別對銀行貸款契約同樣具有顯著性的影響；Wald 檢驗（REGION）值表明地區虛擬變量的聯合顯著性檢驗均在 1% 的水平上顯著,即地域分佈對銀行貸款契約同樣具有顯著性的影響。關於公司特徵、制度環境等控制變量對銀行貸款契約的影響,與先前的實證研究結果基本一致（Strahan, 1999; Guiso et al., 2004; Ge et al., 2012; Lin et al., 2011a; 2012, 2013, 2014; Hasan et al., 2015）,我們在此不做詳細分析。本部分將重點剖析控製權、社會資本、控製權和社會資本的交互項如何影響銀行貸款契約。

從表 6—6（1）的 OLS 迴歸模型和 Probit 迴歸模型、表 6—6（2）的固定效應迴歸模型以及表 6—6（3）的隨機效應迴歸模型的估計結果可見,首先,控製權與貸款利率之間的估計係數為正但並不顯著、與貸款金額顯著負相關、與貸款期限顯著負相關、與貸款擔保在 1% 水平上顯著正相關,估計結果從總體上驗證了研究假設 H1。這一研究結論意味著,終極控製股東掌握的控製權越強,銀行貸款契約的緊縮性程度越高,表現為貸款額度越小、貸款期限越短、貸款抵押擔保要求越嚴格。這可能是因為一方面,手中掌握著超強控製權的終極控製股東通常不以追求公司價值最大化為經營目標,且終極控製股東掌握的控製權越強,風險轉移動機和攫取控製權私利的「隧道」動機越強烈,侵佔外部債權投資者利益的機會主義行為和侵佔程度越嚴重,終極控製股東和外部債權投資者之間的代理衝突矛盾越激烈。因此,銀行等債權投資者面臨的代理風險越高。另一方面,終極控製股東的控製權越強,通過「隧道」轉移公司資產、掏空公司資源、侵佔外部債權投資者利益的動機和能力越強,那麼為了掩飾公司真實績效,並向外部債權投資者隱瞞他們對控製權私利的攫取行為,終極控製股東可能產生操縱會計信息的動機和行為,尤其是在公司治理水平較差、控製權私利較高、攫取控製權私利行為被察覺的可能性較低的情況下,終極控製股東產生與「隧道」有關的盈餘管理動機和會計信息操縱行為將變得更加強烈和嚴重。由此,銀行等債權投資者面臨的信息風險越高。在中國終極所有權結構較為普遍、上市公司股權集中度較高、終極控製股東控製權較強、法律制度環境較差的特殊的制度背景下,終極控製股東的控製權越強,不僅對債權投資者利益的侵佔程度較高,而且對會計信息的操縱動機越強,信息不對稱程度的提高進一步導致外部債權投資者產生對公司內部控製股東侵佔行為發生概率和侵佔嚴重程度的預期,

因而銀行等債權人將向這類控制權較強、代理風險和信息風險較大、信用質量較差的債務人提供貸款額度較小、貸款期限較短、貸款擔保要求較嚴格等契約條款緊縮性程度較高的銀行貸款。

其次，控制權和社會資本的交互項與貸款利率在10％水平上顯著負相關、與貸款金額在1％水平上顯著正相關、與貸款期限在1％水平上顯著正相關、與貸款擔保在10％水平上顯著負相關，估計結果從總體上驗證了研究假設H7。這一研究結論意味著，高水平的社會資本能減弱終極控制股東的控制權對銀行貸款契約的負面影響，表現為社會資本水平越高，控制權與貸款利率和貸款擔保之間的正相關關係、與貸款金額和貸款期限之間的負相關關係越容易受到削弱。這可能是因為社會資本的發展水平越好，社會信任水平越高、合作規範越強、關係網路密度越大，在這樣的社區環境中，終極控制股東的利益侵占動機和信息操縱動機將受到其他社會網路成員的密切監督，終極控制股東產生違背社區規範和道德價值觀的不端的機會主義行為將遭受嚴厲的制裁和懲處，終極控制股東將為他們的侵占動機和機會主義行為付出沉重的代價並承擔較高的成本。當侵占行為導致的成本超過利用控制權獲取的利益時，終極控制股東的機會主義行為將逐漸得到抑制和收斂。因此，高水平的社會資本可能減緩內部控制股東和外部債權投資者之間的代理衝突矛盾和信息不對稱問題，進而將削弱控制權對銀行貸款契約的負面影響。

終極控制股東的現金流量權、社會資本與銀行貸款契約之間關係的OLS迴歸、固定效應迴歸、隨機效應迴歸的靜態估計結果如表6-7所示。

表6-7（1） 現金流量權、社會資本與銀行貸款契約的OLS迴歸靜態估計結果

變量名稱	BR (1)	BR (2)	BL (3)	BL (4)	BM (5)	BM (6)	BG (7)	BG (8)
$Intercept$	9.519,9 (2.05)**	9.469,7 (2.04)**	0.219,1 (0.44)	0.280,1 (0.56)	0.273,2 (0.41)	0.169,0 (0.26)	9.134,4 (1.53)	6.519,3 (1.13)
CFR	−0.001,0 (−0.64)	−0.000,7 (−0.41)	0.000,4 (2.46)**	−0.000,1 (−0.75)	0.000,2 (1.06)	0.000,2 (1.05)	−0.004,9 (−2.53)**	−0.006,0 (−3.06)***
RSC	−0.810,2 (−2.22)**		0.545,7 (13.98)***		0.096,6 (1.87)*		−0.533,9 (−1.14)	
ESC	0.833,2 (1.54)		0.660,0 (11.38)***		−0.009,1 (−0.12)		−1.973,4 (−3.09)***	
SC	−1.266,9 (−1.59)	0.178,1 (0.93)	−1.525,9 (−17.86)***	0.432,9 (20.95)***	−0.139,5 (−1.23)	0.095,1 (3.51)***	2.385,4 (2.46)**	−0.579,0 (−2.03)**

續表6-7(1)

變量名稱	BR (1)	BR (2)	BL (3)	BL (4)	BM (5)	BM (6)	BG (7)	BG (8)
$CFR \times SC$		−0.006,6 (−1.49)	0.003,9 (8.25)***		0.001,5 (2.33)**		−0.005,8 (−1.01)	
$SIZE$	−0.048,4 (−1.62)	−0.046,5 (−1.55)	0.019,5 (6.07)***	0.021,2 (6.56)***	0.067,3 (15.87)***	0.067,1 (15.84)***	−0.017,3 (−0.46)	−0.024,4 (−0.66)
$GROW$	−0.003,3 (−0.16)	−0.004,4 (−0.21)	−0.026,4 (−11.57)***	−0.027,2 (−11.80)***	−0.031,2 (−10.35)***	−0.031,2 (−10.34)***	0.109,5 (3.32)***	0.109,6 (3.32)***
LEV	−0.230,9 (−1.70)*	−0.184,3 (−1.38)	0.007,1 (0.49)	0.039,8 (2.76)***	0.005,3 (0.28)	0.009,4 (0.50)	−0.062,6 (−0.33)	−0.128,2 (−0.69)
ROA	−0.016,6 (−1.36)	−0.018,0 (−1.48)	−0.008,6 (−6.58)***	−0.009,6 (−7.32)***	0.001,4 (0.83)	0.001,4 (0.80)	0.012,5 (0.81)	0.014,2 (0.92)
FIX	0.358,9 (2.18)**	0.383,1 (2.33)**	0.240,4 (13.65)***	0.259,2 (14.61)***	0.197,1 (8.46)***	0.197,3 (8.50)***	0.259,1 (1.22)	0.223,3 (1.06)
GDP	−0.908,6 (−1.97)**	−0.903,5 (−1.96)*	0.009,9 (0.20)	0.001,2 (0.02)	−0.162,3 (−2.48)**	−0.148,9 (−2.29)**	−0.665,3 (−1.05)	−0.385,7 (−0.63)
LAW	0.070,2 (2.28)**	0.073,1 (2.38)**	−0.001,2 (−0.36)	0.000,1 (0.04)	−0.003,3 (−0.77)	−0.002,3 (−0.54)	0.008,6 (0.21)	0.010,2 (0.25)
F 統計量	0.95 (85)	0.92 (84)	48.62 (85)***	46.61 (84)***	25.61 (85)***	25.85 (84)***	—	—
LR 統計量	—	—	—	—	—	—	297.17 (77)***	285.76 (76)***
Adjusted R^2	0.014,6	0.014,1	0.423,1	0.409,8	0.274,9	0.274,4	—	—
Pseudo R^2	—	—	—	—	—	—	0.117,0	0.112,5
Wald 檢驗 (YEAR)	0.78 (7)	0.96 (7)	12.13 (7)***	17.04 (7)***	6.00 (7)***	6.73 (7)***	4.63 (7)	4.21 (7)
Wald 檢驗 (ID)	0.67 (37)	0.66 (37)	13.35 (37)***	13.28 (37)***	25.75 (37)***	25.94 (37)***	80.26 (32)***	79.60 (32)***
Wald 檢驗 (REGION)	1.09 (30)	1.07 (30)	9.18 (30)***	13.86 (30)***	4.84 (30)***	5.02 (30)***	58.55 (27)***	72.00 (27)***
迴歸模型	OLS	OLS	OLS	OLS	OLS	OLS	Probit	Probit

表 6-7（2） 現金流量權、社會資本與銀行貸款契約的固定效應迴歸靜態估計結果

變量名稱	BR (1)	BR (2)	BL (3)	BL (4)	BM (5)	BM (6)
Intercept	10.570,2 (2.26)**	9.905,4 (2.13)**	−0.947,4 (−2.98)***	−0.520,8 (−1.55)	−0.340,7 (−0.66)	−0.300,4 (−0.58)
CFR	−0.000,1 (−0.01)	−0.000,1 (−0.03)	0.001,0 (3.80)***	0.000,8 (2.91)***	0.002,5 (5.89)***	0.002,4 (5.63)***
RSC	−0.273,5 (−0.42)		1.080,2 (24.66)***		−0.322,8 (−4.55)***	
ESC	−0.993,3 (−0.90)		1.632,2 (21.85)***		0.383,1 (3.17)***	
SC	1.665,4 (1.00)	0.402,0 (1.29)	−2.992,0 (−26.45)***	0.391,3 (17.44)***	0.761,3 (4.16)***	0.085,7 (2.49)**
CFR×SC		−0.003,0 (−0.42)		0.002,2 (4.38)***		0.001,6 (2.02)**
SIZE	−0.077,5 (−1.11)	−0.081,6 (−1.17)	0.037,8 (7.96)***	0.038,5 (7.66)***	0.082,9 (10.79)***	0.082,4 (10.70)***
GROW	−0.031,4 (−0.90)	−0.032,1 (−0.93)	−0.019,1 (−8.08)***	−0.022,2 (−8.87)***	−0.029,8 (−7.81)***	−0.031,1 (−8.12)***
LEV	0.171,2 (0.73)	0.151,3 (0.68)	−0.037,1 (−2.34)**	0.081,5 (5.07)***	0.055,2 (2.15)**	0.092,8 (3.77)***
ROA	−0.016,9 (−1.08)	−0.016,9 (−1.08)	−0.005,7 (−5.35)***	−0.006,7 (−5.95)***	−0.001,7 (−0.97)	−0.002,0 (−1.17)
FIX	0.002,5 (0.01)	−0.013,9 (−0.05)	0.104,5 (5.23)***	0.141,4 (6.70)***	−0.012,5 (−0.39)	−0.002,7 (−0.08)
GDP	−0.919,5 (−2.03)**	−0.838,9 (−1.87)*	0.051,5 (1.67)*	0.004,0 (0.12)	−0.131,9 (−2.64)***	−0.134,8 (−2.72)***
LAW	0.066,6 (2.22)**	0.069,6 (2.32)**	0.000,2 (0.12)	0.000,0 (0.08)	−0.003,1 (−0.92)	−0.002,6 (−0.78)
F 統計量	1.26 (18)	1.22 (17)	119.38 (18)***	81.42 (17)***	24.72 (18)***	24.61 (17)***
Adjusted R^2	0.004,7	0.004,3	0.234,7	0.189,1	0.094,3	0.058,7
Wald 檢驗 (YEAR)	0.82 (7)	0.83 (7)	28.66 (7)***	24.88 (7)***	8.42 (7)***	10.27 (7)***
Wald 檢驗 (ID)	—	—	—	—	—	—
Wald 檢驗 (REGION)	—	—	—	—	—	—

表 6-7（3） 現金流量權、社會資本與銀行貸款契約的隨機效應迴歸靜態估計結果

變量名稱	BR (1)	BR (2)	BL (3)	BL (4)	BM (5)	BM (6)
Intercept	9.579,4 (2.27)**	9.333,1 (2.22)**	−0.644,9 (−2.13)**	−0.365,2 (−1.15)	0.135,8 (0.28)	0.069,3 (0.15)
CFR	−0.000,9 (−0.50)	−0.000,7 (−0.39)	0.000,5 (2.16)**	0.000,5 (1.97)**	0.001,4 (4.20)***	0.001,3 (4.10)***
RSC	−0.706,1 (−1.80)*		0.937,6 (23.44)***		−0.214,2 (3.58)***	
ESC	0.659,4 (1.08)		1.375,1 (20.35)***		0.190,6 (1.90)*	
SC	−0.986,6 (−1.09)	0.212,3 (1.01)	−2.601,1 (−25.52)***	0.396,1 (18.80)***	0.463,2 (3.08)***	0.086,3 (2.80)***
CFR×SC		−0.005,8 (−1.20)		0.002,6 (5.48)***		0.001,7 (2.47)**
SIZE	−0.052,2 (−1.53)	−0.051,2 (−1.50)	0.032,7 (7.95)***	0.033,3 (7.83)***	0.076,3 (12.88)***	0.075,9 (12.81)***
GROW	−0.008,5 (−0.37)	−0.009,6 (−0.41)	−0.019,8 (−8.99)***	−0.022,4 (−9.74)***	−0.029,9 (−8.92)***	−0.030,6 (−9.13)***
LEV	−0.187,6 (−1.25)	−0.139,2 (−0.95)	−0.025,2 (−1.70)*	0.072,4 (4.85)***	0.035,1 (1.56)	0.057,6 (2.64)***
ROA	−0.016,8 (−1.31)	−0.018,0 (−1.41)	−0.005,7 (−5.46)***	−0.006,9 (−6.27)***	−0.000,6 (−0.35)	−0.000,9 (−0.54)
FIX	0.308,6 (1.68)*	0.327,4 (1.79)*	0.131,6 (7.05)***	0.166,8 (8.57)***	0.059,6 (2.11)**	0.065,4 (2.32)**
GDP	−0.906,9 (−2.02)**	−0.893,9 (−2.00)**	0.039,5 (1.27)	0.002,5 (0.08)	−0.147,0 (−2.94)***	−0.142,3 (−2.87)***
LAW	0.069,7 (2.33)**	0.072,4 (2.43)**	−0.000,1 (−0.03)	0.000,2 (0.09)	−0.003,2 (−0.97)	−0.002,5 (−0.76)
Wald 統計量	61.53 (85)	59.24 (84)	2,624.60 (85)***	1,958.81 (84)***	854.73 (85)***	838.28 (84)***
Adjusted R^2	0.014,5	0.014,0	0.404,1	0.407,5	0.275,4	0.276,3
Wald 檢驗 (YEAR)	5.74 (7)	6.78 (7)	195.31 (7)***	186.89 (7)***	63.43 (7)***	74.55 (7)***
Wald 檢驗 (ID)	16.46 (37)	16.21 (37)	96.94 (37)***	107.80 (37)***	209.50 (37)***	215.25 (37)***
Wald 檢驗 (REGION)	25.82 (30)	25.39 (30)	85.90 (30)***	113.34 (30)***	38.20 (30)	46.09 (30)**

从表6－7（1）的OLS迴歸模型和Probit迴歸模型、表6－7（2）的固定效應迴歸模型以及表6－7（3）的隨機效應迴歸模型的估計結果可見，首先，現金流量權與貸款利率的估計系數為負但並不顯著、與貸款金額顯著正相關、與貸款期限在1％水平上顯著正相關、與貸款擔保顯著負相關，估計結果從總體上驗證了研究假設H2。這一研究結論表明，終極控製股東持有的現金流量權越多，銀行貸款契約的寬鬆性程度越高，表現為貸款額度越大、貸款期限越長、貸款抵押擔保要求越寬鬆。這可能是因為一方面，持有較多現金流量權的終極控製股東將以追求公司價值的最大化為經營目標，終極控製股東持有的現金流量權越多，終極控製股東的私人利益越容易和公司的集體利益結成利益聯盟，這種利益聯盟有助於加強對控製股東行為的監管、實施有利於公司價值最大化的經營策略。現金流量權對公司價值的正面「激勵效應」越強，較多的現金流量權能遏制終極控製股東的利益侵占動機和掠奪行為、緩解終極控製股東和外部債權投資者之間的代理衝突矛盾、降低債務代理成本，因而銀行等債權人面臨的代理風險越低。另一方面，終極控製股東持有的現金流量權越多，終極控製股東利用「隧道」侵占外部債權投資者利益的動機和能力越弱，由於無須掩蓋「隧道」動機和利益侵占行為，他們操縱會計盈餘信息的動機自然相應越弱。較多的現金流量權水平能約束終極控製股東的盈餘管理行為、降低終極控製股東和外部債權投資者之間的信息不對稱程度，因而銀行等債權人面臨的信息風險也相對較低。基於對較多現金流量權水平所產生的正面「激勵效應」的預期，銀行等債權人更願意向這類現金流量權水平較多、代理風險和信息風險較低、信用質量較好的債務人提供貸款額度較大、貸款期限較長、貸款擔保要求較寬鬆等契約條款寬鬆性程度較高的銀行貸款。

其次，現金流量權和社會資本的交互項與貸款利率之間的估計系數雖為負但並不顯著、與貸款金額在1％水平上顯著正相關、與貸款期限在5％水平上顯著正相關、與貸款擔保之間的估計系數雖為負但並不顯著，估計結果從總體上驗證了研究假設H8。這一研究結論意味著，高水平的社會資本能增強終極控製股東的現金流量權對銀行貸款契約的正面影響，表現為社會資本水平越高，現金流量權與貸款金額和貸款期限之間的正相關關係越容易增強。這可能是因為社會資本的發展水平越好，社會信任水平越高、合作規範越強、關係網路密度越大，在這樣的社區環境中，不僅終極控製股東的利益侵占動機和信息操縱動機將受到其他社會網路成員的密切監督、違背社區規範的機會主義行為將遭受嚴厲的制裁和懲處，而且由於持有較多現金流量權的終極控製股東追求公司價值最大化的動機與信任度較高、合作規範較強、網路密度較大的社區環境特徵較為吻合、一致，終極控製股東與外部債權投資者之間結成的利益聯盟能得到社區成員的鼓勵和支持。因此，高水平的社會資本可能減緩內部控製股東和外部債權投資者之間的代理衝突矛盾和信息不對稱問題，進而將增強現金流量權對銀行貸款契約的正面影響。

終極控制股東的控制權和現金流量權的分離度、社會資本與銀行貸款契約之間關係的OLS迴歸、固定效應迴歸、隨機效應迴歸的靜態估計結果如表6-8所示。

表6-8（1）　兩權分離度、社會資本與銀行貸款契約的OLS迴歸靜態估計結果

變量名稱	BR (1)	BR (2)	BL (3)	BL (4)	BM (5)	BM (6)	BG (7)	BG (8)
Intercept	9.551,5 (2.05)**	9.187,6 (1.98)**	0.238,3 (0.48)	0.121,8 (0.24)	0.280,9 (0.43)	0.110,3 (0.17)	9.190,5 (1.54)	6.439,3 (1.11)
SEP	0.003,2 (2.19)**	0.004,3 (2.21)**	−0.003,0 (−1.68)*	−0.002,5 (−1.13)	−0.003,4 (−1.43)	−0.004,2 (−1.45)	0.055,8 (1.38)	0.057,4 (1.29)
RSC	−0.787,2 (−2.17)**		0.535,5 (13.77)***		0.100,2 (1.95)*		−0.586,3 (−1.26)	
ESC	0.779,1 (1.45)		0.635,0 (11.05)***		−0.002,7 (−0.04)		−2.079,5 (−3.28)***	
SC	−1.199,1 (−1.51)	0.008,3 (0.05)	−1.494,8 (−17.61)***	0.543,4 (28.81)***	−0.148,2 (−1.32)	0.124,8 (5.09)***	2.533,5 (2.63)***	−0.638,8 (−2.33)**
SEP×SC		−0.003,0 (−1.85)*		0.005,5 (1.90)*		−0.004,7 (−0.59)		−0.169,9 (−1.30)
SIZE	−0.052,3 (−1.78)*	−0.048,9 (−1.67)*	0.017,8 (5.64)***	0.020,7 (6.48)***	0.068,0 (16.32)***	0.067,8 (16.34)***	−0.031,7 (−0.86)	−0.043,8 (−1.20)
GROW	−0.002,8 (−0.13)	−0.004,3 (−0.20)	−0.026,1 (−11.47)***	−0.027,3 (−11.78)***	−0.031,4 (−10.40)***	−0.031,4 (−10.43)***	0.112,4 (3.41)***	0.115,3 (3.50)***
LEV	−0.233,7 (−1.72)*	−0.186,0 (−1.39)	0.005,8 (0.40)	0.040,1 (2.76)***	0.005,4 (0.28)	0.009,8 (0.52)	−0.058,2 (−0.31)	−0.128,2 (−0.69)
ROA	−0.016,6 (−1.36)	−0.018,4 (−1.51)	−0.008,6 (−6.55)***	−0.009,8 (−7.36)***	0.001,5 (0.89)	0.001,3 (0.77)	0.012,5 (0.81)	0.015,4 (1.00)
FIX	0.359,3 (2.18)**	0.379,1 (2.31)**	0.240,5 (13.65)***	0.257,6 (14.42)***	0.196,9 (8.45)***	0.196,2 (8.44)***	0.259,5 (1.23)	0.212,2 (1.01)
GDP	−0.905,0 (−1.96)*	−0.872,7 (−1.90)*	0.011,3 (0.23)	0.017,0 (0.34)	−0.163,3 (−2.50)**	−0.143,8 (−2.21)**	−0.657,5 (−1.04)	−0.353,1 (−0.57)

續表6-8(1)

變量名稱	BR (1)	BR (2)	BL (3)	BL (4)	BM (5)	BM (6)	BG (7)	BG (8)
LAW	0.070,5 (2.29)**	0.074,1 (2.41)**	−0.001,0 (−0.30)	0.000,7 (0.20)	−0.003,3 (−0.75)	−0.002,1 (−0.48)	0.009,3 (0.22)	0.008,8 (0.21)
F統計量	0.94 (85)	0.90 (84)	48.55 (85)***	45.31 (84)***	25.63 (85)***	25.78 (84)***	—	—
LR統計量	—	—	—	—	—	—	292.93 (77)***	280.82 (76)***
Adjusted R²	0.014,5	0.013,6	0.442,7	0.402,8	0.275,0	0.273,9	—	—
Pseudo R²	—	—	—	—	—	—	0.115,4	0.110,6
Wald檢驗 (YEAR)	0.79 (7)	0.91 (7)	12.42 (7)***	15.59 (7)***	6.03 (7)***	6.86 (7)***	4.58 (7)	4.36 (7)
Wald檢驗 (ID)	0.69 (37)	0.67 (37)	13.14 (37)***	13.18 (37)***	26.35 (37)***	26.46 (37)***	78.79 (32)***	79.32 (32)***
Wald檢驗 (REGION)	1.10 (30)	1.10 (30)	9.00 (30)***	13.07 (30)***	4.81 (30)***	4.93 (30)***	58.59 (27)***	73.18 (27)***
迴歸模型	OLS	OLS	OLS	OLS	OLS	OLS	Probit	Probit

表6-8(2) 兩權分離度、社會資本與銀行貸款契約的固定效應迴歸靜態估計結果

變量名稱	BR (1)	BR (2)	BL (3)	BL (4)	BM (5)	BM (6)
Intercept	9.985,1 (2.31)**	9.735,3 (2.10)**	−0.910,8 (−3.10)***	−0.635,1 (−1.89)*	−0.410,3 (−0.86)	−0.399,5 (−0.78)
SEP	0.003,5 (2.15)**	0.009,2 (2.29)**	−0.001,1 (−0.72)	−0.000,8 (−0.37)	−0.003,9 (−1.55)	−0.005,0 (−1.42)
RSC	−0.275,0 (−0.43)		1.078,0 (24.58)***		−0.316,8 (−4.45)***	
ESC	−0.997,6 (−0.91)		1.626,1 (21.73)***		0.366,4 (3.02)***	
SC	1.671,1 (1.00)	0.355,1 (1.32)	−2.986,4 (−26.36)***	0.461,1 (23.66)***	0.745,4 (4.06)***	0.130,9 (4.38)***
SEP×SC		−0.025,9 (−0.31)		0.002,6 (0.42)		−0.004,7 (−0.50)

續表6-8(2)

變量名稱	BR		BL		BM	
	(1)	(2)	(3)	(4)	(5)	(6)
SIZE	-0.077,9 (-1.16)	-0.081,0 (-1.21)	0.042,8 (9.36)***	0.043,7 (9.02)***	0.095,3 (12.86)***	0.095,1 (12.80)***
GROW	-0.031,3 (-0.91)	-0.031,8 (-0.93)	-0.020,4 (-8.72)***	-0.023,3 (-9.39)***	-0.033,1 (-8.74)***	-0.034,2 (-9.02)***
LEV	0.173,0 (0.74)	0.147,8 (0.66)	-0.041,3 (-2.60)***	0.075,0 (4.67)***	0.045,3 (1.76)*	0.080,3 (3.26)***
ROA	-0.016,9 (-1.08)	-0.017,1 (-1.09)	-0.005,5 (-5.19)***	-0.006,5 (-5.78)***	-0.001,3 (-0.73)	-0.001,6 (-0.95)
FIX	0.002,0 (0.01)	-0.017,5 (-0.06)	0.104,1 (5.20)***	0.140,0 (6.61)***	-0.013,8 (-0.42)	-0.005,3 (-0.16)
GDP	-0.919,1 (-2.03)**	-0.823,0 (-1.84)*	0.044,4 (1.44)	0.006,5 (0.20)	-0.149,6 (-2.99)***	-0.144,1 (-2.91)***
LAW	0.066,7 (2.22)**	0.070,3 (2.35)**	-0.000,1 (-0.02)	0.000,2 (0.11)	-0.003,7 (-1.11)	-0.002,9 (-0.87)
F統計量	1.26 (18)	1.22 (17)	118.26 (18)***	79.18 (17)***	22.77 (18)***	22.32 (17)***
Adjusted R²	0.004,7	0.004,3	0.244,3	0.187,1	0.081,8	0.051,2
Wald檢驗 (YEAR)	0.82 (7)	0.81 (7)	29.08 (7)***	24.43 (7)***	9.00 (7)***	10.98 (7)***
Wald檢驗 (ID)	—	—	—	—	—	—
Wald檢驗 (REGION)	—	—	—	—	—	—

表6-8(3) 兩權分離度、社會資本與銀行貸款契約的隨機效應迴歸靜態估計結果

變量名稱	BR		BL		BM	
	(1)	(2)	(3)	(4)	(5)	(6)
Intercept	9.611,2 (2.27)**	9.108,4 (2.17)**	-0.650,5 (-2.15)**	-0.483,5 (-1.53)	0.120,5 (0.25)	-0.018,7 (-0.04)
SEP	0.002,9 (2.16)**	0.004,4 (2.20)**	-0.001,4 (-0.90)	-0.001,1 (-0.49)	-0.003,6 (-1.54)	-0.004,7 (-1.47)
RSC	-0.687,5 (-1.75)*		0.938,6 (23.46)***		-0.222,0 (-3.71)***	

第6章 終極所有權結構、社會資本與銀行貸款契約的實證研究

續表6-8(3)

變量名稱	BR (1)	BR (2)	BL (3)	BL (4)	BM (5)	BM (6)
ESC	0.616,5 (1.01)		1.376,3 (20.35)***		0.204,9 (2.05)**	
SC	−0.931,7 (−1.03)	0.066,9 (0.35)	−2.603,9 (−25.54)***	0.474,4 (25.72)***	0.484,8 (3.22)***	0.127,6 (4.71)***
SEP×SC		−0.007,0 (−0.11)		0.003,0 (0.51)		−0.004,8 (−0.56)
SIZE	−0.055,8 (−1.67)*	−0.053,8 (−1.61)	0.034,8 (8.76)***	0.036,4 (8.81)***	0.082,0 (14.25)***	0.082,0 (14.25)***
GROW	−0.007,8 (−0.34)	−0.009,3 (−0.40)	−0.020,4 (−9.32)***	−0.023,0 (−10.03)***	−0.031,4 (−9.40)***	−0.032,1 (−9.60)***
LEV	−0.188,5 (−1.26)	−0.141,3 (−0.96)	−0.026,6 (−1.79)*	0.068,6 (4.58)***	0.032,0 (1.42)	0.053,3 (2.44)**
ROA	−0.016,8 (−1.31)	−0.018,5 (−1.43)	−0.005,6 (−5.38)***	−0.006,8 (−6.15)***	−0.000,3 (−0.19)	−0.000,7 (−0.42)
FIX	0.308,9 (1.68)*	0.323,0 (1.76)*	0.131,3 (7.03)***	0.165,2 (8.46)***	0.059,0 (2.09)**	0.064,0 (2.27)**
GDP	−0.903,2 (−2.01)**	−0.865,4 (−1.94)*	0.036,4 (1.17)	0.008,9 (0.28)	−0.155,0 (−3.10)***	−0.143,5 (−2.89)***
LAW	0.070,0 (2.34)**	0.073,4 (2.46)**	−0.000,2 (−0.08)	0.000,4 (0.19)	−0.003,5 (−1.05)	−0.002,5 (−0.76)
Wald 統計量	61.28 (85)	57.53 (84)	2,619.12 (85)***	1,908.55 (84)***	839.52 (85)***	815.96 (84)***
Adjusted R^2	0.014,4	0.013,6	0.406,9	0.402,3	0.278,7	0.278,7
Wald 檢驗 (YEAR)	5.75 (7)	6.52 (7)	196.14 (7)***	179.13 (7)***	65.30 (7)***	77.57 (7)***
Wald 檢驗 (ID)	16.88 (37)	16.33 (37)	96.97 (37)***	108.02 (37)***	225.04 (37)***	230.14 (37)***
Wald 檢驗 (REGION)	25.99 (30)	26.05 (30)	87.95 (30)***	108.87 (30)***	38.06 (30)	44.45 (30)**

　　從表6-8(1)的OLS迴歸模型和Probit迴歸模型、表6-8(2)的固定效應迴歸模型以及表6-8(3)的隨機效應迴歸模型的估計結果可見，首先，終極控制股東

的兩權分離度與貸款利率在 5％水平上顯著正相關、與貸款金額在 10％水平上顯著負相關、與貸款期限之間的估計係數為負但並不顯著、與貸款擔保之間的估計係數為正但並不顯著，估計結果從總體上驗證了研究假設 H3。這一研究結論意味著，終極控製股東的兩權分離度越大，銀行貸款契約的緊縮性程度越高，表現為貸款利率顯著越高、貸款額度顯著越小。這可能是因為一方面，控製權和現金流量權的分離程度反映了終極控製股東和外部債權投資者之間代理衝突矛盾的嚴重程度，兩權分離度越大，終極控製股東攫取控製權私利的動機越強、利益侵占風險越大、代理衝突問題越嚴重。較高的兩權分離度為內部控製股東掠奪外部債權投資者利益提供了動機和能力，當終極控製股東通過「隧道」侵占外部債權投資者利益的同時，不僅較強的控製權能保證他們獲取全部的控製權私利，而且較少的現金流量權使得外部債權投資者來承擔他們大部分的侵占成本，當控製權和現金流量權出現分離或控製權超過現金流量權時將導致嚴重的負面「壕溝效應」，因而銀行等債權人面臨的代理風險較高。另一方面，終極控製股東的控製權和現金流量權的分離度越大，他們產生內部交易行為的動機越強，為了掩蓋內部交易行為、逃避外部監管、避免承擔潛在的法律訴訟成本以及與之相關的名譽或經濟損失，終極控製股東越有可能操縱會計信息以遮掩對外部投資者利益的侵占行為和不以公司價值最大化為目標的經營決策和投資行為，兩權分離度越大，終極控製股東和外部債權投資者之間的信息不對稱程度越高，因而銀行等債權人面臨的信息風險較高。在中國上市公司終極所有權結構較為普遍、終極控製股東的兩權分離度普遍較高、法律制度對終極控製股東掠奪行為的約束能力和監管力度較弱的特殊的制度背景下，終極控製股東的兩權分離度越高，不僅對外部債權投資者利益的侵占程度越嚴重，而且對會計信息的操縱動機越強，因而銀行等債權人將向這類控製權和現金流量權的分離度較大、代理風險和信息風險較高、信用質量較差、違約風險較高的債務人提供貸款利率較高、貸款額度較小等契約條款緊縮性程度較高的銀行貸款，以加強對債務人行為的監督並控製潛在的貸款損失。

　　其次，兩權分離度和社會資本的交互項與貸款利率在 10％水平上顯著負相關、與貸款金額在 10％水平上顯著正相關、與貸款期限之間的估計係數為負且不顯著、與貸款擔保之間的估計係數雖為負但並不顯著，估計結果從總體上驗證了研究假設 H9。這一研究結論意味著，高水平的社會資本能減弱終極控製股東的控製權和現金流量權的分離度對銀行貸款契約的負面影響，表現為社會資本水平越高，兩權分離度與貸款利率之間的正相關關係、與貸款金額之間的負相關關係越容易受到削弱。與高水平的社會資本能減弱控製權對銀行貸款契約的負面影響作用機理類似，社會資本的發展水平越好，越有助於抑制由於較高的兩權分離度所導致的「隧道」動機和侵占風險、緩解終極控製股東和外部債權投資者之間的代理衝突矛盾和信息不對稱問題，進而有利於削弱兩權分離度對銀行貸款契約的負面影響。

金字塔層級、社會資本與銀行貸款契約之間關係的 OLS 迴歸、固定效應迴歸、隨機效應迴歸的靜態估計結果如表 6-9 所示。

表 6-9（1）　金字塔層級、社會資本與銀行貸款契約的 OLS 迴歸靜態估計結果

變量名稱	BR (1)	BR (2)	BL (3)	BL (4)	BM (5)	BM (6)	BG (7)	BG (8)
Intercept	9.571,4 (2.06)**	9.228,2 (1.99)**	0.253,7 (0.51)	0.159,1 (0.32)	0.217,1 (0.33)	0.087,4 (0.13)	9.198,6 (1.55)	6.387,8 (1.10)
LAY	0.007,4 (0.34)	0.008,5 (0.39)	−0.006,2 (−2.68)***	−0.006,6 (−2.75)***	−0.012,0 (−3.93)***	−0.012,5 (−4.01)***	0.008,1 (0.30)	−0.022,4 (−0.75)
RSC	−0.785,6 (−2.16)**		0.534,3 (13.74)***		−0.106,7 (−2.08)**		−0.610,3 (−1.31)	
ESC	0.782,1 (1.46)		0.638,1 (11.12)***		0.005,6 (0.07)		−2.122,4 (−3.36)***	
SC	−1.200,3 (−1.51)	0.010,6 (0.06)	−1.496,5 (−17.65)***	0.523,6 (25.97)***	0.161,4 (1.44)	0.114,5 (4.37)***	2.590,0 (2.70)***	−0.555,6 (−2.06)**
LAY×SC		−0.002,2 (−0.03)		0.005,9 (0.85)		0.011,0 (1.22)		−0.076,7 (−1.84)*
SIZE	−0.052,5 (−1.78)*	−0.049,0 (−1.67)*	0.017,7 (5.61)***	0.020,7 (6.49)***	0.068,7 (16.53)***	0.068,8 (16.59)***	−0.034,3 (−0.93)	−0.047,0 (−1.29)
GROW	−0.002,6 (−0.12)	−0.004,1 (−0.19)	−0.026,0 (−11.41)***	−0.027,2 (−11.74)***	−0.031,7 (−10.51)***	−0.031,8 (−10.55)***	0.110,9 (3.38)***	0.112,6 (3.43)***
LEV	−0.231,7 (−1.71)*	−0.183,7 (−1.37)	0.007,4 (0.51)	0.041,5 (2.85)***	0.003,4 (0.18)	0.008,3 (0.44)	−0.059,4 (−0.32)	−0.140,2 (−0.76)
ROA	−0.016,5 (−1.35)	−0.018,2 (−1.49)	−0.008,5 (−6.47)***	−0.009,7 (−7.32)***	0.001,1 (0.64)	0.000,9 (0.54)	0.013,0 (0.84)	0.015,8 (1.03)
FIX	0.358,1 (2.17)**	0.378,0 (2.30)**	0.239,5 (13.60)***	0.255,9 (14.34)***	0.199,0 (8.55)***	0.198,7 (8.57)***	0.255,0 (1.20)	0.203,7 (0.97)
GDP	−0.906,1 (−1.96)*	−0.876,1 (−1.90)*	0.010,4 (0.21)	0.013,9 (0.28)	−0.161,3 (−2.47)**	−0.146,5 (−2.25)**	−0.643,1 (−1.02)	−0.329,0 (−0.53)

續表6－9（1）

變量名稱	BR (1)	BR (2)	BL (3)	BL (4)	BM (5)	BM (6)	BG (7)	BG (8)
LAW	0.070,4 (2.28)**	0.073,8 (2.41)**	−0.001,1 (−0.34)	0.000,5 (0.15)	−0.003,3 (−0.76)	−0.002,2 (−0.50)	0.009,0 (0.22)	0.010,8 (0.26)
F 統計量	0.94 (85)	0.90 (84)	48.64 (85)***	45.40 (84)***	25.85 (85)***	26.02 (84)***	—	—
LR 統計量	—	—	—	—	—	—	290.86 (77)***	277.19 (76)***
Adjusted R^2	0.014,5	0.013,7	0.423,2	0.403,3	0.276,8	0.275,8	—	—
Pseudo R^2	—	—	—	—	—	—	0.114,6	0.109,2
Wald 檢驗 (YEAR)	0.79 (7)	0.92 (7)	12.25 (7)***	15.52 (7)***	5.98 (7)***	6.82 (7)***	4.57 (7)	4.30 (7)
Wald 檢驗 (ID)	0.69 (37)	0.67 (37)	13.22 (37)***	13.21 (37)***	26.78 (37)***	27.05 (37)***	80.30 (32)***	80.84 (32)***
Wald 檢驗 (REGION)	1.09 (30)	1.10 (30)	9.02 (30)***	13.16 (30)***	4.66 (30)***	4.75 (30)***	58.19 (27)***	74.22 (27)***
迴歸模型	OLS	OLS	OLS	OLS	OLS	OLS	Probit	Probit

表6－9（2） 金字塔層級、社會資本與銀行貸款契約的固定效應迴歸靜態估計結果

變量名稱	BR (1)	BR (2)	BL (3)	BL (4)	BM (5)	BM (6)
Intercept	10.527,4 (2.25)**	9.750,9 (2.09)**	−0.961,6 (−3.02)***	−0.645,5 (−1.92)*	−0.371,1 (−0.72)	−0.415,2 (−0.80)
LAY	0.013,3 (0.31)	0.012,1 (0.28)	−0.002,8 (−0.96)	0.000,8 (0.26)	−0.005,5 (−1.15)	−0.004,6 (−0.95)
RSC	−0.268,7 (−0.42)		1.079,5 (24.61)***		−0.320,5 (−4.50)***	
ESC	−0.989,4 (−0.90)		1.628,3 (21.77)***		0.372,9 (3.07)***	
SC	1.659,0 (1.00)	0.335,1 (1.14)	−2.989,6 (−26.39)***	0.458,9 (21.55)***	0.754,5 (4.11)***	0.137,4 (4.21)***
LAY×SC		−0.009,6 (−0.10)		0.001,0 (0.15)		0.000,1 (0.01)
SIZE	−0.078,2 (−1.17)	−0.080,9 (−1.21)	0.042,7 (9.35)***	0.043,7 (9.02)***	0.095,3 (12.87)***	0.095,2 (12.81)***

第 6 章 終極所有權結構、社會資本與銀行貸款契約的實證研究 | 171

续表6-9(2)

变量名称	BR (1)	BR (2)	BL (3)	BL (4)	BM (5)	BM (6)
GROW	-0.031,4 (-0.91)	-0.032,2 (-0.94)	-0.020,4 (-8.74)***	-0.023,3 (-9.39)***	-0.033,2 (-8.76)***	-0.034,3 (-9.04)***
LEV	0.170,8 (0.73)	0.147,3 (0.66)	-0.041,9 (-2.65)***	0.074,3 (4.63)***	0.043,3 (1.68)*	0.078,8 (3.20)***
ROA	-0.017,1 (-1.10)	-0.017,1 (-1.09)	-0.005,6 (-5.22)***	-0.006,6 (-5.81)***	-0.001,3 (-0.77)	-0.001,7 (-0.96)
FIX	0.002,8 (0.01)	-0.013,5 (-0.05)	0.104,3 (5.21)***	0.139,9 (6.60)***	-0.013,1 (-0.40)	-0.004,2 (-0.13)
GDP	-0.916,5 (-2.03)**	-0.828,0 (-1.84)*	0.045,0 (1.46)	0.007,3 (0.22)	-0.148,6 (-2.97)***	-0.144,2 (-2.90)***
LAW	0.066,7 (2.22)**	0.070,1 (2.34)**	-0.000,1 (-0.02)	0.000,2 (0.10)	-0.003,8 (-1.14)	-0.003,0 (-0.92)
F 统计量	1.27 (18)	1.22 (17)	118.29 (18)***	79.11 (17)***	22.70 (18)***	22.21 (17)***
Adjusted R^2	0.004,7	0.004,3	0.242,8	0.187,0	0.082,4	0.050,7
Wald 检验 (YEAR)	0.82 (7)	0.81 (7)	29.12 (7)***	24.41 (7)***	8.97 (7)***	10.96 (7)***
Wald 检验 (ID)	—	—	—	—	—	—
Wald 检验 (REGION)	—	—	—	—	—	—

表6-9(3)　金字塔层级、社会资本与银行贷款契约的随机效应回归静态估计结果

变量名称	BR (1)	BR (2)	BL (3)	BL (4)	BM (5)	BM (6)
Intercept	9.627,0 (2.28)**	9.153,9 (2.18)**	-0.656,3 (-2.16)**	-0.480,5 (-1.51)	0.080,1 (0.17)	-0.038,6 (-0.08)
LAY	0.005,5 (0.22)	-0.006,7 (-0.27)	0.000,8 (0.30)	-0.001,2 (-0.43)	-0.008,3 (-2.06)**	-0.007,7 (-1.91)*
RSC	-0.686,6 (-1.75)*		0.939,3 (23.47)***		-0.226,5 (-3.79)***	
ESC	0.619,3 (1.02)		1.378,0 (20.39)***		0.211,9 (2.12)**	

续表6-9(3)

变量名称	BR (1)	BR (2)	BL (3)	BL (4)	BM (5)	BM (6)
SC	-0.933,6 (-1.04)	0.064,5 (0.32)	-2.606,0 (-25.57)***	0.468,4 (23.32)***	0.494,8 (3.29)***	0.127,4 (4.33)***
LAY×SC		-0.003,4 (-0.05)		0.000,8 (0.12)		0.003,7 (0.38)
SIZE	-0.055,9 (-1.67)*	-0.053,8 (-1.61)	0.034,9 (8.78)***	0.036,5 (8.83)***	0.082,2 (14.30)***	0.082,3 (14.32)***
GROW	-0.007,7 (-0.33)	-0.009,1 (-0.39)	-0.020,4 (-9.33)***	-0.023,0 (-10.03)***	-0.031,5 (-9.45)***	-0.032,3 (-9.66)***
LEV	-0.187,5 (-1.25)	-0.139,7 (-0.95)	-0.027,1 (-1.83)*	0.068,0 (4.54)***	0.030,2 (1.34)	0.052,2 (2.39)**
ROA	-0.016,7 (-1.31)	-0.018,1 (-1.42)	-0.005,6 (-5.39)***	-0.006,8 (-6.15)***	-0.000,5 (-0.29)	-0.000,8 (-0.50)
FIX	0.308,1 (1.68)*	0.322,8 (1.76)*	0.131,5 (7.04)***	0.165,2 (8.46)***	0.060,3 (2.13)**	0.066,2 (2.34)**
GDP	-0.904,0 (-2.01)**	-0.869,4 (-1.94)*	0.036,5 (1.18)	0.008,6 (0.26)	-0.153,5 (-3.07)***	-0.144,4 (-2.90)***
LAW	0.069,9 (2.33)**	0.073,2 (2.45)**	-0.000,2 (-0.10)	0.000,4 (0.16)	-0.003,5 (-1.07)	-0.002,6 (-0.80)
Wald 统计量	61.31 (85)	57.57 (84)	2,618.49 (85)***	1,907.37 (84)***	843.74 (85)***	819.71 (84)***
Adjusted R²	0.014,5	0.013,6	0.406,5	0.402,2	0.280,4	0.280,3
Wald 检验 (YEAR)	5.76 (7)	6.53 (7)	195.82 (7)***	178.82 (7)***	64.88 (7)***	77.28 (7)***
Wald 检验 (ID)	16.91 (37)	16.32 (37)	97.24 (37)***	108.24 (37)***	228.64 (37)***	234.76 (37)***
Wald 检验 (REGION)	25.86 (30)	25.97 (30)	88.20 (30)***	109.43 (30)***	37.31 (30)	43.82 (30)**

从表6-9(1)的OLS迴歸模型和Probit迴歸模型、表6-9(2)的固定效應迴歸模型以及表6-9(3)的隨機效應迴歸模型的估計結果可見，首先，金字塔層級與貸款利率之間的估計係數為正但並不顯著、與貸款金額在1%水平上顯著負相關、與貸款期限顯著負相關、與貸款擔保之間的估計係數為正但並不顯著，估計結果從總體上驗證了研究假設H4。這一研究結論意味著，金字塔控製層級越多，銀行貸款契

約的緊縮性程度越高，表現為貸款額度顯著越小、貸款期限顯著越短。這可能是因為一方面，金字塔股權結構的控制鏈條越長、控制層級數量越多，金字塔股權結構內部眾多關聯附屬公司之間所產生的直接或間接的關係越錯綜複雜，這些錯綜複雜的關係越能為終極控製股東利用「隧道」掏空公司資源、侵占外部債權投資者利益、攫取控制權私利提供更大程度的便利。因而金字塔控制層級越多，兩權分離程度越高，終極控製股東的「隧道」動機越強、侵占風險越高、債務代理成本越大，因此，銀行等債權人面臨的代理風險越高。另一方面，金字塔層級數量越多，金字塔股權結構內部的信息傳遞過程越複雜，對內部關聯交易行為的監督難度越大，位於金字塔頂層的終極控製股東越容易操縱公司內部會計信息，內部控制股東和外部債權投資者之間的信息不對稱程度越高，因此，銀行等債權人面臨的信息風險越高。最終，銀行等外部債權人將向這類金字塔股權結構較複雜、代理風險、信息風險以及違約風險較高的債務人提供貸款額度較小、貸款期限較短等契約條款緊縮性程度較高的銀行貸款。

其次，金字塔層級和社會資本的交互項與貸款利率之間的估計係數雖為負但並不顯著、與貸款金額之間的估計係數雖為正但並不顯著、與貸款期限之間的估計係數為正但並不顯著、與貸款擔保在 10% 水平上顯著負相關，估計結果從總體上驗證了研究假設 H10。這一研究結論意味著，高水平的社會資本能減弱金字塔股權結構對銀行貸款契約的負面影響，表現為社會資本水平越高，金字塔控制層級與貸款擔保之間的正相關關係越容易受到削弱。與高水平的社會資本能減弱控制權、兩權分離度對銀行貸款契約的負面影響的作用機制類似，社會資本的發展水平越好，越有助於緩解終極控製股東和外部債權投資者之間的代理衝突矛盾和信息不對稱問題，進而有利於削弱金字塔股權結構對銀行貸款契約的負面影響。

終極控製股東類型、社會資本與銀行貸款契約之間關係的 OLS 迴歸、固定效應迴歸、隨機效應迴歸的靜態估計結果如表 6-10 所示。

表 6-10（1） 終極控製股東類型、社會資本與銀行貸款契約的 OLS 迴歸靜態估計結果

變量名稱	BR (1)	BR (2)	BL (3)	BL (4)	BM (5)	BM (6)	BG (7)	BG (8)
$Intercept$	9.755,3 (2.00)**	9.231,8 (1.99)**	0.096,6 (0.19)	0.081,8 (0.16)	0.251,9 (0.37)	0.092,0 (0.14)	8.734,8 (1.46)	7.560,4 (1.29)
UCT	-0.067,0 (-0.88)	0.000,5 (0.01)	-0.005,7 (-0.70)	0.031,5 (4.86)***	-0.015,4 (-1.44)	-0.012,9 (-1.52)	-0.254,2 (-2.56)**	-0.391,2 (-4.44)***
RSC	-0.945,7 (-2.34)**		0.550,1 (12.71)***		-0.137,8 (-2.41)**		-0.125,3 (-0.25)	

續表 6-10(1)

變量名稱	BR (1)	BR (2)	BL (3)	BL (4)	BM (5)	BM (6)	BG (7)	BG (8)
ESC	1.143,4 (1.70)*		0.670,0 (9.30)***		0.085,2 (0.89)		−1.066,0 (−1.37)	
SC	−1.657,4 (−1.76)*	−0.078,8 (−0.42)	−1.538,4 (−15.23)***	0.497,2 (24.81)***	0.258,4 (1.93)*	0.104,5 (3.98)***	1.267,4 (1.13)	−0.480,1 (−1.60)
UCT×SC		0.153,2 (0.98)		0.119,9 (7.10)***		0.025,5 (1.15)		−0.529,9 (−2.01)**
SIZE	−0.050,6 (−1.72)*	−0.047,6 (−1.62)	0.018,1 (5.73)***	0.018,5 (5.82)***	0.068,5 (16.43)***	0.068,5 (16.43)***	−0.030,9 (−0.84)	−0.031,2 (−0.84)
GROW	−0.006,1 (−0.28)	−0.004,7 (−0.22)	−0.026,4 (−11.41)***	−0.025,2 (−10.78)***	−0.032,1 (−10.49)***	−0.032,1 (−10.51)***	0.096,0 (2.89)***	0.088,7 (2.69)***
LEV	−0.234,3 (−1.73)*	−0.187,8 (−1.40)	0.006,1 (0.42)	0.037,0 (2.56)**	0.005,6 (0.29)	0.013,3 (0.70)	−0.072,3 (−0.38)	−0.084,4 (−0.45)
ROA	−0.017,3 (−1.42)	−0.019,4 (−1.59)	−0.008,7 (−6.64)***	−0.008,7 (−6.54)***	0.001,3 (0.76)	0.001,2 (0.71)	0.010,3 (0.66)	0.008,1 (0.52)
FIX	0.370,0 (2.24)**	0.380,1 (2.30)**	0.241,5 (13.67)***	0.247,1 (13.85)***	0.199,4 (8.54)***	0.200,6 (8.59)***	0.301,5 (1.42)	0.322,3 (1.51)
GDP	−0.887,1 (−1.92)*	−0.880,0 (−1.91)*	0.012,9 (0.26)	0.025,0 (0.50)	−0.159,1 (−2.43)**	−0.144,8 (−2.23)**	−0.587,0 (−0.93)	−0.464,7 (−0.75)
LAW	0.070,3 (2.28)**	0.072,8 (2.37)**	−0.001,1 (−0.33)	0.001,9 (0.56)	−0.003,4 (−0.79)	−0.002,2 (−0.52)	0.007,8 (0.19)	0.003,8 (0.09)
F 統計量	0.95 (85)	0.91 (84)	48.50 (85)***	46.75 (84)***	25.63 (85)***	25.80 (84)***		
LR 統計量	—	—	—	—	—	—	297.54 (77)***	298.31 (76)***
Adjusted R^2	0.014,7	0.013,8	0.422,5	0.410,5	0.275,0	0.274,1	—	—
Pseudo R^2	—	—	—	—	—	—	0.117,2	0.117,5
Wald 檢驗 (YEAR)	0.73 (7)	0.91 (7)	11.82 (7)***	17.68 (7)***	6.18 (7)***	6.94 (7)***	5.27 (7)	5.53 (7)

續表6-10(1)

變量名稱	BR		BL		BM		BG	
	(1)	(2)	(3)	(4)	(5)	(6)	(7)	(8)
Wald檢驗 (ID)	0.67 (37)	0.65 (37)	13.20 (37)***	13.34 (37)***	26.59 (37)***	26.87 (37)***	75.98 (32)***	73.73 (32)***
Wald檢驗 (REGION)	1.13 (30)	1.09 (30)	8.91 (30)***	13.11 (30)***	4.64 (30)***	4.86 (30)***	58.28 (27)***	67.52 (27)***
迴歸模型	OLS	OLS	OLS	OLS	OLS	OLS	Probit	Probit

表6-10(2)　終極控制股東類型、社會資本與銀行貸款契約的固定效應迴歸靜態估計結果

變量名稱	BR		BL		BM	
	(1)	(2)	(3)	(4)	(5)	(6)
$Intercept$	10.568,7 (2.26)**	9.845,3 (2.12)**	−0.977,2 (−3.09)***	−0.666,1 (−1.99)**	−0.358,4 (−0.69)	−0.397,4 (−0.77)
UCT	−0.006,5 (−0.04)	−0.067,0 (−0.43)	0.091,7 (7.62)***	0.020,4 (1.81)*	−0.019,1 (−0.97)	−0.000,7 (−0.04)
RSC	−0.262,3 (−0.37)		1.235,0 (25.63)***		−0.351,1 (−4.46)***	
ESC	−0.970,3 (−0.77)		1.948,1 (22.80)***		0.438,2 (3.14)***	
SC	1.633,4 (0.87)	0.175,3 (0.61)	−3.436,0 (−27.06)***	0.419,4 (20.12)***	0.845,3 (4.08)***	0.121,4 (3.79)***
$UCT \times SC$		0.259,6 (1.03)		0.070,1 (3.87)***		0.026,0 (0.94)
$SIZE$	−0.077,9 (−1.16)	−0.075,9 (−1.13)	0.041,3 (9.08)***	0.042,5 (8.76)***	0.095,2 (12.83)***	0.094,8 (12.71)***
$GROW$	−0.031,4 (−0.91)	−0.033,1 (−0.97)	−0.021,2 (−9.11)***	−0.023,0 (−9.28)***	−0.033,4 (−8.97)***	−0.034,3 (−9.02)***
LEV	0.170,8 (0.73)	0.155,7 (0.70)	−0.050,1 (−3.18)***	0.071,8 (4.48)***	0.041,8 (1.62)	0.078,6 (3.19)***
ROA	−0.016,9 (−1.08)	−0.017,5 (−1.12)	−0.005,7 (−5.43)***	−0.006,4 (−5.66)***	−0.001,3 (−0.75)	−0.001,6 (−0.90)
FIX	0.002,3 (0.01)	−0.027,7 (−0.09)	0.100,9 (5.07)***	0.143,3 (6.77)***	−0.013,9 (−0.43)	−0.002,8 (−0.09)
GDP	−0.918,2 (−2.03)**	−0.841,8 (−1.88)*	0.057,1 (1.86)*	0.010,8 (0.33)	−0.147,1 (−2.94)***	−0.144,2 (−2.91)***

續表6-10(2)

變量名稱	BR		BL		BM	
	(1)	(2)	(3)	(4)	(5)	(6)
LAW	0.066,6 (2.22)**	0.067,8 (2.26)**	−0.000,1 (−0.07)	0.000,8 (0.37)	−0.003,8 (−1.16)	−0.002,9 (−0.88)
F 統計量	1.26 (18)	1.30 (17)	122.87 (18)***	80.69 (17)***	22.68 (18)***	22.21 (17)***
Adjusted R^2	0.004,7	0.004,6	0.227,5	0.196,4	0.082,2	0.050,4
Wald 檢驗 (YEAR)	0.82 (7)	0.81 (7)	25.39 (7)***	25.18 (7)***	9.07 (7)	10.97 (7)
Wald 檢驗 (ID)	—	—	—	—	—	—
Wald 檢驗 (REGION)	—	—	—	—	—	—

表6-10(3) 終極控製股東類型、社會資本與銀行貸款契約的隨機效應迴歸靜態估計結果

變量名稱	BR		BL		BM	
	(1)	(2)	(3)	(4)	(5)	(6)
Intercept	9.469,9 (2.24)**	9.160,1 (2.18)**	−0.719,3 (−2.38)**	−0.512,2 (−1.62)	0.090,6 (0.19)	−0.017,5 (−0.04)
UCT	−0.058,8 (−0.69)	−0.008,2 (−0.12)	0.067,9 (6.65)***	0.021,1 (2.31)**	−0.016,2 (−1.11)	−0.007,0 (−0.56)
RSC	−0.822,5 (−1.88)*		1.066,0 (24.17)***		−0.255,2 (−3.85)***	
ESC	0.921,9 (1.23)		1.643,4 (21.04)***		0.277,3 (2.37)**	
SC	−1.321,4 (−1.25)	−0.032,0 (−0.16)	−2.969,1 (−25.80)***	0.428,9 (21.77)***	0.581,7 (3.40)***	0.112,3 (3.87)***
UCT×SC		0.173,1 (1.01)		0.081,5 (4.80)***		0.031,3 (1.25)
SIZE	−0.054,4 (−1.62)	−0.051,9 (−1.55)	0.035,0 (8.83)***	0.034,9 (8.45)***	0.082,4 (14.30)***	0.082,0 (14.21)***
GROW	−0.010,5 (−0.45)	−0.010,1 (−0.43)	−0.021,7 (−9.93)***	−0.022,4 (−9.77)***	−0.031,9 (−9.48)***	−0.032,3 (−9.62)***
LEV	−0.190,1 (−1.27)	−0.141,4 (−0.96)	−0.032,4 (−2.19)**	0.065,2 (4.36)***	0.029,9 (1.33)	0.053,5 (2.45)**

續表6-10(3)

變量名稱	BR (1)	BR (2)	BL (3)	BL (4)	BM (5)	BM (6)
ROA	-0.017,3 (-1.35)	-0.019,3 (-1.50)	-0.005,8 (-5.62)***	-0.006,5 (-5.96)***	-0.000,4 (-0.24)	-0.000,7 (-0.39)
FIX	0.317,4 (1.73)*	0.325,5 (1.77)*	0.132,1 (7.10)***	0.166,8 (8.56)***	0.060,2 (2.13)**	0.067,0 (2.37)**
GDP	-0.888,6 (-1.97)**	-0.874,7 (-1.96)*	0.047,3 (1.53)	0.013,9 (0.43)	-0.152,1 (-3.04)***	-0.143,8 (-2.89)***
LAW	0.069,8 (2.33)**	0.071,9 (2.41)**	-0.000,3 (-0.14)	0.001,1 (0.50)	-0.003,6 (-1.09)	-0.002,6 (-0.77)
Wald 統計量	61.77 (85)	58.54 (84)	2,681.12 (85)***	1,954.73 (84)***	838.45 (85)***	815.50 (84)***
Adjusted R²	0.014,6	0.013,7	0.403,9	0.409,7	0.278,7	0.279,0
Wald 檢驗 (YEAR)	5.46 (7)	6.46 (7)	170.67 (7)***	187.19 (7)***	66.08 (7)***	77.82 (7)***
Wald 檢驗 (ID)	16.54 (37)	15.83 (37)	96.29 (37)***	108.07 (37)***	227.24 (37)***	232.76 (37)***
Wald 檢驗 (REGION)	26.50 (30)	25.96 (30)	92.11 (30)***	107.72 (30)***	37.15 (30)	44.11 (30)**

　　從表6-10（1）的OLS迴歸模型和Probit迴歸模型、表6-10（2）的固定效應迴歸模型以及表6-10（3）的隨機效應迴歸模型的估計結果可見，首先，終極控製股東類型與貸款利率之間的估計係數為負但並不顯著、與貸款金額顯著正相關、與貸款期限之間的估計係數為負且不顯著、與貸款擔保顯著負相關，估計結果從總體上驗證了研究假設H5。這一研究結論意味著，當終極控製股東的產權屬性為國有時，銀行貸款契約的寬鬆性程度較高，表現為貸款額度顯著較大、貸款擔保要求顯著較低。這可能是因為一方面當終極控製股東類型為國有時，由於國有企業能相對容易地獲取財政補貼、由政府信用提供債務擔保，那麼發生債務違約或陷入財務困境的可能性相應較低。此外，國有企業通常以追求有利於社會福利最大化和經濟發展最優化為經營目標，因此國家和政府不太可能允許國有企業發生經營失敗或破產倒閉的情況，因此，銀行等債權人面臨的代理風險相對較低。另一方面，當終極控製股東的產權屬性為國有時，國有企業利益通常與外部投資者乃至整個社會利益相關者的利益趨於一致，國有型終極控製股東的侵占動機相對較弱，為掩飾「隧道」行為而操縱會計信息的可能性自然相應較低。另外，國有企業受到的政策管制和社會監督較強、信息披露程度較高，因此，銀行等債權人面臨的信息風險也相對較低。

在中國以國有產權屬性居主導地位、政府干預力量較強的特殊的制度背景下，由於外部債權投資者預期國家和政府會履行國有企業的債務責任、為國有企業提供債務擔保，因而，國有銀行更願意向產權屬性相同、代理風險和信息風險較低、信用質量較好、違約風險較低的國有企業提供貸款額度較大、貸款擔保要求較低等契約條款寬鬆性程度較高的銀行貸款。

其次，終極控製股東類型和社會資本的交互項與貸款利率之間的估計系數為正且不顯著、與貸款金額在1％水平上顯著正相關、與貸款期限之間的估計系數雖為正但並不顯著、與貸款擔保在5％水平上顯著負相關，估計結果從總體上驗證了研究假設H11。這一研究結論意味著，高水平的社會資本能增強國有型終極控製股東對銀行貸款契約的正面影響，表現為社會資本水平越高，國有型終極控製股東與貸款金額之間的正相關關係、與貸款擔保之間的負相關關係越容易增強。與高水平的社會資本能增強現金流量權對銀行貸款契約的正面影響作用機理類似，在社會信任水平較高、合作規範較強、關係網路密度較大、社會資本發展水平較好的社區環境中，不僅終極控製股東的利益侵占動機和信息操縱動機能受到約束和抑制，而且國有型終極控製股東追求社會福利和經濟發展的經營目標與高水平的社會資本環境相契合，因而高水平的社會資本能增強國有型終極控製股東對銀行貸款契約的正面影響。

另外，從表6-6、表6-7、表6-8、表6-9和表6-10的估計結果可見，社會資本與貸款利率顯著負相關、與貸款金額顯著正相關、與貸款期限顯著正相關、與貸款擔保顯著負相關，估計結果從總體上驗證了研究假設H6a、H6b和H6。這一研究結論意味著，（宏觀、微觀或綜合）社會資本的發展水平越高，銀行貸款契約的寬鬆性程度越高，表現為貸款利率顯著越低、貸款額度顯著越大、貸款期限顯著越長、貸款擔保要求顯著越低。這可能是因為一方面，社會資本的發展水平越好，社會信任水平越高、社會規範水平越強、社會網路密度越大，對社區公民的不良機會主義行為的監督、懲戒和抑制力量越強。因此，在社會資本發展水平較好的社區環境中，銀行等債權人面臨的代理風險（道德風險）相對較低。另一方面，社會資本的發展水平越好，社會信任水平越高，越容易通過反覆持久的交易活動建立起密集的社會網路關係，而密集的社會關係網路有助於提高信息的傳播效率、擴大信息的傳播範圍、提高信息的社會化、公開化和透明化程度。因此，在社會資本發展水平較好的社區環境中，銀行等債權人面臨的信息風險同樣相對較低。高水平的社會資本是一種社會信任水平較高、合作規範較強、社會網路密度較大的制度環境，這種制度環境有助於抑制債務人的機會主義行為、緩解債務人的道德風險和信息風險、降低債務人的違約風險。因而，銀行等債權人願意向社會資本發展水平較好、社會風險和違約風險較低的債務人提供貸款利率較低、貸款額度較大、貸款期限較長、貸款擔保要求較低等契約條款寬鬆性程度較高的銀行貸款。

6.4.1.2 銀行貸款分類變量的估計結果分析

為了進一步得到穩健性結論,當被解釋變量是貸款利率類型(BRT1 和 BRT2)、貸款額度類型(BLT1 和 BLT2)、貸款期限類型(BMT1 和 BMT2)時,我們還同時運用二元 Logistic 迴歸模型和有序 Logistic 迴歸模型進行迴歸估計。終極所有權結構、社會資本與銀行貸款契約之間關係的二元 Logistic 迴歸、有序 Logistic 迴歸的估計結果分別如表 6-11、6 表-12 所示。

表 6-11(1) 控制權、社會資本與銀行貸款契約的二元 Logistic 迴歸估計結果

變量名稱	BRT1 (1)	BRT1 (2)	BLT1 (3)	BLT1 (4)	BMT1 (5)	BMT1 (6)
Intercept	-5.988,6 (-0.81)	-4.518,3 (-0.62)	-7.250,0 (-1.05)	-10.761,4 (-1.56)	-21.980,1 (-3.07)***	-24.611,6 (-3.45)***
CON	0.008,5 (3.15)***	0.007,9 (2.95)***	-0.003,6 (-1.40)	-0.001,3 (-0.51)	-0.005,1 (-1.83)*	-0.005,0 (-1.80)*
RSC	0.134,1 (0.24)		4.683,9 (8.23)***		1.136,7 (2.01)**	
ESC	0.367,6 (0.44)		4.719,0 (5.66)***		0.300,9 (0.36)	
SC	-1.064,4 (-0.87)	-0.061,2 (-0.19)	-13.167,8 (-10.60)***	4.582,0 (11.19)***	-2.084,5 (-1.71)*	1.271,8 (3.36)***
CON×SC		-0.016,4 (-2.25)**		0.031,8 (4.07)***		-0.004,7 (-0.58)
SIZE	-0.363,4 (-7.82)***	-0.361,0 (-7.79)***	0.315,1 (6.92)***	0.325,1 (7.18)***	0.891,6 (17.42)***	0.889,6 (17.47)***
GROW	-0.055,6 (-1.71)*	-0.055,0 (-1.70)*	-0.197,5 (-6.14)***	-0.206,3 (-6.48)***	-0.459,2 (-12.81)***	-0.460,3 (-12.83)***
LEV	1.410,7 (6.69)***	1.398,3 (6.73)***	-0.458,4 (-2.25)**	-0.161,0 (-0.81)	0.469,3 (2.25)**	0.527,0 (2.56)**
ROA	-0.041,7 (-2.28)**	-0.042,0 (-2.30)**	-0.069,5 (-3.85)***	-0.081,3 (-4.55)***	0.021,4 (1.14)	0.019,3 (1.04)
FIX	1.970,2 (7.79)***	1.995,3 (7.91)***	2.117,4 (8.40)***	2.272,1 (9.09)***	0.568,7 (9.93)***	2.588,8 (10.03)***
GDP	1.656,3 (2.10)**	1.494,6 (1.92)*	0.445,5 (0.60)	0.707,1 (0.96)	0.732,8 (0.96)	0.983,4 (1.29)
LAW	0.013,8 (0.27)	0.012,1 (0.24)	-0.034,9 (-0.71)	-0.018,2 (-0.37)	-0.091,3 (-1.85)*	-0.085,3 (-1.74)*

續表6-11(1)

變量名稱	BRT1 (1)	BRT1 (2)	BLT1 (3)	BLT1 (4)	BMT1 (5)	BMT1 (6)
LR 統計量	2,639.53 (84)***	2,644.37 (83)***	2,569.82 (83)***	2,516.56 (82)***	2,853.11 (85)***	2,846.33 (84)***
Pseudo R^2	0.345,9	0.346,6	0.337,3	0.330,3	0.372,8	0.372,0
Wald 檢驗 (YEAR)	51.64 (7)***	54.05 (7)***	60.69 (7)***	83.57 (7)***	27.42 (7)***	29.03 (7)***
Wald 檢驗 (ID)	311.18 (36)***	310.69 (36)***	404.00 (35)***	413.25 (35)***	566.29 (37)***	569.10 (37)***
Wald 檢驗 (REGION)	110.79 (30)***	112.73 (30)***	165.37 (30)***	191.57 (30)***	121.52 (30)***	126.57 (30)***

註：①LR 統計量表示二元 Logistic 迴歸模型的整體顯著性檢驗值，Pseudo R^2（偽可決系數）表示二元 Logistic 迴歸模型的擬合優度；②Wald 檢驗（YEAR）、Wald 檢驗（ID）、Wald 檢驗（REGION）分別表示無相關零假設下漸進 χ^2 分佈年度、行業、地區虛擬變量的聯合顯著性 Wald 檢驗，括號內的數值為自由度；③ ***、**、* 分別表示在 1%、5%、10% 水平上顯著，估計系數下方括號內的數值為 T 統計量。

表6-11（2） 現金流量權、社會資本與銀行貸款契約的二元 Logistic 迴歸估計結果

變量名稱	BRT1 (1)	BRT1 (2)	BLT1 (3)	BLT1 (4)	BMT1 (5)	BMT1 (6)
Intercept	−5.789,7 (−0.78)	−4.027,0 (−0.55)	−6.899,5 (−1.00)	−10.315,1 (−1.50)	−21.970,3 (−3.07)***	−24.597,3 (−3.45)***
CFR	−0.005,6 (−2.29)**	−0.004,9 (−2.06)**	−0.000,5 (−0.20)	0.002,2 (0.93)	0.005,7 (2.28)**	0.005,7 (2.30)**
RSC	0.171,8 (0.30)		4.643,8 (8.13)***		1.212,9 (2.13)**	
ESC	0.449,8 (0.53)		4.633,3 (5.50)***		0.483,4 (0.58)	
SC	−1.167,6 (−0.95)	−0.068,1 (−0.24)	−13.045,8 (−10.43)***	4.793,3 (13.24)***	−2.313,2 (−1.88)*	1.442,0 (4.35)***
CFR×SC		−0.018,9 (−2.83)***		0.032,7 (4.64)***		0.001,6 (0.22)
SIZE	−0.375,7 (−8.14)***	−0.375,1 (−8.14)***	0.302,9 (6.70)***	0.309,9 (6.89)***	0.892,3 (17.56)***	0.892,6 (17.62)***
GROW	−0.054,6 (−1.68)*	−0.053,2 (−1.64)	−0.196,1 (−6.10)***	−0.204,5 (−6.42)***	−0.459,9 (−12.84)***	−0.461,4 (−12.87)***

續表6-11(2)

變量名稱	BRT1 (1)	BRT1 (2)	BLT1 (3)	BLT1 (4)	BMT1 (5)	BMT1 (6)
LEV	1.396,4 (6.63)***	1.397,8 (6.74)***	−0.470,6 (−2.31)**	−0.167,4 (−0.84)	0.465,9 (2.23)**	0.529,0 (2.57)**
ROA	−0.043,7 (−2.39)**	−0.042,8 (−2.35)**	−0.070,7 (−3.93)***	−0.080,6 (−4.52)***	0.020,4 (1.09)	0.017,7 (0.95)
FIX	1.970,4 (7.80)***	1.985,9 (7.88)***	2.117,5 (8.41)***	2.240,7 (8.98)***	2.572,1 (9.94)***	2.590,9 (10.04)***
GDP	1.653,6 (2.10)**	1.466,5 (1.88)*	0.428,0 (0.58)	0.692,5 (0.94)	0.728,1 (0.95)	0.975,7 (1.28)
LAW	0.016,1 (0.32)	0.012,6 (0.25)	−0.033,3 (−0.68)	−0.017,6 (−0.36)	−0.092,1 (−1.87)*	−0.086,8 (−1.77)*
LR 統計量	2,634.81 (84)***	2,642.49 (83)***	2,567.89 (83)***	2,521.13 (82)***	2,854.92 (85)***	2,847.91 (84)***
Pseudo R^2	0.345,3	0.346,3	0.337,0	0.330,9	0.373,1	0.372,2
Wald 檢驗 (YEAR)	52.85 (7) ***	55.53 (7) ***	61.27 (7) ***	85.18 (7) ***	27.49 (7) ***	28.91 (7) ***
Wald 檢驗 (ID)	311.83 (36)***	311.81 (36)***	403.38 (35)***	413.60 (35)***	567.77 (37)***	570.14 (37)***
Wald 檢驗 (REGION)	112.53 (30)***	115.34 (30)***	164.40 (30)***	194.89 (30)***	121.30 (30)***	129.56 (30)***

表6-11(3) 兩權分離度、社會資本與銀行貸款契約的二元 Logistic 迴歸估計結果

變量名稱	BRT1 (1)	BRT1 (2)	BLT1 (3)	BLT1 (4)	BMT1 (5)	BMT1 (6)
Intercept	−5.799,3 (−0.79)	−4.656,2 (−0.64)	−6.808,6 (−0.98)	−12.431,4 (−1.81)*	−21.433,3 (−3.00)***	−24.436,7 (−3.43)***
SEP	0.042,6 (1.43)	0.103,4 (2.81)***	−0.059,0 (−1.88)*	−0.059,6 (−1.67)*	−0.031,8 (−1.21)	−0.068,3 (−2.07)**
RSC	0.056,3 (0.10)		4.596,6 (8.09)***		1.070,2 (1.89)*	
ESC	0.210,7 (0.25)		4.485,6 (5.39)***		0.125,5 (0.15)	
SC	−0.852,9 (−0.70)	−0.907,6 (−3.33)***	−12.892,1 (−10.41)***	6.027,4 (17.63)***	−1.856,9 (−1.52)	1.182,5 (4.00)***

續表6-11(3)

變量名稱	BRT1 (1)	BRT1 (2)	BLT1 (3)	BLT1 (4)	BMT1 (5)	BMT1 (6)
$SEP \times SC$		−0.258,4 (−2.53)**		0.145,3 (1.51)		0.181,0 (1.97)**
$SIZE$	−0.393,2 (−8.67)***	−0.392,6 (−8.68)***	0.298,4 (6.71)***	0.311,7 (7.07)***	0.869,6 (17.41)***	0.867,3 (17.48)***
$GROW$	−0.051,9 (−1.61)	−0.051,8 (−1.60)	−0.195,4 (−6.08)***	−0.203,6 (−6.41)***	−0.457,9 (−12.77)***	−0.459,6 (−12.81)***
LEV	1.391,8 (6.61)***	1.423,5 (6.85)***	−0.482,2 (−2.36)**	−0.183,2 (−0.92)	0.451,3 (2.16)**	0.496,8 (2.42)**
ROA	−0.044,8 (−2.45)**	−0.043,2 (−2.37)**	−0.069,1 (−3.83)***	−0.076,7 (−4.29)***	0.020,4 (1.09)	0.016,8 (0.90)
FIX	1.966,6 (7.78)***	1.988,3 (7.89)***	2.115,0 (8.40)***	2.222,2 (8.92)***	2.570,9 (9.94)***	2.564,3 (9.94)***
GDP	1.678,6 (2.13)**	1.547,1 (1.99)**	0.438,9 (0.59)	0.929,9 (1.26)	0.717,7 (0.94)	1.015,7 (1.33)
LAW	0.015,6 (0.31)	0.013,6 (0.27)	−0.030,6 (−0.62)	−0.016,2 (−0.33)	−0.088,2 (−1.79)*	−0.081,5 (−1.66)*
LR 統計量	2,632.00 (84)***	2,638.37 (83)***	2,572.48 (83)***	2,506.27 (82)***	2,851.40 (85)***	2,848.41 (84)***
Pseudo R^2	0.344,9	0.345,8	0.337,6	0.328,9	0.372,6	0.372,2
Wald 檢驗 (YEAR)	53.63 (7)***	55.83 (7)***	61.86 (7)***	81.91 (7)***	27.26 (7)***	28.67 (7)***
Wald 檢驗 (ID)	323.63 (36)***	321.85 (36)***	400.49 (35)***	411.12 (35)***	560.49 (37)***	559.25 (37)***
Wald 檢驗 (REGION)	112.00 (30)***	115.82 (30)***	164.66 (30)***	197.20 (30)***	119.57 (30)***	128.69 (30)***

表6-11(4) 金字塔層級、社會資本與銀行貸款契約的二元Logistic迴歸估計結果

變量名稱	BRT1 (1)	BRT1 (2)	BLT1 (3)	BLT1 (4)	BMT1 (5)	BMT1 (6)
$Intercept$	−5.970,3 (−0.81)	−5.701,6 (−0.79)	−6.497,4 (−0.94)	−12.489,4 (−1.82)*	−22.082,8 (−3.09)***	−24.418,1 (−3.42)***
LAY	0.054,1 (1.65)*	0.061,2 (1.85)*	−0.110,4 (−3.40)***	−0.136,3 (−4.07)***	−0.064,4 (−1.92)*	−0.073,9 (−2.19)**

續表6-11(4)

變量名稱	BRT1 (1)	BRT1 (2)	BLT1 (3)	BLT1 (4)	BMT1 (5)	BMT1 (6)
RSC	0.057,2 (0.10)		4.579,5 (8.05)***		1.127,7 (1.99)**	
ESC	0.140,8 (0.17)		4.586,2 (5.52)***		0.230,6 (0.28)	
SC	−0.787,9 (−0.64)	−0.418,6 (−1.52)	−12.968,9 (−10.47)***	6.132,2 (17.02)***	−2.003,9 (−1.64)	1.091,0 (3.36)***
LAY×SC		−0.111,8 (−1.15)		0.203,4 (2.00)**		0.190,2 (1.87)*
SIZE	−0.393,4 (−8.67)***	−0.390,7 (−8.63)***	0.295,4 (6.63)***	0.311,2 (7.06)***	0.875,3 (17.51)***	0.876,9 (17.64)***
GROW	−0.053,3 (−1.65)*	−0.054,3 (−1.68)*	−0.193,1 (−6.01)***	−0.199,6 (−6.29)***	−0.461,5 (−12.85)***	−0.463,8 (−12.91)***
LEV	1.370,8 (6.51)***	1.372,1 (6.62)***	−0.447,5 (−2.20)**	−0.158,1 (−0.80)	0.437,5 (2.09)**	0.498,6 (2.43)**
ROA	−0.045,2 (−2.47)**	−0.045,6 (−2.50)**	−0.067,4 (−3.74)***	−0.076,5 (−4.28)***	0.018,0 (0.96)	0.015,1 (0.81)
FIX	1.979,5 (7.83)***	1.984,2 (7.87)***	2.093,6 (8.31)***	2.194,7 (8.81)***	2.594,2 (10.01)***	2.616,0 (10.10)***
GDP	1.693,7 (2.15)**	1.657,9 (2.13)**	0.424,8 (0.57)	0.959,1 (1.30)	0.756,8 (0.99)	0.964,8 (1.26)
LAW	0.017,1 (0.34)	0.015,4 (0.31)	−0.032,3 (−0.66)	−0.015,6 (−0.32)	−0.091,3 (−1.85)*	−0.086,5 (−1.76)*
LR 統計量	2,632.31 (84)***	2,633.61 (83)***	2,579.51 (83)***	2,516.25 (82)***	2,853.46 (85)***	2,849.47 (84)***
Pseudo R^2	0.345,0	0.345,2	0.338,6	0.330,3	0.372,9	0.372,4
Wald 檢驗 (YEAR)	52.84 (7)***	54.47 (7)***	62.13 (7)***	80.00 (7)***	26.79 (7)***	29.03 (7)***
Wald 檢驗 (ID)	327.75 (36)***	327.71 (36)***	406.52 (35)***	417.79 (35)***	564.38 (37)***	567.73 (37)***
Wald 檢驗 (REGION)	113.00 (30)***	115.34 (30)***	165.70 (30)***	200.23 (30)***	119.04 (30)***	128.76 (30)***

表 6-11（5） 終極控製股東類型、社會資本與銀行貸款契約的二元 Logistic 迴歸估計結果

變量名稱	BRT1 (1)	BRT1 (2)	BLT1 (3)	BLT1 (4)	BMT1 (5)	BMT1 (6)
Intercept	-6.786,3 (-0.92)	-5.269,7 (-0.73)	-5.494,6 (-0.79)	-13.497,3 (-1.95)*	-21.672,8 (-3.03)***	-24.775,3 (-3.48)***
UCT	-0.300,2 (-2.56)**	-0.169,5 (-1.85)*	0.334,6 (2.69)***	0.416,4 (4.61)***	-0.049,6 (-0.41)	-0.056,1 (-0.59)
RSC	0.804,7 (1.26)		3.803,1 (5.89)***		1.193,5 (1.91)*	
ESC	1.852,3 (1.75)*		2.557,4 (2.27)**		0.446,9 (0.43)	
SC	-2.919,2 (-1.98)**	-0.223,1 (-0.80)	-10.595,2 (-6.95)***	5.493,2 (15.36)***	-2.242,0 (-1.55)	1.050,9 (3.20)***
UCT×SC		-0.377,3 (-1.59)		1.263,4 (5.15)***		0.490,2 (1.96)*
SIZE	-0.389,8 (-8.59)***	-0.389,7 (-8.58)***	0.297,7 (6.69)***	0.287,9 (6.48)***	0.872,6 (17.46)***	0.868,0 (17.40)***
GROW	-0.066,6 (-2.02)**	-0.060,7 (-1.85)*	-0.179,6 (-5.50)***	-0.179,7 (-5.56)***	-0.460,6 (-12.62)***	-0.460,7 (-12.66)***
LEV	1.385,5 (6.58)***	1.417,5 (6.82)***	-0.501,5 (-2.45)**	-0.221,8 (-1.10)	0.456,4 (2.19)**	0.540,2 (2.61)***
ROA	-0.045,2 (-2.47)**	-0.043,5 (-2.38)**	-0.067,9 (-3.76)***	-0.066,3 (-3.68)***	0.018,9 (1.01)	0.018,6 (1.00)
FIX	2.015,3 (7.95)***	2.019,2 (7.97)***	2.071,4 (8.19)***	2.114,0 (8.39)***	2.581,0 (9.96)***	2.600,3 (10.03)***
GDP	1.801,6 (2.28)**	1.634,0 (2.11)**	0.276,8 (0.37)	1.050,1 (1.42)	0.733,5 (0.96)	1.039,4 (1.36)
LAW	0.016,2 (0.32)	0.017,7 (0.35)	-0.035,2 (-0.72)	-0.006,3 (-0.13)	-0.090,0 (-1.83)*	-0.083,0 (-1.69)*
LR 統計量	2,636.11 (84)***	2,635.53 (83)***	2,575.13 (83)***	2,547.17 (82)***	2,849.91 (85)***	2,846.75 (84)***
Pseudo R^2	0.345,5	0.345,4	0.338,0	0.334,3	0.372,4	0.372,0
Wald 檢驗（YEAR）	54.51 (7)***	54.91 (7)***	67.30 (7)***	87.43 (7)***	26.93 (7)***	27.95 (7)***
Wald 檢驗（ID）	327.27 (36)***	326.67 (36)***	404.44 (35)***	423.75 (35)***	563.28 (37)***	564.15 (37)***
Wald 檢驗（REGION）	111.63 (30)***	113.17 (30)***	170.65 (30)***	197.03 (30)***	118.59 (30)***	123.65 (30)***

表 6-12（1） 控製權、社會資本與銀行貸款契約的有序 Logistic 迴歸估計結果

變量名稱	BRT2 (1)	BRT2 (2)	BLT2 (3)	BLT2 (4)	BMT2 (5)	BMT2 (6)
CON	0.010,1 (4.66)***	0.010,2 (4.73)***	−0.002,8 (−1.34)	−0.001,0 (−0.48)	−0.004,4 (−1.99)**	−0.004,1 (−1.87)*
RSC	0.048,3 (0.11)		3.617,4 (7.92)***		0.156,6 (0.34)	
ESC	−0.478,5 (−0.71)		3.695,1 (5.45)***		0.189,0 (0.28)	
SC	−0.014,5 (−0.01)	−0.171,4 (−0.67)	−11.080,9 (−11.03)***	3.945,3 (11.57)***	−1.293,2 (−1.30)	0.630,3 (2.28)**
CON×SC		−0.015,7 (−2.67)***		0.035,8 (5.42)***		0.012,4 (1.95)*
SIZE	−0.285,2 (−7.63)***	−0.286,1 (−7.67)***	0.251,7 (6.73)***	0.257,1 (6.90)***	0.810,6 (20.11)***	0.810,9 (20.18)***
GROW	−0.037,1 (−1.40)	−0.036,1 (−1.37)	−0.196,6 (−7.35)***	−0.206,7 (−7.78)***	−0.509,7 (−16.98)***	−0.510,2 (−16.99)***
LEV	1.353,5 (7.82)***	1.335,0 (7.83)***	−0.361,8 (−2.11)**	−0.154,7 (−0.92)	0.689,5 (3.94)***	0.682,4 (3.96)***
ROA	−0.003,8 (−0.26)	−0.003,1 (−0.21)	−0.063,8 (−4.31)***	−0.075,6 (−5.13)***	0.025,4 (1.68)*	0.025,3 (1.68)*
FIX	1.613,3 (8.05)***	1.612,5 (8.08)***	2.079,1 (9.97)***	2.215,1 (10.66)***	2.336,0 (10.94)***	2.353,9 (11.06)***
GDP	0.196,5 (0.33)	0.196,4 (0.33)	−0.486,8 (−0.82)	−0.443,8 (−0.75)	0.650,2 (1.08)	0.629,0 (1.06)
LAW	−0.055,7 (−1.46)	−0.052,2 (−1.38)	−0.049,1 (−1.26)	−0.033,0 (−0.85)	−0.042,1 (−1.09)	−0.041,5 (−1.07)
LR 統計量	3,168.42 (85)***	3,173.94 (84)***	3,181.98 (85)***	3,148.04 (84)***	3,491.79 (85)***	3,495.49 (84)***
Pseudo R^2	0.261,2	0.261,7	0.262,4	0.259,6	0.287,9	0.288,2
Wald 檢驗 (YEAR)	149.26 (7)***	157.34 (7)***	115.73 (7)***	146.86 (7)***	45.09 (7)***	47.02 (7)***

續表6－12（1）

變量名稱	BRT2 (1)	BRT2 (2)	BLT2 (3)	BLT2 (4)	BMT2 (5)	BMT2 (6)
Wald 檢驗 (ID)	482.02 (37)***	482.46 (37)***	462.62 (37)***	478.61 (37)***	752.26 (37)***	759.44 (37)***
Wald 檢驗 (REGION)	134.66 (30)***	136.81 (30)***	227.57 (30)***	277.24 (30)***	199.46 (30)***	199.85 (30)***

註：①LR 統計量表示有序 Logistic 迴歸模型的整體顯著性檢驗值，Pseudo R^2（偽可決系數）表示有序 Logistic 迴歸模型的擬合優度；②Wald 檢驗（YEAR）、Wald 檢驗（ID）、Wald 檢驗（REGION）分別表示無相關零假設下漸進 χ^2 分佈年度、行業、地區虛擬變量的聯合顯著性 Wald 檢驗，括號內的數值為自由度；③***、**、*分別表示在1％、5％、10％水平上顯著，估計系數下方括號內的數值為 T 統計量。

表6－12（2） 現金流量權、社會資本與銀行貸款契約的有序 Logistic 迴歸估計結果

變量名稱	BRT2 (1)	BRT2 (2)	BLT2 (3)	BLT2 (4)	BMT2 (5)	BMT2 (6)
CFR	−0.006,0 (−3.05)***	−0.006,2 (−3.23)***	−0.001,4 (−0.70)	0.000,5 (0.25)	0.004,8 (2.39)**	0.004,6 (2.30)**
RSC	0.081,7 (0.18)		3.613,8 (7.88)***		0.222,9 (0.49)	
ESC	−0.418,8 (−0.61)		3.695,8 (5.38)***		0.340,4 (0.50)	
SC	−0.091,0 (−0.09)	−0.205,8 (−0.90)	−11.069,7 (−10.93)***	4.373,3 (14.60)***	−1.485,7 (−1.48)	0.786,1 (3.16)***
CFR×SC		−0.017,2 (−3.16)***		0.029,6 (5.02)***		−0.008,0 (−1.37)
SIZE	−0.301,9 (−8.12)***	−0.304,1 (−8.19)***	0.245,5 (6.61)***	0.248,4 (6.71)***	0.811,0 (20.26)***	0.811,0 (20.29)***
GROW	−0.035,7 (−1.35)	−0.034,4 (−1.30)	−0.196,1 (−7.34)***	−0.206,3 (−7.76)***	−0.509,5 (−16.98)***	−0.510,2 (−16.99)***
LEV	1.333,8 (7.72)***	1.329,9 (7.82)***	−0.367,4 (−2.14)**	−0.151,6 (−0.90)	0.686,6 (3.92)***	0.694,7 (4.03)***
ROA	−0.006,3 (−0.43)	−0.004,8 (−0.33)	−0.064,7 (−4.38)***	−0.073,8 (−5.02)***	0.024,2 (1.61)	0.024,1 (1.60)
FIX	1.613,8 (8.06)***	1.603,3 (8.04)***	2.078,8 (9.97)***	2.182,9 (10.52)***	2.335,8 (10.94)***	2.346,4 (11.03)***

續表6-12(2)

變量名稱	BRT2 (1)	BRT2 (2)	BLT2 (3)	BLT2 (4)	BMT2 (5)	BMT2 (6)
GDP	0.192,4 (0.32)	0.184,8 (0.31)	-0.489,4 (-0.83)	-0.385,3 (-0.66)	0.641,6 (1.07)	0.626,4 (1.05)
LAW	-0.053,3 (-1.40)	-0.051,1 (-1.35)	-0.048,2 (-1.23)	-0.035,4 (-0.91)	-0.042,5 (-1.10)	-0.042,3 (-1.10)
LR 統計量	3,155.94 (85)***	3,164.40 (84)***	3,180.67 (85)***	3,142.91 (84)***	3,493.57 (85)***	3,495.17 (84)***
Pseudo R^2	0.260,2	0.260,9	0.262,2	0.259,1	0.288,0	0.288,2
Wald 檢驗 (YEAR)	150.31 (7)***	159.39 (7)***	115.79 (7)***	146.43 (7)***	45.36 (7)***	46.77 (7)***
Wald 檢驗 (ID)	481.26 (37)***	481.85 (37)***	461.60 (37)***	477.52 (37)***	751.60 (37)***	756.46 (37)***
Wald 檢驗 (REGION)	134.46 (30)***	137.41 (30)***	226.65 (30)***	284.12 (30)***	197.89 (30)***	202.80 (30)***

表 6-12（3） 兩權分離度、社會資本與銀行貸款契約的有序 Logistic 迴歸估計結果

變量名稱	BRT2 (1)	BRT2 (2)	BLT2 (3)	BLT2 (4)	BMT2 (5)	BMT2 (6)
SEP	0.019,1 (1.02)	0.069,7 (2.55)**	-0.068,6 (-2.90)***	-0.065,6 (-2.40)**	-0.024,4 (-1.16)	-0.036,3 (-1.53)
RSC	-0.045,8 (-0.10)		3.540,5 (7.76)***		0.093,8 (0.21)	
ESC	-0.717,2 (-1.06)		3.459,8 (5.10)***		0.032,7 (0.05)	
SC	0.290,0 (0.29)	-0.937,9 (-4.34)***	-10.808,3 (-10.77)***	5.422,6 (19.89)***	-1.092,7 (-1.10)	0.931,1 (4.16)***
SEP×SC		-0.193,8 (-2.53)**		0.068,1 (0.86)		-0.067,6 (-1.02)
SIZE	-0.322,2 (-8.83)***	-0.325,9 (-8.96)***	0.237,0 (6.49)***	0.248,2 (6.84)***	0.791,7 (20.11)***	0.791,9 (20.19)***
GROW	-0.033,4 (-1.27)	-0.032,5 (-1.22)	-0.195,5 (-7.31)***	-0.205,9 (-7.76)***	-0.508,6 (-16.94)***	-0.509,1 (-16.97)***

續表6-12(3)

變量名稱	BRT2		BLT2		BMT2	
	(1)	(2)	(3)	(4)	(5)	(6)
LEV	1.322,1 (7.66)***	1.332,7 (7.83)***	−0.385,0 (−2.24)**	−0.182,3 (−1.08)	0.669,7 (3.83)***	0.673,0 (3.91)***
ROA	−0.007,0 (−0.47)	−0.005,0 (−0.34)	−0.063,1 (−4.26)***	−0.071,0 (−4.82)***	0.024,8 (1.65)*	0.024,0 (1.59)
FIX	1.614,4 (8.06)***	1.604,5 (8.05)***	2.080,8 (9.98)***	2.163,0 (10.43)***	2.342,7 (10.97)***	2.339,7 (11.00)***
GDP	0.219,7 (0.37)	0.278,3 (0.47)	−0.481,2 (−0.81)	−0.197,0 (−0.34)	0.636,2 (1.06)	0.656,7 (1.10)
LAW	−0.052,5 (−1.38)	−0.049,0 (−1.29)	−0.046,6 (−1.19)	−0.032,9 (−0.85)	−0.039,5 (−1.02)	−0.038,3 (−0.99)
LR 統計量	3,147.69 (85)***	3,152.08 (84)***	3,190.39 (85)***	3,128.76 (84)***	3,489.26 (85)***	3,490.23 (84)***
Pseudo R^2	0.259,5	0.259,9	0.263,0	0.258,0	0.287,7	0.287,8
Wald 檢驗 (YEAR)	151.28 (7)***	157.70 (7)***	117.11 (7)***	142.18 (7)***	45.50 (7)***	46.43 (7)***
Wald 檢驗 (ID)	497.36 (37)***	496.56 (37)***	458.05 (37)***	473.66 (37)***	743.17 (37)***	744.58 (37)***
Wald 檢驗 (REGION)	131.99 (30)***	135.81 (30)***	224.80 (30)***	288.13 (30)***	198.24 (30)***	205.08 (30)***

表6-12（4） 金字塔層級、社會資本與銀行貸款契約的有序 Logistic 迴歸估計結果

變量名稱	BRT2		BLT2		BMT2	
	(1)	(2)	(3)	(4)	(5)	(6)
LAY	0.045,1 (1.70)*	0.045,8 (1.71)*	−0.102,5 (−3.89)***	−0.117,5 (−4.35)***	−0.053,7 (−1.99)**	−0.055,4 (−2.01)**
RSC	−0.039,6 (−0.09)		3.535,1 (7.75)***		0.141,4 (0.31)	
ESC	−0.751,1 (−1.11)		3.560,2 (5.27)***		0.118,2 (0.18)	
SC	0.316,3 (0.32)	−0.626,0 (−2.82)***	−10.893,4 (−10.88)***	5.552,9 (19.06)***	−1.218,1 (−1.22)	0.978,7 (3.95)***
LAY×SC		−0.040,1 (−0.52)		0.146,7 (1.74)*		−0.029,5 (−0.36)

第 6 章 終極所有權結構、社會資本與銀行貸款契約的實證研究

續表6-12(4)

變量名稱	BRT2 (1)	BRT2 (2)	BLT2 (3)	BLT2 (4)	BMT2 (5)	BMT2 (6)
SIZE	−0.321,1 (−8.79)***	−0.324,1 (−8.90)***	0.234,3 (6.42)***	0.246,6 (6.80)***	0.796,2 (20.23)***	0.797,2 (20.32)***
GROW	−0.034,5 (−1.31)	−0.033,5 (−1.27)	−0.193,4 (−7.24)***	−0.202,9 (−7.65)***	−0.510,0 (−16.97)***	−0.510,4 (−16.99)***
LEV	1.309,1 (7.59)***	1.298,1 (7.65)***	−0.358,8 (−2.09)**	−0.163,5 (−0.97)	0.660,5 (3.78)***	0.669,3 (3.89)***
ROA	−0.007,7 (−0.52)	−0.007,3 (−0.49)	−0.061,7 (−4.17)***	−0.070,1 (−4.76)***	0.022,9 (1.52)	0.022,5 (1.50)
FIX	1.624,0 (8.11)***	1.601,4 (8.03)***	2.063,5 (9.89)***	2.146,1 (10.34)***	2.354,3 (11.01)***	2.359,1 (11.08)***
GDP	0.224,6 (0.38)	0.329,1 (0.56)	−0.512,2 (−0.87)	−0.199,4 (−0.34)	0.644,9 (1.08)	0.648,8 (1.09)
LAW	−0.051,4 (−1.35)	−0.045,9 (−1.21)	−0.048,8 (−1.25)	−0.034,8 (−0.90)	−0.040,6 (−1.05)	−0.039,8 (−1.03)
LR 統計量	3,149.51 (85)***	3,147.03 (84)***	3,195.33 (85)***	3,136.75 (84)***	3,491.80 (85)***	3,491.82 (84)***
Pseudo R^2	0.259,7	0.259,5	0.263,5	0.258,6	0.287,9	0.287,9
Wald 檢驗 (YEAR)	150.31 (7)***	155.56 (7)***	118.24 (7)***	141.23 (7)***	44.97 (7)***	46.12 (7)***
Wald 檢驗 (ID)	500.37 (37)***	502.15 (37)***	464.00 (37)***	480.91 (37)***	751.20 (37)***	756.89 (37)***
Wald 檢驗 (REGION)	132.84 (30)***	135.28 (30)***	227.89 (30)***	292.42 (30)***	197.35 (30)***	204.79 (30)***

表6-12(5) 終極控制股東類型、社會資本與銀行貸款契約的有序 Logistic 迴歸估計結果

變量名稱	BRT2 (1)	BRT2 (2)	BLT2 (3)	BLT2 (4)	BMT2 (5)	BMT2 (6)
UCT	−0.223,3 (−2.34)**	−0.205,5 (−2.78)***	0.228,3 (2.25)**	0.291,0 (3.96)***	−0.107,4 (−1.10)	−0.059,9 (−0.80)
RSC	0.509,2 (1.01)		3.018,7 (5.81)***		0.364,7 (0.71)	
ESC	0.530,3 (0.61)		2.205,4 (2.40)**		0.679,1 (0.78)	

續表6-12(5)

變量名稱	BRT2 (1)	BRT2 (2)	BLT2 (3)	BLT2 (4)	BMT2 (5)	BMT2 (6)
SC	−1.283,5 (−1.07)	−0.248,4 (−1.13)	−9.307,1 (−7.50)***	4.811,1 (16.52)***	−1.894,0 (−1.56)	1.001,9 (4.06)***
UCT×SC		−0.491,1 (−2.55)**		1.324,6 (6.51)***		0.070,3 (0.35)
SIZE	−0.319,0 (−8.73)***	−0.321,2 (−8.79)***	0.237,7 (6.51)***	0.229,3 (6.29)***	0.795,7 (20.19)***	0.797,4 (20.23)***
GROW	−0.043,6 (−1.63)	−0.042,0 (−1.58)	−0.184,6 (−6.80)***	−0.189,1 (−7.00)***	−0.513,8 (−16.84)***	−0.511,9 (−16.86)***
LEV	1.320,8 (7.66)***	1.347,5 (7.91)***	−0.396,5 (−2.31)**	−0.196,8 (−1.16)	0.672,7 (3.85)***	0.690,1 (3.99)***
ROA	−0.007,6 (−0.52)	−0.005,5 (−0.37)	−0.062,7 (−4.24)***	−0.062,5 (−4.22)***	0.023,0 (1.52)	0.022,3 (1.48)
FIX	1.651,3 (8.22)***	1.654,4 (8.24)***	2.044,0 (9.78)***	2.076,1 (9.93)***	2.357,3 (11.02)***	2.364,9 (11.07)***
GDP	0.293,8 (0.50)	0.343,4 (0.58)	−0.591,0 (−1.00)	−0.090,5 (−0.15)	0.677,5 (1.13)	0.640,9 (1.08)
LAW	−0.052,2 (−1.37)	−0.045,8 (−1.21)	−0.048,4 (−1.24)	−0.021,1 (−0.54)	−0.040,9 (−1.06)	−0.041,5 (−1.07)
LR 統計量	3,152.09 (85)***	3,157.45 (84)***	3,185.27 (85)***	3,177.19 (84)***	3,489.06 (85)***	3,488.56 (84)***
Pseudo R^2	0.259,9	0.260,3	0.262,6	0.262,0	0.287,7	0.287,6
Wald 檢驗 (YEAR)	148.21 (7)***	153.74 (7)***	121.19 (7)***	147.20 (7)***	44.82 (7)***	46.04 (7)***
Wald 檢驗 (ID)	499.42 (37)***	500.79 (37)***	461.49 (37)***	484.91 (37)***	749.35 (37)***	755.53 (37)***
Wald 檢驗 (REGION)	128.64 (30)***	131.68 (30)***	229.11 (30)***	273.51 (30)***	194.23 (30)***	203.57 (30)***

從表6-11的二元Logistic迴歸模型和表6-12的有序Logistic迴歸模型的估計結果可見，對於終極所有權結構、社會資本與銀行貸款契約之間的關係，貸款利率分類、貸款額度分類、貸款期限分類的迴歸結果與前面運用OLS迴歸模型、固定效應迴歸模型、隨機效應迴歸模型的貸款利率水平、貸款額度水平、貸款期限水平的迴歸結果基本保持一致。

第一，終極控製股東的控製權與貸款利率在1％水平上顯著正相關、與貸款金額的估計係數為負但並不顯著、與貸款期限顯著負相關，意味著終極控製股東的控製權越強，「隧道」動機和侵占風險越嚴重，銀行貸款契約的緊縮性程度越高，表現為貸款利率顯著越高、貸款期限顯著越短。控製權和社會資本的交互項與貸款利率顯著負相關、與貸款金額在1％水平上顯著正相關、與貸款期限在10％水平上顯著正相關，意味著高水平的社會資本能減弱控製權對銀行貸款契約的負面影響，表現為社會資本水平越高，對終極控製股東的機會主義行為的抑製作用越強，控製權與貸款利率之間的正相關關係、與貸款金額和貸款期限之間的負相關關係越容易受到削弱。

第二，終極控製股東的現金流量權與貸款利率顯著負相關、與貸款金額的估計係數為正但並不顯著、與貸款期限在5％水平上顯著正相關，意味著終極控製股東的現金流量權越多，對公司價值的正面「激勵效應」越強，銀行貸款契約的寬鬆性程度越高，表現為貸款利率顯著越低、貸款期限顯著越長。現金流量權和社會資本的交互項與貸款利率在1％水平上顯著負相關、與貸款金額在1％水平上顯著正相關、與貸款期限的估計係數雖為正但並不顯著，意味著高水平的社會資本能增強終極控製股東的現金流量權對銀行貸款契約的正面影響，表現為社會資本水平越高，現金流量權與貸款利率之間的負相關關係、與貸款金額之間的正相關關係越容易得到增強。

第三，終極控製股東兩權分離度與貸款利率顯著正相關、與貸款金額顯著負相關、與貸款期限在5％水平上顯著負相關，意味著終極控製股東的控製權和現金流量權的分離程度越大，負面「壕溝效應」越強，銀行貸款契約的緊縮性程度越高，表現為貸款利率顯著越高、貸款金額顯著越小、貸款期限顯著越短。兩權分離度和社會資本的交互項與貸款利率在5％水平上顯著負相關、與貸款金額的估計係數雖為正但並不顯著、與貸款期限在5％水平上顯著正相關，意味著高水平的社會資本能減弱終極控製股東的控製權和現金流量權的分離度對銀行貸款契約的負面影響，表現為社會資本水平越高，對終極控製股東的道德風險行為的約束作用越強，兩權分離度與貸款利率之間的正相關關係、與貸款期限之間的負相關關係越容易受到削弱。

第四，金字塔股權結構與貸款利率在10％水平上顯著正相關、與貸款金額在1％水平上顯著負相關、與貸款期限顯著負相關，意味著金字塔股權結構的控製層級數量越多，兩權分離度越高，對外部債權投資者利益的侵占程度越嚴重，銀行貸款契約的緊縮性程度越高，表現為貸款利率顯著越高、貸款金額顯著越小、貸款期限顯著越短。金字塔層級和社會資本的交互項與貸款利率的估計係數雖為負但並不顯著、與貸款金額顯著正相關、與貸款期限在10％水平上顯著正相關，意味著高水平的社會資本能減弱金字塔股權結構對銀行貸款契約的負面影響，表現為社會資本水平越高，對負面「壕溝效應」的遏製作用越強，兩權分離度與貸款金額和貸款期限之間的負相關關係越容易受到削弱。

第五，終極控製股東的類型與貸款利率顯著負相關、與貸款金額在 1% 水平上顯著正相關、與貸款期限之間的估計係數為負且不顯著，意味著當終極控製股東的產權屬性為國有時，不僅國有型終極控製股東具有追求公司價值和社會價值的最大化動機，而且國有企業擁有國家和政府的信譽作為擔保，銀行貸款契約的寬鬆性程度較高，表現為貸款利率顯著越低、貸款金額顯著越大。終極控製股東類型和社會資本的交互項與貸款利率在 5% 水平上顯著負相關、與貸款金額在 1% 水平上顯著正相關、與貸款期限在 10% 水平上顯著正相關，意味著高水平的社會資本能增強國有型終極控製股東對銀行貸款契約的正面影響，表現為社會資本水平越高，國有型終極控製股東與貸款利率之間的負相關關係、與貸款金額和貸款期限之間的正相關關係越容易得到增強。

第六，社會資本與貸款利率顯著負相關、與貸款金額顯著正相關、與貸款期限顯著正相關，意味著社會資本的發展水平越好，社會信任水平越高、合作規範越強、社會網路密度越大，債權投資者面臨的代理風險和信息風險越小，銀行貸款契約的寬鬆性程度較高，表現為貸款利率顯著越低、貸款金額顯著越大、貸款期限顯著越長。

6.4.2 動態估計結果分析

考慮到貸款利率、貸款金額、貸款期限的動態調整或調整成本問題，本部分將運用動態方法進一步分析考察終極所有權結構、社會資本如何影響銀行貸款契約，以及終極所有權結構和銀行貸款契約之間的關係如何受社會資本發展水平的影響。終極所有權結構、社會資本與銀行貸款契約之間關係的差分 GMM 和系統 GMM 的動態估計結果分別如表 6-13 和表 6-14 所示。

表 6-13（1） 控製權、社會資本與銀行貸款契約的差分 GMM 動態估計結果

變量名稱	BR (1)	BR (2)	BL (3)	BL (4)	BM (5)	BM (6)
$Constant$	1.531,6 (1.61)	1.803,5 (2.60)***	−0.318,4 (−1.47)	−1.068,1 (−5.43)***	−0.862,4 (−2.97)***	−1.462,7 (−5.83)***
$BR_{i,t-1}$	0.116,5 (0.30)	0.116,6 (0.30)				
$BL_{i,t-1}$			0.425,1 (9.59)***	0.495,3 (10.94)***		
$BM_{i,t-1}$					0.417,2 (8.68)***	0.407,1 (8.55)***
CON_{it}	0.000,2 (0.10)	0.000,2 (0.09)	−0.002,3 (−4.21)***	−0.002,0 (−3.17)***	−0.002,7 (−2.79)***	−0.002,6 (−2.71)***

續表6-13(1)

變量名稱	BR (1)	BR (2)	BL (3)	BL (4)	BM (5)	BM (6)
RSC_{it}	-0.286,9 (-1.26)		1.172,9 (5.63)***		0.934,6 (4.09)***	
ESC_{it}	-0.368,3 (-0.66)		1.895,9 (4.40)***		1.376,9 (3.19)***	
SC_{it}	0.742,5 (0.92)	0.129,9 (1.56)	-3.233,3 (-5.45)***	0.304,5 (8.68)***	-2.403,8 (-3.85)***	0.120,9 (1.85)*
$CON_{it} \times SC_{it}$		-0.000,3 (-0.12)		0.002,5 (2.81)***		0.003,2 (2.20)**
$SIZE_{it}$	-0.051,4 (-2.04)**	-0.054,0 (-1.88)*	0.002,7 (0.28)	0.004,6 (0.46)	0.049,0 (4.68)***	0.052,0 (4.99)***
$GROW_{it}$	0.011,4 (0.55)	0.012,0 (0.56)	-0.013,4 (-2.51)**	-0.012,3 (-2.06)**	-0.014,7 (-2.49)**	-0.013,5 (-2.29)**
LEV_{it}	-0.195,4 (-1.57)	-0.229,7 (-1.74)*	-0.050,1 (-1.03)	0.093,7 (2.04)**	-0.058,8 (-1.16)	0.043,8 (0.98)
ROA_{it}	0.001,0 (0.27)	0.001,1 (0.25)	-0.002,1 (-1.44)	-0.001,5 (-0.91)	0.002,2 (0.88)	0.002,0 (0.81)
FIX_{it}	0.059,4 (0.48)	0.051,9 (0.41)	-0.063,7 (-1.16)	-0.016,2 (-0.29)	-0.077,7 (-1.19)	-0.061,0 (-1.00)
GDP_{it}	-0.027,5 (-0.27)	-0.048,1 (-0.72)	0.047,7 (2.76)***	0.112,0 (6.76)***	-0.014,6 (-0.52)	0.036,6 (1.56)
LAW_{it}	-0.001,7 (-0.17)	-0.001,5 (-0.14)	0.001,2 (0.49)	-0.002,8 (-1.20)	0.006,1 (1.53)	0.004,4 (1.16)
AR (1)	0.003,2	0.003,5	0.000,0	0.000,0	0.000,0	0.000,0
AR (2)	0.391,3	0.391,4	0.437,5	0.333,3	0.556,4	0.585,2
Sargan 檢驗	0.076,5	0.081,4	0.080,0	0.086,1	0.094,8	0.097,0

註：①***、**、*分別表示在1％、5％、10％水平上顯著，估計系數下方括號內的數值為T統計量；②AR（1）值為無序列相關下殘差漸近標準正態分佈N（0，1）的一階自相關檢驗的P值；③AR（2）值為無序列相關下殘差漸近標準正態分佈N（0，1）的二階自相關檢驗的P值；④Sargan檢驗值為工具變量正確性零假設下漸近χ^2分佈的過度識別檢驗的P值；⑤動態模型中最多使用被解釋變量的二階滯後項作為工具變量。

表 6-13（2） 現金流量權、社會資本與銀行貸款契約的差分 GMM 動態估計結果

變量名稱	BR (1)	BR (2)	BL (3)	BL (4)	BM (5)	BM (6)
Constant	1.547,8 (1.60)	1.829,2 (2.59)**	−0.294,8 (−1.35)	−1.048,8 (−5.32)***	−0.874,8 (−3.02)***	−1.478,3 (−5.93)***
$BR_{i,t-1}$	0.116,6 (0.30)	0.116,7 (0.30)				
$BL_{i,t-1}$			0.422,9 (9.43)***	0.494,1 (10.87)***		
$BM_{i,t-1}$					0.417,4 (8.64)***	0.406,1 (8.50)***
CFR_{it}	0.000,5 (0.27)	0.000,5 (0.29)	0.002,0 (4.02)***	0.001,6 (3.02)***	0.001,7 (1.84)*	0.001,6 (1.89)*
RSC_{it}	−0.289,7 (−1.25)		1.179,8 (5.52)***		0.932,3 (3.97)***	
ESC_{it}	−0.373,7 (−0.65)		1.908,4 (4.30)***		1.375,7 (3.08)***	
SC_{it}	0.752,4 (0.91)	0.112,4 (1.48)	−3.252,1 (−5.34)***	0.325,7 (10.63)***	−2.405,6 (−3.74)***	0.157,4 (2.71)***
$CFR_{it} \times SC_{it}$		0.001,1 (0.42)		0.002,3 (3.00)***		0.002,9 (2.11)**
$SIZE_{it}$	−0.052,3 (−2.10)**	−0.054,9 (−1.93)*	0.002,4 (0.26)	0.004,0 (0.39)	0.051,1 (4.88)***	0.054,0 (5.15)***
$GROW_{it}$	0.011,9 (0.57)	0.012,7 (0.58)	−0.013,5 (−2.49)**	−0.012,1 (−1.99)**	−0.015,8 (−2.68)***	−0.014,5 (−2.47)**
LEV_{it}	−0.193,8 (−1.56)	−0.228,7 (−1.74)*	−0.050,3 (−1.01)	0.094,9 (2.01)**	−0.066,3 (−1.29)	0.035,1 (0.78)
ROA_{it}	0.001,0 (0.25)	0.001,1 (0.28)	−0.001,9 (−1.30)	−0.001,3 (−0.80)	0.002,6 (1.08)	0.002,4 (1.00)
FIX_{it}	0.058,8 (0.47)	0.052,3 (0.41)	−0.061,2 (−1.09)	−0.014,0 (−0.25)	−0.078,4 (−1.19)	−0.063,1 (−1.03)
GDP_{it}	−0.028,1 (−0.27)	−0.050,0 (−0.73)	0.048,4 (2.77)***	0.113,6 (6.85)***	−0.012,4 (−0.44)	0.039,1 (1.67)*
LAW_{it}	−0.001,7 (−0.17)	−0.001,2 (−0.12)	0.001,2 (0.49)	−0.002,6 (−1.12)	0.005,7 (1.42)	0.004,1 (1.09)
AR（1）	0.003,2	0.003,2	0.000,0	0.000,0	0.000,0	0.000,0
AR（2）	0.391,3	0.391,3	0.368,8	0.278,9	0.356,0	0.387,4
Sargan 檢驗	0.076,4	0.078,7	0.088,6	0.085,8	0.092,1	0.096,8

表 6-13（3） 兩權分離度、社會資本與銀行貸款契約的差分 GMM 動態估計結果

變量名稱	BR (1)	BR (2)	BL (3)	BL (4)	BM (5)	BM (6)
Constant	1.531,1 (1.63)	1.810,9 (2.65)***	−0.309,8 (−1.37)	−1.039,6 (−5.01)***	−0.926,6 (−3.17)***	−1.533,2 (−6.11)***
$BR_{i,t-1}$	0.116,6 (0.30)	0.116,7 (0.30)				
$BL_{i,t-1}$			0.420,6 (9.10)***	0.500,0 (10.77)***		
$BM_{i,t-1}$					0.419,7 (8.54)***	0.414,3 (8.51)***
SEP_{it}	0.000,4 (2.07)**	−0.001,5 (−0.16)	−0.002,7 (−0.64)	−0.002,2 (−0.43)	−0.003,8 (−1.05)	−0.006,3 (−1.35)
RSC_{it}	−0.286,1 (−1.24)		1.180,0 (5.18)***		0.945,0 (3.89)***	
ESC_{it}	−0.367,8 (−0.64)		1.908,7 (4.03)***		1.400,4 (3.01)***	
SC_{it}	0.740,9 (0.91)	0.154,6 (2.13)**	−3.261,8 (−5.01)***	0.411,7 (14.13)***	−2.450,0 (−3.66)***	0.276,2 (5.73)***
$SEP_{it} \times SC_{it}$		−0.009,5 (−2.36)**		0.011,2 (1.01)		0.017,7 (1.25)
$SIZE_{it}$	−0.051,0 (−1.96)*	−0.053,7 (−1.79)*	0.005,3 (0.53)	0.006,9 (0.64)	0.054,4 (5.11)***	0.058,7 (5.52)***
$GROW_{it}$	0.011,3 (0.52)	0.011,8 (0.54)	−0.014,5 (−2.55)**	−0.013,0 (−2.00)**	−0.017,0 (−2.86)***	−0.016,1 (−2.74)***
LEV_{it}	−0.196,4 (−1.54)	−0.230,1 (−1.70)*	−0.057,4 (−1.10)	0.086,3 (1.73)*	−0.078,5 (−1.51)	0.025,1 (0.55)
ROA_{it}	0.001,1 (0.29)	0.001,1 (0.28)	−0.001,7 (−1.13)	−0.001,3 (−0.77)	0.003,0 (1.24)	0.002,8 (1.15)
FIX_{it}	0.059,7 (0.48)	0.053,6 (0.43)	−0.055,8 (−0.96)	−0.011,5 (−0.20)	−0.074,8 (−1.12)	−0.062,5 (−0.99)
GDP_{it}	−0.027,7 (−0.27)	−0.048,6 (−0.74)	0.050,9 (2.85)***	0.112,0 (6.63)***	−0.008,9 (−0.31)	0.038,8 (1.67)*
LAW_{it}	−0.001,8 (−0.18)	−0.001,6 (−0.16)	0.000,6 (0.25)	−0.003,2 (−1.34)	0.004,9 (1.21)	0.003,5 (0.91)
AR（1）	0.003,2	0.003,4	0.000,0	0.000,0	0.000,0	0.000,0
AR（2）	0.391,3	0.391,4	0.392,6	0.303,6	0.347,3	0.367,1
Sargan 檢驗	0.076,0	0.078,9	0.088,7	0.084,4	0.075,0	0.096,5

表 6-13（4）　金字塔層級、社會資本與銀行貸款契約的差分 GMM 動態估計結果

變量名稱	BR (1)	BR (2)	BL (3)	BL (4)	BM (5)	BM (6)
$Constant$	1.454,6 (1.66)*	1.740,7 (2.64)***	−0.325,1 (−1.44)	−1.056,4 (−5.08)***	−0.898,0 (−3.07)***	−1.508,1 (−5.91)***
$BR_{i,t-1}$	0.116,4 (0.30)	0.116,4 (0.30)				
$BL_{i,t-1}$			0.421,3 (9.11)***	0.500,2 (10.85)***		
$BM_{i,t-1}$					0.419,6 (8.53)***	0.417,0 (8.53)***
LAY_{it}	0.020,5 (0.60)	0.023,2 (0.77)	−0.001,9 (−3.32)***	−0.001,2 (−2.19)**	−0.003,8 (−0.35)	−0.004,6 (−0.44)
RSC_{it}	−0.285,5 (−1.23)		1.181,2 (5.16)***		0.941,6 (3.89)***	
ESC_{it}	−0.360,5 (−0.63)		1.912,5 (4.02)***		1.389,8 (3.01)***	
SC_{it}	0.726,8 (0.89)	0.164,4 (1.03)	−3.266,8 (−5.00)***	0.411,7 (11.89)***	−2.435,5 (−3.66)***	0.269,0 (4.44)***
$LAY_{it} \times SC_{it}$		−0.018,2 (−0.22)		0.009,3 (0.74)		0.011,2 (2.47)**
$SIZE_{it}$	−0.048,3 (−1.93)*	−0.050,3 (−1.86)*	0.005,6 (0.57)	0.007,5 (0.70)	0.053,9 (5.06)***	0.058,2 (5.46)***
$GROW_{it}$	0.010,2 (0.49)	0.010,1 (0.48)	−0.014,6 (−2.59)**	−0.013,2 (−2.03)**	−0.016,9 (−2.84)***	−0.016,0 (−2.69)***
LEV_{it}	−0.198,2 (−1.57)	−0.235,4 (−1.94)*	−0.058,6 (−1.12)	0.083,9 (1.68)*	−0.077,4 (−1.49)	0.025,6 (0.55)
ROA_{it}	0.001,1 (0.31)	0.001,2 (0.30)	−0.001,7 (−1.13)	−0.001,3 (−0.76)	0.003,0 (1.23)	0.002,8 (1.15)
FIX_{it}	0.055,4 (0.45)	0.050,9 (0.42)	−0.055,3 (−0.95)	−0.010,9 (−0.19)	−0.072,6 (−1.09)	−0.061,3 (−0.97)
GDP_{it}	−0.021,6 (−0.24)	−0.044,2 (−0.82)	0.051,8 (2.84)***	0.112,5 (6.57)***	−0.010,9 (−0.38)	0.037,2 (1.56)
LAW_{it}	−0.002,2 (−0.22)	−0.002,0 (−0.20)	0.000,5 (0.21)	−0.003,5 (−1.49)	0.005,0 (1.23)	0.003,5 (0.90)
AR（1）	0.003,4	0.003,7	0.000,0	0.000,0	0.000,0	0.000,0
AR（2）	0.391,2	0.391,2	0.378,3	0.277,6	0.448,6	0.466,3
Sargan 檢驗	0.074,5	0.068,9	0.064,0	0.076,1	0.092,3	0.072,8

表 6−13（5） 終極控制股東類型、社會資本與銀行貸款契約的差分 GMM 動態估計結果

變量名稱	BR (1)	BR (2)	BL (3)	BL (4)	BM (5)	BM (6)
Constant	1.510,7 (1.60)	1.904,2 (2.39)**	−0.268,9 (−1.22)	−1.151,1 (−5.46)***	−0.785,2 (−2.69)***	−1.440,2 (−5.70)***
$BR_{i,t-1}$	0.116,8 (0.30)	0.118,6 (0.31)				
$BL_{i,t-1}$			0.427,4 (9.35)***	0.496,6 (10.67)***		
$BM_{i,t-1}$					0.418,3 (8.47)***	0.414,0 (8.49)***
UCT_{it}	−0.027,3 (−0.41)	−0.005,0 (−0.07)	−0.082,3 (−1.87)*	0.064,1 (2.02)**	0.114,5 (2.45)**	0.028,1 (0.73)
RSC_{it}	−0.318,0 (−1.34)		1.310,8 (4.56)***		1.103,0 (3.80)***	
ESC_{it}	−0.432,8 (−0.73)		2.184,4 (3.62)***		1.707,4 (3.02)***	
SC_{it}	0.834,7 (0.99)	0.169,1 (1.32)	−3.644,5 (−4.41)***	0.415,5 (10.69)***	−2.891,5 (−3.58)***	0.178,5 (3.02)***
$UCT_{it} \times SC_{it}$		−0.037,9 (−0.27)		0.018,2 (0.42)		0.093,2 (1.39)
$SIZE_{it}$	−0.051,1 (−1.96)**	−0.056,2 (−1.86)*	0.008,3 (0.84)	0.006,9 (0.64)	0.055,3 (5.21)***	0.057,8 (5.44)***
$GROW_{it}$	0.011,2 (0.51)	0.015,2 (0.67)	−0.015,1 (−2.79)***	−0.013,1 (−2.01)**	−0.017,1 (−2.90)***	−0.015,8 (−2.68)***
LEV_{it}	−0.195,4 (−1.53)	−0.233,2 (−1.84)*	−0.059,4 (−1.15)	0.081,4 (1.60)	−0.081,0 (−1.55)	0.026,6 (0.57)
ROA_{it}	0.001,2 (0.33)	0.001,3 (0.38)	−0.001,8 (−1.24)	−0.001,1 (−0.68)	0.002,8 (1.17)	0.002,7 (1.10)
FIX_{it}	0.062,3 (0.50)	0.072,2 (0.62)	−0.049,0 (−0.86)	−0.008,7 (−0.15)	−0.080,9 (−1.22)	−0.057,5 (−0.92)
GDP_{it}	−0.027,3 (−0.26)	−0.054,4 (−0.64)	0.044,9 (2.38)**	0.119,1 (6.98)***	−0.016,8 (−0.58)	0.034,0 (1.46)
LAW_{it}	−0.001,8 (−0.17)	−0.000,5 (−0.05)	0.000,7 (0.28)	−0.003,3 (−1.38)	0.005,3 (1.30)	0.003,5 (0.93)
AR（1）	0.003,2	0.002,0	0.000,0	0.000,0	0.000,0	0.000,0
AR（2）	0.391,3	0.391,0	0.353,2	0.323,0	0.440,7	0.471,4
Sargan 檢驗	0.075,0	0.050,2	0.078,7	0.060,6	0.086,9	0.096,8

表 6-14（1） 控制權、社會資本與銀行貸款契約的系統 GMM 動態估計結果

變量名稱	BR (1)	BR (2)	BL (3)	BL (4)	BM (5)	BM (6)
Constant	1.024,1 (0.85)	2.630,2 (0.96)	−0.496,1 (−2.36)**	−1.288,3 (−7.34)***	−0.986,4 (−3.51)***	−1.453,8 (−5.73)***
$BR_{i,t-1}$	0.170,0 (0.82)	0.168,7 (0.84)				
$BL_{i,t-1}$			0.487,2 (13.26)***	0.569,1 (16.27)***		
$BM_{i,t-1}$					0.464,3 (11.19)***	0.456,3 (11.00)***
CON_{it}	0.000,1 (0.01)	−0.001,1 (−0.27)	−0.002,4 (−4.26)***	−0.001,9 (−3.12)***	−0.003,0 (−3.10)***	−0.003,1 (−3.38)***
RSC_{it}	0.667,1 (0.25)		1.196,9 (5.35)***		0.892,0 (3.98)***	
ESC_{it}	1.814,0 (0.35)		1.955,3 (4.22)***		1.372,9 (3.13)***	
SC_{it}	−2.101,8 (−0.29)	0.891,4 (0.76)	−3.316,7 (−5.22)***	0.305,7 (9.45)***	−2.346,0 (−3.76)***	0.085,8 (1.33)
$CON_{it} \times SC_{it}$		−0.007,4 (−0.58)		0.002,5 (2.97)***		0.003,8 (2.69)***
$SIZE_{it}$	−0.045,9 (−0.80)	−0.048,3 (−0.51)	0.007,1 (0.77)	0.012,5 (1.35)	0.052,3 (5.26)***	0.051,3 (5.13)***
$GROW_{it}$	0.029,2 (1.78)*	0.028,4 (0.66)	−0.015,7 (−3.00)***	−0.016,3 (−2.94)***	−0.016,4 (−2.84)***	−0.014,9 (−2.56)**
LEV_{it}	−0.131,7 (−0.27)	−0.031,7 (−0.08)	−0.051,1 (−1.07)	0.084,6 (1.88)*	−0.039,9 (−0.83)	0.056,4 (1.27)
ROA_{it}	−0.001,2 (−0.09)	−0.003,5 (−0.42)	−0.002,0 (−1.36)	−0.001,4 (−0.83)	0.001,8 (0.75)	0.001,5 (0.60)
FIX_{it}	0.415,7 (0.84)	0.522,0 (1.22)	−0.054,5 (−1.02)	0.023,3 (0.46)	−0.090,4 (−1.40)	−0.070,5 (−1.15)
GDP_{it}	−0.018,1 (−0.07)	−0.186,7 (−0.43)	0.053,2 (3.01)***	0.114,0 (7.06)***	−0.013,7 (−0.51)	0.031,5 (1.32)

續表6-14(1)

變量名稱	BR		BL		BM	
	(1)	(2)	(3)	(4)	(5)	(6)
LAW_{it}	0.023,9 (0.39)	0.030,8 (0.45)	0.001,0 (0.41)	−0.002,8 (−1.23)	0.009,4 (2.66)***	0.008,1 (2.35)**
AR (1)	0.005,0	0.003,9	0.000,0	0.000,0	0.000,0	0.000,0
AR (2)	0.375,1	0.374,6	0.607,3	0.467,2	0.437,1	0.457,9
Sargan 檢驗	0.073,7	0.091,6	0.085,8	0.095,3	0.076,3	0.088,1

註：①***、**、*分別表示在1%、5%、10%水平上顯著，估計系數下方括號內的數值為T統計量；②AR（1）值為無序列相關下殘差漸近標準正態分佈N（0，1）的一階自相關檢驗的P值；③AR（2）值為無序列相關下殘差漸近標準正態分佈N（0，1）的二階自相關檢驗的P值；④Sargan檢驗值為工具變量正確性零假設下漸近χ^2分佈的過度識別檢驗的P值；⑤動態模型中最多使用被解釋變量的二階滯後項作為工具變量。

表6-14（2）　現金流量權、社會資本與銀行貸款契約的系統GMM動態估計結果

變量名稱	BR		BL		BM	
	(1)	(2)	(3)	(4)	(5)	(6)
Constant	1.185,3 (0.79)	2.812,5 (0.99)	−0.485,7 (−2.30)**	−1.289,0 (−7.38)***	−0.995,0 (−3.52)***	−1.471,9 (−5.74)***
$BR_{i,t-1}$	0.169,9 (0.82)	0.168,8 (0.83)				
$BL_{i,t-1}$			0.488,6 (13.16)***	0.573,3 (16.09)***		
$BM_{i,t-1}$					0.467,5 (11.20)***	0.460,0 (10.96)***
CFR_{it}	0.000,7 (0.19)	0.000,2 (0.05)	0.002,1 (4.16)***	0.001,5 (2.76)***	0.001,7 (1.85)*	0.002,0 (2.29)**
RSC_{it}	0.684,5 (0.26)		1.206,9 (5.21)***		0.910,0 (3.89)***	
ESC_{it}	1.824,2 (0.35)		1.976,6 (4.11)***		1.407,8 (3.06)***	
SC_{it}	−2.108,2 (−0.29)	0.672,9 (0.82)	−3.346,0 (−5.08)***	0.328,6 (11.61)***	−2.399,9 (−3.68)***	0.131,3 (2.22)**
$CFR_{it} \times SC_{it}$		0.001,6 (0.16)		0.002,3 (3.13)***		0.003,2 (2.44)**
$SIZE_{it}$	−0.050,2 (−1.02)	−0.057,7 (−0.67)	0.007,3 (0.79)	0.012,7 (1.35)	0.054,7 (5.50)***	0.053,5 (5.29)***

续表6-14(2)

变量名称	BR (1)	BR (2)	BL (3)	BL (4)	BM (5)	BM (6)
$GROW_{it}$	0.028,1 (1.39)	0.028,6 (0.59)	−0.015,9 (−2.99)***	−0.016,4 (−2.89)***	−0.017,8 (−3.08)***	−0.016,2 (−2.77)***
LEV_{it}	−0.128,4 (−0.27)	−0.035,9 (−0.09)	−0.048,9 (−0.99)	0.088,9 (1.91)*	−0.048,1 (−0.98)	0.047,5 (1.06)
ROA_{it}	−0.000,3 (−0.02)	−0.002,1 (−0.38)	−0.001,9 (−1.28)	−0.001,3 (−0.78)	0.002,4 (1.01)	0.002,1 (0.86)
FIX_{it}	0.415,1 (0.89)	0.512,8 (1.37)	−0.048,1 (−0.88)	0.030,5 (0.58)	−0.090,2 (−1.37)	−0.073,1 (−1.18)
GDP_{it}	−0.029,2 (−0.10)	−0.190,8 (−0.44)	0.054,0 (3.00)***	0.115,5 (7.13)***	−0.012,0 (−0.44)	0.034,3 (1.42)
LAW_{it}	0.027,0 (0.40)	0.034,7 (0.51)	0.001,0 (0.41)	−0.002,7 (−1.17)	0.009,4 (2.61)***	0.008,2 (2.35)**
AR(1)	0.004,8	0.003,8	0.000,0	0.000,0	0.000,0	0.000,0
AR(2)	0.375,0	0.374,6	0.527,0	0.406,4	0.435,1	0.556,7
Sargan检验	0.051,2	0.070,4	0.085,2	0.071,6	0.096,6	0.059,0

表6-14(3) 两权分离度、社会资本与银行贷款契约的系统GMM动态估计结果

变量名称	BR (1)	BR (2)	BL (3)	BL (4)	BM (5)	BM (6)
$Constant$	1.038,7 (0.92)	2.801,6 (1.01)	−0.542,0 (−2.49)**	−1.315,4 (−7.42)***	−1.030,9 (−3.58)***	−1.548,8 (−5.99)***
$BR_{i,t-1}$	0.169,8 (0.82)	0.168,7 (0.83)				
$BL_{i,t-1}$			0.502,0 (13.08)***	0.592,1 (16.62)***		
$BM_{i,t-1}$					0.474,0 (11.09)***	0.476,8 (11.14)***
SEP_{it}	0.003,9 (2.27)**	−0.016,1 (−0.38)	−0.002,8 (−0.64)	−0.001,6 (−0.32)	−0.005,3 (−1.54)	−0.008,1 (−1.76)*
RSC_{it}	0.671,9 (0.25)		1.198,1 (4.91)***		0.947,7 (3.84)***	
ESC_{it}	1.815,3 (0.35)		1.963,1 (3.86)***		1.477,1 (3.02)***	

續表6-14(3)

變量名稱	BR		BL		BM	
	(1)	(2)	(3)	(4)	(5)	(6)
SC_{it}	-2.103,7 (-0.29)	0.746,7 (0.82)	-3.336,5 (-4.79)***	0.414,8 (14.77)***	-2.508,3 (-3.63)***	0.262,6 (5.21)***
$SEP_{it} \times SC_{it}$		-0.071,6 (-2.53)**		0.009,7 (0.89)		0.019,8 (1.40)
$SIZE_{it}$	-0.047,6 (-0.93)	-0.056,7 (-0.54)	0.010,6 (1.10)	0.015,7 (1.63)	0.057,0 (5.54)***	0.058,2 (5.51)***
$GROW_{it}$	0.028,7 (1.77)*	0.029,7 (0.59)	-0.017,2 (-3.09)***	-0.017,5 (-2.94)***	-0.018,7 (-3.19)***	-0.017,9 (-3.00)***
LEV_{it}	-0.134,0 (-0.28)	-0.019,9 (-0.05)	-0.054,8 (-1.06)	0.076,3 (1.55)	-0.061,5 (-1.23)	0.034,8 (0.75)
ROA_{it}	-0.000,7 (-0.05)	-0.001,7 (-0.17)	-0.001,7 (-1.06)	-0.001,4 (-0.78)	0.002,8 (1.17)	0.002,5 (1.02)
FIX_{it}	0.412,7 (0.90)	0.515,6 (1.43)	-0.044,3 (-0.79)	0.029,5 (0.54)	-0.086,8 (-1.29)	-0.072,2 (-1.14)
GDP_{it}	-0.016,9 (-0.07)	-0.188,9 (-0.42)	0.059,6 (3.24)***	0.116,9 (7.22)***	-0.008,1 (-0.30)	0.037,2 (1.55)
LAW_{it}	0.025,3 (0.41)	0.032,1 (0.51)	0.000,2 (0.08)	-0.003,7 (-1.58)	0.008,9 (2.43)**	0.007,8 (2.17)**
AR(1)	0.004,9	0.003,8	0.000,0	0.000,0	0.000,0	0.000,0
AR(2)	0.375,0	0.374,5	0.599,4	0.459,5	0.428,0	0.439,0
Sargan 檢驗	0.082,9	0.065,5	0.088,1	0.074,4	0.090,8	0.075,4

表6-14(4) 金字塔層級、社會資本與銀行貸款契約的系統GMM動態估計結果

變量名稱	BR		BL		BM	
	(1)	(2)	(3)	(4)	(5)	(6)
Constant	1.029,3 (0.97)	2.751,9 (1.01)	-0.553,7 (-2.53)**	-1.330,3 (-7.53)***	-0.994,1 (-3.44)***	-1.513,3 (-5.80)***
$BR_{i,t-1}$	0.169,8 (0.82)	0.168,6 (0.83)				
$BL_{i,t-1}$			0.502,2 (13.12)***	0.593,3 (16.95)***		
$BM_{i,t-1}$					0.473,8 (11.08)***	0.480,7 (11.22)***

續表6-14(4)

變量名稱	BR (1)	BR (2)	BL (3)	BL (4)	BM (5)	BM (6)
LAY_{it}	0.032,4 (0.28)	0.026,1 (0.64)	−0.001,3 (−3.21)***	−0.000,5 (−2.08)**	−0.006,3 (−0.58)	−0.004,9 (−0.46)
RSC_{it}	0.640,9 (0.24)		1.200,5 (4.91)***		0.944,8 (3.82)***	
ESC_{it}	1.765,2 (0.35)		1.968,8 (3.87)***		1.467,6 (3.00)***	
SC_{it}	−2.032,6 (−0.29)	0.560,9 (0.99)	−3.344,1 (−4.80)***	0.422,3 (12.16)***	−2.495,1 (−3.61)***	0.248,3 (4.11)***
$LAY_{it} \times SC_{it}$		−0.048,4 (−0.34)		0.011,6 (0.92)		0.009,2 (2.40)**
$SIZE_{it}$	−0.047,9 (−0.92)	−0.052,6 (−0.50)	0.010,9 (1.14)	0.016,1 (1.68)*	0.056,2 (5.46)***	0.057,7 (5.42)***
$GROW_{it}$	0.028,8 (1.72)*	0.029,9 (0.68)	−0.017,3 (−3.12)***	−0.017,6 (−2.99)***	−0.018,5 (−3.12)***	−0.017,6 (−2.92)***
LEV_{it}	−0.140,3 (−0.30)	−0.021,5 (−0.05)	−0.056,0 (−1.09)	0.072,8 (1.48)	−0.059,4 (−1.19)	0.034,1 (0.74)
ROA_{it}	−0.000,5 (−0.04)	−0.003,1 (−0.29)	−0.001,6 (−1.06)	−0.001,3 (−0.76)	0.002,8 (1.17)	0.002,5 (1.00)
FIX_{it}	0.408,2 (0.90)	0.473,9 (1.60)	−0.044,1 (−0.79)	0.028,1 (0.52)	−0.085,6 (−1.28)	−0.069,3 (−1.09)
GDP_{it}	−0.006,9 (−0.03)	−0.187,4 (−0.42)	0.060,1 (3.21)***	0.117,5 (7.24)***	−0.010,8 (−0.39)	0.034,8 (1.44)
LAW_{it}	0.023,4 (0.40)	0.029,5 (0.48)	0.000,1 (0.04)	0.004,1 (−1.74)*	0.009,0 (2.47)**	0.007,8 (2.17)**
AR(1)	0.004,9	0.003,9	0.000,0	0.000,0	0.000,0	0.000,0
AR(2)	0.374,9	0.374,5	0.580,3	0.435,8	0.528,9	0.538,6
Sargan 檢驗	0.051,4	0.080,3	0.086,3	0.065,7	0.095,2	0.079,6

表6-14(5) 終極控制股東類型、社會資本與銀行貸款契約的系統GMM動態估計結果

變量名稱	BR (1)	BR (2)	BL (3)	BL (4)	BM (5)	BM (6)
Constant	0.402,3 (0.19)	1.338,5 (0.69)	−0.441,1 (−1.99)**	−1.444,9 (−7.96)***	−0.860,7 (−2.97)***	−1.456,8 (−5.67)***

續表6-14(5)

變量名稱	BR (1)	BR (2)	BL (3)	BL (4)	BM (5)	BM (6)
$BR_{i,t-1}$	0.165,1 (0.80)	0.168,1 (0.83)				
$BL_{i,t-1}$			0.493,8 (13.04)***	0.592,4 (16.34)***		
$BM_{i,t-1}$					0.467,2 (10.87)***	0.474,7 (11.04)***
UCT_{it}	−1.151,5 (−1.20)	−0.980,4 (−1.21)	−0.094,7 (−2.12)**	0.057,4 (1.86)*	0.122,6 (2.55)**	0.020,4 (0.53)
RSC_{it}	−0.429,4 (−0.23)		1.366,2 (4.46)***		1.139,0 (3.63)***	
ESC_{it}	−0.934,7 (−0.29)		2.303,3 (3.60)***		1.847,5 (2.94)***	
SC_{it}	1.641,7 (0.33)	0.220,7 (0.69)	−3.816,5 (−4.35)***	0.423,4 (10.71)***	−3.036,8 (−3.43)***	0.163,7 (2.73)***
$UCT_{it} \times SC_{it}$		−0.546,6 (−0.81)		0.019,0 (0.44)		0.088,8 (1.32)
$SIZE_{it}$	−0.073,9 (−0.40)	−0.042,6 (−0.28)	0.012,2 (1.30)	0.017,2 (1.78)*	0.058,9 (5.69)***	0.057,4 (5.45)***
$GROW_{it}$	0.026,5 (0.35)	0.018,2 (0.24)	−0.016,9 (−3.20)***	−0.018,6 (−3.11)***	−0.019,1 (−3.28)***	−0.017,7 (−2.97)***
LEV_{it}	−0.059,8 (−0.11)	−0.023,1 (−0.05)	−0.060,8 (−1.20)	0.074,7 (1.48)	−0.063,6 (−1.25)	0.035,9 (0.77)
ROA_{it}	−0.000,4 (−0.06)	−0.000,7 (−0.18)	−0.001,7 (−1.13)	−0.001,3 (−0.74)	0.002,5 (1.07)	0.002,5 (0.98)
FIX_{it}	0.471,2 (1.83)*	0.417,1 (1.59)	−0.032,0 (−0.58)	0.027,6 (0.51)	−0.093,6 (−1.42)	−0.067,0 (−1.07)
GDP_{it}	0.021,9 (0.09)	−0.130,7 (−0.40)	0.051,9 (2.63)***	0.122,8 (7.44)***	−0.020,4 (−0.71)	0.032,0 (1.34)
LAW_{it}	0.024,2 (0.58)	0.018,3 (0.48)	0.000,3 (0.12)	−0.003,7 (−1.55)	0.009,2 (2.50)**	0.007,8 (2.16)**
AR(1)	0.006,4	0.004,9	0.000,0	0.000,0	0.000,0	0.000,0
AR(2)	0.376,3	0.375,4	0.509,8	0.495,5	0.524,7	0.542,5
Sargan 檢驗	0.080,3	0.092,7	0.063,3	0.084,4	0.075,1	0.087,7

從表6-13的差分GMM模型和表6-14的系統GMM模型所報告的檢驗統計量可知，AR（1）的P值均接近於或等於0.00，AR（2）的P值均大於0.10，說明隨機誤差項的差分存在一階自相關，但不存在二階自相關，故不能拒絕「隨機誤差項無自相關」的原假設，意味著本章構建的貸款利率、貸款金額、貸款期限動態調整模型是正確的，差分GMM模型和系統GMM模型的估計結果均是有效的。Sargan檢驗的P值位於0.05～0.10，說明在5%的顯著性水平上，本章選取的工具變量不存在過度識別問題，故不能拒絕「所有工具變量均有效」的原假設，意味著差分GMM模型和系統GMM模型選取的工具變量及其滯後階數是合適的。

從表6-13的差分GMM模型和表6-14的系統GMM模型的估計結果可見，銀行貸款利率一階滯後項的估計係數為正但不顯著、銀行貸款金額以及銀行貸款期限一階滯後項的估計係數均在1%的水平上顯著為正且小於1，說明貸款利率、貸款金額和貸款期限在設計和安排過程中的確存在局部的動態調整過程，我們構建的有關銀行貸款契約模型所隱含的動態性假設沒有被拒絕。對於終極所有權結構、社會資本以及終極所有權結構和社會資本的交互項與銀行貸款契約之間的關係，其動態迴歸估計結果與前面的靜態迴歸估計結果基本一致，本部分在此不再贅述。

6.4.3 進一步檢驗

為了進一步得到穩健性的研究結論，本章還根據控制權、現金流量權、兩權分離度、金字塔層級、社會資本綜合分數的中位數將樣本公司進行分組，同時運用參數檢驗（T檢驗）和非參數檢驗（Kruskal-Wallis檢驗、Median檢驗）的方法驗證控制權較強的公司和控制權較弱的公司、現金流量權較多的公司和現金流量權較少的公司、兩權分離度較高的公司和兩權分離度較低的公司、金字塔層級數量較多的公司和金字塔層級數量較少的公司、終極控制股東類型為國有的公司和終極控制股東類型為非國有的公司、社會資本指數水平較高的公司和社會資本水平較低的公司在銀行貸款利率、銀行貸款金額、銀行貸款期限、銀行貸款擔保上是否存在顯著性的差異。參數檢驗和非參數檢驗的結果分別如表6-15、表6-16、表6-17、表6-18、表6-19、表6-20所示。

表6-15（1） 控制權較強的公司和控制權較弱的公司在銀行貸款契約上的差異的參數檢驗

銀行貸款契約	參數檢驗（T檢驗）			
	控制權較強的公司（N=276,0）	控制權較弱的公司（N=276,0）	均值差	T統計量（P值）
BR	0.111,4	0.014,1	0.097,3	2.089,2（0.018,4）

續表6-15(1)

銀行貸款契約	參數檢驗（T檢驗）			
	控制權較強的公司（N=276,0)	控制權較弱的公司（N=276,0)	均值差	T統計量（P值）
BL	0.393,3	0.408,8	−0.015,5	−2.352,0 (0.009,4)
BM	0.223,5	0.283,6	−0.060,1	−7.930,5 (0.000,0)
BG	0.955,4	0.918,8	0.036,6	5.598,8 (0.000,0)

表6-15(2) 控制權較強的公司和控制權較弱的公司在銀行貸款契約上的差異的非參數檢驗

銀行貸款契約	Kruskal-Wallis檢驗		Median檢驗		
	卡方值	P值	中位數	卡方值	P值
BR	74.201	0.000,1	0.070,4	61.363,1	0.000
BL	4.637	0.031,3	0.418,0	3.968,1	0.046
BM	48.347	0.000,1	0.142,3	40.359,4	0.000
BG	31.364	0.000,1	1.000,0	—	—

註：銀行貸款擔保（BG）是取值為0或1的二元虛擬變量，其數值全部小於或等於中位數（1.000,0），因此無Median檢驗卡方值和P值。

表6-16(1) 現金流量權較多的公司和現金流量權較少的公司在銀行貸款契約上的差異的參數檢驗

銀行貸款契約	參數檢驗（T檢驗）			
	現金流量權較多的公司（N=276,0)	現金流量權較少的公司（N=276,0)	均值差	T統計量（P值）
BR	0.009,8	0.115,8	−0.106,0	−2.280,3 (0.011,3)
BL	0.406,0	0.396,0	0.010,0	1.526,3 (0.063,5)
BM	0.283,5	0.223,5	0.060,0	7.769,6 (0.000,0)
BG	0.919,2	0.955,1	−0.035,9	−5.503,7 (0.000,0)

表 6－16（2） 現金流量權較多的公司和現金流量權較少的公司
在銀行貸款契約上的差異的非參數檢驗

銀行貸款契約	Kruskal－Wallis 檢驗		Median 檢驗		
	卡方值	P值	中位數	卡方值	P值
BR	44.852	0.000,1	0.070,4	45.652,9	0.000
BL	2.216	0.136,6	0.418,0	1.959,4	0.162
BM	49.397	0.000,1	0.142,3	40.359,4	0.000
BG	30.132	0.000,1	1.000,0	—	—

表 6－17（1） 兩權分離度較高的公司和兩權分離度較低的公司
在銀行貸款契約上的差異的參數檢驗

銀行貸款契約	參數檢驗（T檢驗）			
	兩權分離度較高的公司（N=276,0）	兩權分離度較低的公司（N=276,0）	均值差	T統計量（P值）
BR	0.100,7	0.024,8	0.075,9	1.625,4 (0.052,1)
BL	0.400,9	0.401,2	−0.000,3	−0.036,6 (0.485,4)
BM	0.238,5	0.268,5	−0.030,0	−3.863,3 (0.000,1)
BG	0.949,3	0.925,0	0.024,3	3.725,2 (0.000,1)

表 6－17（2） 兩權分離度較高的公司和兩權分離度較低的公司
在銀行貸款契約上的差異的非參數檢驗

銀行貸款契約	Kruskal－Wallis 檢驗		Median 檢驗		
	卡方值	P值	中位數	卡方值	P值
BR	0.053	0.817,9	0.070,4	0.018,1	0.893
BL	0.048	0.826,2	0.418,0	0.417,4	0.518
BM	11.340	0.000,8	0.142,3	3.756,5	0.053
BG	13.806	0.000,2	1.000,0	—	—

表 6-18（1） 金字塔層級較多的公司和金字塔層級較少的公司在銀行貸款契約上的差異的參數檢驗

銀行貸款契約	參數檢驗（T檢驗）			
	金字塔層級較多的公司（N=276,0）	金字塔層級較少的公司（N=276,0）	均值差	T統計量（P值）
BR	0.075,8	0.049,7	0.026,1	0.561,5 (0.287,2)
BL	0.382,3	0.419,8	−0.037,5	−5.783,0 (0.000,0)
BM	0.250,2	0.256,8	−0.006,6	−0.852,7 (0.196,9)
BG	0.942,8	0.931,5	0.011,3	1.764,2* (0.038,9)

表 6-18（2） 金字塔層級較多的公司和金字塔層級較少的公司在銀行貸款契約上的差異的非參數檢驗

銀行貸款契約	Kruskal-Wallis 檢驗		Median 檢驗		
	卡方值	P值	中位數	卡方值	P值
BR	11.562	0.000,7	0.070,4	12.058,7	0.001
BL	34.650	0.000,1	0.418,0	27.837,7	0.000
BM	0.298	0.585,0	0.142,3	0.742,0	0.389
BG	2.956	0.085,6	1.000,0	—	—

表 6-19（1） 終極控製股東為國有的公司和終極控製股東為非國有的公司在銀行貸款契約上的差異的參數檢驗

銀行貸款契約	參數檢驗（T檢驗）			
	國有型終極控製股東（N=368,2）	非國有型終極控製股東（N=183,8）	均值差	T統計量（P值）
BR	0.058,0	0.128,5	−0.070,5	−1.048,0 (0.147,4)
BL	0.405,4	0.395,8	0.009,6	1.155,7 (0.124,0)
BM	0.264,0	0.233,0	0.031,0	3.208,2 (0.000,7)
BG	0.929,8	0.966,3	−0.036,5	−4.930,5 (0.000,0)

表 6－19（2） 終極控製股東為國有的公司和終極控製股東為非國有的公司在銀行貸款契約上的差異的非參數檢驗

銀行貸款契約	Kruskal－Wallis 檢驗 卡方值	P 值	Median 檢驗 中位數	卡方值	P 值
BR	0.642	0.423,1	0.070,4	0.348,4	0.555
BL	1.830	0.176,1	0.418,0	0.469,8	0.493
BM	23.742	0.000,1	0.142,3	23.021,2	0.000
BG	39.687	0.000,1	1.000,0	—	—

表 6－20（1） 社會資本水平較高的公司和社會資本水平較低的公司在銀行貸款契約上的差異的參數檢驗

銀行貸款契約	社會資本較高的公司（N＝276,0）	社會資本較低的公司（N＝276,0）	均值差	T 統計量（P 值）
BR	0.055,4	0.070,2	－0.014,8	－0.320,3 (0.374,4)
BL	0.466,2	0.335,9	0.130,3	21.198,2 (0.000,0)
BM	0.270,6	0.236,4	0.034,2	4.416,8 (0.000,0)
BG	0.918,8	0.955,4	－0.036,6	－5.686,9 (0.000,0)

表 6－20（2） 社會資本水平較高的公司和社會資本水平較低的公司在銀行貸款契約上的差異的非參數檢驗

銀行貸款契約	Kruskal－Wallis 檢驗 卡方值	P 值	Median 檢驗 中位數	卡方值	P 值
BR	83.061	0.000,1	0.070,4	66.528,3	0.000
BL	398.134	0.000,1	0.418,0	287.608,7	0.000
BM	35.459	0.000,1	0.142,3	17.634,8	0.000
BG	31.364	0.000,1	1.000,0	—	—

從表 6－15、表 6－16、表 6－17、表 6－18、表 6－19、表 6－20 的參數檢驗和非參數檢驗結果可見，控製權、現金流量權、控製權和現金流量權的分離度、金字塔層級、終極控製股東類型、社會資本綜合指數水平不同的上市公司在銀行貸款契約上的確存在顯著的差異。具體表現為：控製權越強、控製權和現金流量權的分離

度越高、金字塔控製層級較多的公司，銀行貸款利率越高、貸款金額越小、貸款期限越短、貸款擔保越嚴格；現金流量權越多、終極控製股東類型為國有、社會資本指數水平越高的公司，銀行貸款利率越低、貸款金額越大、貸款期限越長、貸款擔保越寬鬆。

6.5 本章小結

本章使用一個包含 2007－2014 年連續 8 年分佈 38 個行業 31 個地區的 690 家非金融上市公司組成的平衡面板數據為樣本（總共 5,520 個觀測值），分別構建靜態和動態面板計量經濟模型，運用 OLS 迴歸、固定效應迴歸、隨機效應迴歸、Probit 迴歸、二元 Logistic 迴歸、有序 Logistic 迴歸等靜態估計技術，系統 GMM、差分 GMM 等動態估計技術以及參數檢驗（T 檢驗）和非參數檢驗（Kruskal-Wallis 檢驗、Median 檢驗）等檢驗方法實證檢驗了終極所有權結構、社會資本、終極所有權結構和社會資本的交互項與銀行貸款契約之間的關係。實證檢驗結果表明：

第一，終極控製股東手中掌握的控製權越強，「隧道」動機越強、對外部債權投資者利益的侵占程度越嚴重、代理風險和信息風險越高，銀行貸款契約的緊縮性程度越高。具體表現為貸款利率越高、貸款金額越小、貸款期限越短、貸款擔保要求越嚴格，即控製權對銀行貸款契約具有負面的影響。

第二，終極控製股東持有的現金流量權越多，他們追求公司價值最大化的動機越強，現金流量權所產生的正面「激勵效應」越強，公司內部控製股東越容易和外部債權投資者結成利益聯盟，代理風險和信息風險越低，銀行貸款契約的寬鬆性程度越高。具體表現為貸款利率越低、貸款額度越大、貸款期限越長、貸款擔保要求越寬鬆，即現金流量權對銀行貸款契約具有正面的影響。

第三，終極控製股東的控製權和現金流量權之間的分離程度越大，通過「隧道」攫取控製權私利的動機和能力越強，而所需承擔的侵占成本越小，兩權分離所導致的負面「壕溝效應」越強烈，代理風險和信息風險越高，銀行貸款契約的緊縮性程度越高。具體表現為貸款利率越高、貸款金額越小、貸款期限越短，即控製權和現金流量權的分離度對銀行貸款契約具有負面的影響。

第四，金字塔股權結構越複雜、內部控製層級數量越多，控製權和現金流量權之間的分離程度越大，終極控製股東對外部債權投資者利益的掠奪程度越嚴重，代理風險和信息風險越高，銀行貸款契約的緊縮性程度越高。具體表現為貸款利率越高、貸款金額越小、貸款期限越短，即金字塔股權結構對銀行貸款契約具有負面的影響。

第五，當終極控製股東的產權屬性為國有時，不僅他們追求公司價值和社會價

值最大化的動機越強烈，而且由於有國家和政府的信用作為擔保、有政府財政提供補貼，且在政府對國有銀行信貸資源分配進行干預的特殊制度背景中，銀行貸款契約的寬鬆性程度越高。具體表現為貸款利率越低、貸款額度越大、貸款擔保要求越寬鬆，即國有型終極控製股東對銀行貸款契約具有正面的影響。

第六，社會資本是由社會信任、合作規範、社會關係網路形成的一種社會制度環境，社會資本的發展水平越好，社會信任水平越高、合作規範越強、社會網路密度越大，越有助於抑制債務人的機會主義行為，代理風險、信息風險和「社會風險」越低，銀行貸款契約的寬鬆性程度越高。具體表現為貸款利率越低、貸款額度越大、貸款期限越長、貸款擔保要求越寬鬆，即社會資本對銀行貸款契約具有正面的影響。

第七，作為法律制度的部分替代機制，具有社區治理功能的社會資本是公司內部治理的一種重要補充機制，通過迫使終極控製股東為其利益掠奪行為承擔更高的成本和更大的風險，高水平的社會資本有助於抑制終極控製股東的侵占動機、掠奪能力和機會主義行為、緩解公司內部控製股東和外部債權投資者之間的代理衝突矛盾和信息不對稱程度。社會資本的發展水平越高，對終極控製股東不端行為的約束效應和抑製作用越強，公司治理水平越好，信用質量越高。因而，高水平的社會資本能減弱控製權、控製權和現金流量權的分離度、金字塔結構對銀行貸款契約的負面影響；增強現金流量權、國有型終極控製股東對銀行貸款契約的正面影響。

第 7 章 結論

7.1 主要研究結論

　　本書在對銀行貸款契約相關實證研究文獻進行總結和綜述的基礎上，首先，對中國上市公司的融資制度背景（公司股權結構模式、法律制度環境和金融制度環境）進行全面的剖析；其次，對社會資本的發展脈絡、定義內涵、度量方法等進行詳細的闡述，結合中國制度背景和社會資本數據的可獲得性構建適合中國國情的社會資本綜合度量指標體系，並基於宏觀經濟、行業類別和地域分佈三個方面分析了社會資本的指數特徵；再次，結合中國特殊的融資制度背景，根據「契約代理理論」和「契約結構理論」，基於代理衝突視角和信息不對稱視角理論推演終極所有權結構和社會資本如何影響銀行貸款契約，以及社會資本如何影響終極所有權結構與銀行貸款契約之間的關係；最後，使用一個平衡面板數據為樣本，構建靜態和動態面板計量經濟模型，運用 OLS 迴歸、固定效應迴歸、隨機效應迴歸、Probit 迴歸、二元 Logistic 迴歸、有序 Logistic 迴歸等靜態估計技術，系統 GMM、差分 GMM 等動態估計技術以及參數檢驗（T 檢驗）和非參數檢驗（Kruskal-Wallis 檢驗、Median 檢驗）等檢驗方法實證檢驗終極所有權結構、社會資本、終極所有權結構和社會資本的交互項與銀行貸款契約之間的關係。具體而言，本書的主要研究結論體現如下：

　　（1）中國上市公司面臨獨特的融資制度背景，中國的股權結構模式、法律制度環境、金融制度環境等與其他東亞國家或西方國家之間存在較大的差異。從股權結構模式來看，國有產權屬性居主導地位，股權集中程度較高，控製權和現金流量權之間的分離程度較高，公司內部人持股比例較大，終極所有權結構較為普遍。從法律制度環境來看，對投資者權利的法律保護力度較弱，契約的法律執行質量較差，會計信息披露制度較為欠缺。從金融制度環境來看，銀行信貸市場的發展規模最大，股票市場的發展規模居中，債券市場的發展規模最小（尤其是公司債券市場），金融市場的整體發展規模、活躍度、有效性程度均有待進一步發展和提升，大型國有商業銀行的不良貸款問題相對較嚴重，銀行業系統的經營績效相對較差。

（2）從西方社會資本理論的發展脈絡來看，社會資本理論的發展共經歷了三個重要階段：萌芽階段（「社會資本」概念的提出和創建階段）、成長階段（「社會資本」理論的形成和推廣階段）、繁榮階段（「社會資本」理論的爭論和分化階段）。從社會資本的定義內涵來看，「宏觀層面」的社會資本指的是由社會信任、社會規範、社會參與、社會網路等形成的一種非正式社會制度環境，「微觀層面」的社會資本則指的是公司高管與其他經濟參與者之間的一種非正式人際關係網路。從社會資本的度量方法來看，中國上市公司的社會資本度量指標體系包含宏觀層面的社會信任、社會規範、社會參與、社會組織以及微觀層面的政府關係網路、銀行關係網路、社會關係網路。從社會資本的指數特徵來看，對於不同的宏觀經濟環境、不同的行業類別和不同的地域分佈而言，中國上市公司的社會資本指數水平均存在顯著的系統性差異。

（3）從終極所有權結構、社會資本與銀行貸款契約之間關係的理論分析結論來看，當控制權越強、控制權和現金流量權的分離度越高、金字塔控制層級越多時，終極控制股東的「隧道」動機越強、對外部債權投資者利益的掠奪程度越嚴重、負面「壕溝效應」越強烈，終極控制股東和外部債權投資者之間的代理衝突矛盾和信息不對稱程度越高。債務違約風險越高，銀行貸款契約的緊縮性程度越高。當現金流量權越多、終極控制股東的產權屬性為國有時，終極控制股東追求公司價值最大化（或社會福利最大化）的動機越強，公司內部控制股東和外部債權投資者之間越容易結成利益聯盟，正面「激勵效應」越明顯，代理風險、信息風險和債務違約風險越小，銀行貸款契約的寬鬆性程度越高。社會資本的發展水平越好，社會信任水平越高、合作規範越強、社會網路越緊密，越有助於抑制終極控制股東的機會主義行為、緩解代理風險和信息風險，「社會風險」和債務違約風險越低，信用質量越高，銀行貸款契約的寬鬆性程度越高。高水平的社會資本能影響終極所有權結構與銀行貸款契約之間的關係。

（4）從終極所有權結構、社會資本與銀行貸款契約之間關係的實證檢驗結果來看，終極控制股東的控制權越強，「隧道」動機越強、對外部債權投資者利益的侵佔程度越嚴重、代理風險和信息風險越高，銀行貸款契約的緊縮性程度越高。具體表現為貸款利率越高、貸款金額越小、貸款期限越短、貸款擔保要求越嚴格。

終極控制股東的現金流量權越多，追求公司價值最大化的動機越強、現金流量權所產生的正面「激勵效應」越強，公司內部控制股東越容易和外部債權投資者結成利益聯盟，代理風險和信息風險越低，銀行貸款契約的寬鬆性程度越高。具體表現為貸款利率越低、貸款額度越大、貸款期限越長、貸款擔保要求越寬鬆。

終極控制股東的控制權和現金流量權的分離度越大，通過「隧道」攫取控制權私利的動機和能力越強、承擔的侵佔成本越小，兩權分離所導致的負面「壕溝效應」越強烈，代理風險和信息風險越高，銀行貸款契約的緊縮性程度越高。具體表現為

貸款利率越高、貸款金額越小、貸款期限越短。

金字塔控製層級越多，兩權分離度越高，終極控製股東對外部債權投資者利益的掠奪程度越嚴重，代理風險和信息風險越高，銀行貸款契約的緊縮性程度越高。具體表現為貸款利率越高、貸款金額越小、貸款期限越短。

當終極控製股東類型為國有時，不僅追求公司價值和社會價值最大化的動機越強，而且由於有國家和政府的信用作為擔保，在政府對國有銀行信貸資源分配進行干預的特殊制度背景中，銀行貸款契約的寬鬆性程度越高。具體表現為貸款利率越低、貸款額度越大、貸款擔保要求越寬鬆。

社會資本的發展水平越好，社會信任水平越高、合作規範越強、社會網路密度越大，越有助於抑制債務人的機會主義行為，代理風險、信息風險和「社會風險」越低，銀行貸款契約的寬鬆性程度越高。具體表現為貸款利率越低、貸款額度越大、貸款期限越長、貸款擔保要求越寬鬆。

作為法律制度的部分替代機制，具有社區治理功能的社會資本是公司內部治理的一種重要補充機制，通過迫使終極控製股東為其不端行為承擔更高的成本和更大的風險，高水平的社會資本有助於抑制終極控製股東的侵占動機、掠奪能力和機會主義行為、緩解公司內部控製股東和外部債權投資者之間的代理衝突矛盾和信息不對稱程度。社會資本的發展水平越高，對終極控製股東不端行為的約束和抑製作用越強，公司治理水平越好，信用質量越高，高水平的社會資本能減弱控製權、兩權分離度、金字塔結構對銀行貸款契約的負面影響；增強現金流量權、國有型終極控製股東對銀行貸款契約的正面影響。

7.2 主要研究創新點

本書的主要研究創新點體現如下：

（1）在對先前有關社會資本的度量方法進行系統梳理和總結的基礎上，結合中國融資制度背景和社會資本相關數據的可獲得性，對社會資本的度量方法進行補充和修正，探索出適合中國上市公司的社會資本綜合度量指標體系。如何準確、完整、系統地度量社會資本一直是社會學、經濟學等跨學科研究領域中的重點和難點問題，就其本質而言，度量社會資本比度量物質資本或人力資本要複雜得多（Fukuyama，1997）。儘管先前研究文獻已開發出多種度量方法，但學術界對何種方法能更好地度量社會資本並沒有取得一致共識。正如Guiso等（2004）所言，無論如何，社會資本的任何一種度量方法註定都只能反映出它豐富內涵眾多方面的其中某幾個方面而已。本書基於宏觀和微觀兩個層面，選取契合中國國情的7個指標12個變量構建上市公司的社會資本綜合度量指標體系，並運用主成分因子分析法計算中國上市公司的社

會資本綜合指數，進而為如何度量社會資本的相關研究做出有益補充。

（2）拓展了銀行貸款契約影響因素的研究視角。先前研究文獻大部分基於公司財務特徵、經濟制度環境、公司治理結構（諸如董事會特徵、管理者行為、股東權利等）、正式法律制度環境（諸如法律淵源、債權人保護、法律執行等）等視角探討銀行貸款契約的影響因素，鮮有文獻基於終極所有權結構和社會資本的視角研究銀行貸款契約的設計和安排問題，公司治理機制中的終極所有權結構和非正式社會制度環境（諸如社會資本等）對銀行貸款契約的影響沒有得到足夠的重視。本書理論推演和實證檢驗了終極所有權結構（包括控製權、現金流量權、兩權分離度、金字塔結構、終極控製股東類型共5個代理變量）、社會資本（包括由宏觀層面的社會信任、社會規範、社會參與、社會組織和微觀層面的政府關係網路、銀行關係網路、社會關係網路共7個指標運用主成分因子分析法計算的綜合指數）如何影響銀行貸款契約，進而為從公司治理視角和制度環境視角研究銀行貸款契約的相關文獻做進一步拓展和補充。

（3）探討了終極所有權結構和社會資本對銀行貸款契約的交互影響效應，揭示終極所有權結構和銀行貸款契約之間的關係如何隨著社會資本發展水平的不同而變化。鮮有研究文獻考慮到公司治理和制度環境這一重要的交互項對銀行貸款契約的影響效應，因而無法深刻把握非正式制度環境對銀行貸款契約的作用機理。本書在分別檢驗終極所有權結構、社會資本如何影響銀行貸款契約的基礎上，將終極所有權結構和社會資本的交互項對銀行貸款契約的影響作用納入研究框架，理論推演和實證檢驗了不同水平的社會資本對終極所有權結構和銀行貸款契約之間關係的影響，進而豐富和深化了終極所有權結構、社會資本與銀行貸款契約之間關係的相關研究。

7.3 政策性啟示

根據終極所有權結構、社會資本與銀行貸款契約之間關係的理論分析和實證研究結論，本書提出如下政策性建議：

（1）充分認識終極所有權結構的普遍存在性，加強對終極控製股東侵占行為的監督和懲戒力度，完善並提高公司內部治理水平。終極所有權結構是影響公司內部控製股東和公司外部投資者之間的代理衝突問題和信息不對稱程度的重要因素。中國上市公司的股權集中度較高，公司內部人持股比例水平遠高於英系、德系、法系和北歐系國家的平均水平，外部公眾持股水平和機構投資者持股水平普遍偏低；國有產權屬性居主導地位，國家控製是典型特徵；控製權在多個大控製股東之間的分佈較不均勻，第一大控製股東通常擁有絕對的控製權優勢，而其他大控製股東無法有效地發揮股權制衡作用。因而，在中國的公司治理體系框架內，應當設計代表不

同利益主體的股權結構多元化的公司治理制度、構建股東大會、董事會、監事會、管理層之間各司其職、有效制衡的公司治理結構，以遏制內部終極控制股東的掠奪現象。同時應加強制度建設，例如建立規範的上市公司治理的法律法規、增強相關法律法規的執行力度、完善上市公司信息的披露制度、建立科學的約束、激勵和追責機制等。

（2）建立完善的投資者利益法律保護制度和法律實施機制，提高法律法規的執行質量和執行效率，創造良好的法律制度環境。良好的法律制度環境有助於抑制終極控制股東對外部投資者利益的侵占和掠奪行為，增加侵占成本和侵占風險。與西方發達國家相比，中國內地的法律制度環境總體較差，表現為政府官僚機構的決策效率較低、法律法規條文的立法質量較差、政府對法律體系的干預程度較嚴重，司法系統的獨立性程度相對較差；對股東權利和債權人權利的法律保護力度較弱；契約的法律執行質量較差，侵占風險和債務違約風險較高；信息披露制度較不健全，會計信息操縱問題較嚴重，會計信息披露質量相對較差。因而，應建立健全的商法範疇中與發行、上市公司、市場交易、證券公司、金融仲介機構等有關的內容以及訴訟法範疇中與民事訴訟、刑事訴訟等有關的法律制度體系，為有效地保護投資者利益、加強對上市公司行為的監管力度提供法律法規依據。同時應增強執法質量、執法效率和執法力度，例如，規範執法責任追究制度，提高執法監督工作制度化和規範化水平，從機制、機制、程序等方面確保執法人員素質，利用媒體、公眾、信用、聲譽的力量增強執法的監督力度，規範辦案程序等。

（3）降低政府對銀行信貸資源配置的干預程度，控制大型商業銀行的不良貸款問題，提高銀行業系統的經營效率。首先，與上市公司和國有企業相比，混合企業的銀行貸款融資能力相對較差，銀行信貸資源大多流向國有企業，銀行信貸資金在國有企業部門和混合企業部門之間分配不均衡，中國政府具有通過國有銀行渠道將信貸資源從混合企業部門轉移向國有企業部門的政策傾向。其次，中國銀行業部門面臨的關鍵性問題是大型國有銀行的不良貸款率問題，如何將不良貸款率降低至正常水平是中國銀行業體系面臨的首要任務。最後，與全球其他發達國家、發展中國家以及香港、澳門地區相比，中國內地銀行業系統的經營效率水平相對較低。政府部門的計劃和行政干預是導致銀行業機構不良資產形成的關鍵因素。因而，應實現政企分開、政銀分開，增強銀行業機構的商業性和獨立性，重塑政府、銀行和企業之間健康的關係紐帶，加快轉變政府職能，降低政府對銀行信貸決策的干預力度，建立規範化、市場化、透明化的地方政府投融資渠道，使商業銀行能夠基於平等、自願、公正的契約原則基礎進行信貸決策，以實現銀行信貸資源的有效、均衡、市場化配置，控制銀行業部門的不良資產問題，提高銀行業系統的資產質量和經營效率。

（4）大力培育建立社會資本，促進社會資本存量的內化和累積，提高社會資本

的發展水平。對於投資者權益的法律保護力度較弱、契約的法律執行質量較差、金融市場的發達程度和有效性程度均較低的發展中國家，高水平的社會資本有助於克服法律、制度固有的障礙和缺陷，通過提高社會信任、增強合作規範、提升社會網路密度在約束不端的機會主義行為、緩解代理衝突矛盾、降低信息不對稱程度方面發揮著積極的作用。因而，結合中國經濟轉型和產業升級的特殊制度背景，應積極培育並不斷提高社會資本的發展水平：①通過社會文化宣傳和社會規範制定倡導公民之間誠信友善、團結互助，加強以信任為基礎的契約關係的建設；②努力培育社會仲介組織的發育和繁榮，重視民間組織的建設，加強社會組織的廣泛聯繫和互動；③保護公民權利，培育公民意識、公民精神，建立完善基層民主自治制度，鼓勵公民積極參與社會公共事務；④政府加大對建設社會資本的宣傳力度和投資力度，為公民之間建立互惠合作型社會關係網路提供政策支持，實現人際關係網路的良性互動，促進資源、信息的溝通和共享。重構和培育適應社會主義現代化市場經濟建設的社會資本，引導社會資本的良性循環，充分發揮社會資本的外部效應，通過培育累積社會資本促進人力資本、物質資本、技術資本的累積，對於提高金融交易的活動水平、促進經濟的增長和發展必將具有重要的現實意義。

7.4　未來研究展望

本書的研究局限以及進一步的研究展望體現如下：

（1）在本書構建的社會資本綜合度量指標體系中，社會信任指標和社會規範指標數據分別來源於中國城市商業信用環境指數官網（www.chinacei.org）編制的「城市商業信用環境指數」和樊綱等（2011）編制的基於抽樣調查企業對「行政審批手續的方便簡捷情況」的評價指數。由於「城市商業信用環境指數」和「行政審批手續的方便簡捷情況」的評價指數數據均存在一定程度的缺失，因而不能完全與本書構建的2007—2014年連續8年的樣本進行匹配。在未來的研究中，可借鑑世界價值觀調查項目（WVS）的問卷調查方式，通過手工搜集社會信任、社會規範、公民參與等社會資本指標的調查數據，建立全面系統的社會資本相關的數據庫。

（2）本書在對已有社會資本研究文獻進行梳理總結的基礎上，結合中國融資制度背景和社會資本數據的可獲得性，基於宏觀和微觀兩個層面構建適合中國上市公司的社會資本綜合度量指標體系，然而社會資本的任何一種度量方法註定只能反映出它豐富內涵眾多方面的其中某幾個方面（Guiso et al.，2004），因而本書構建的社會資本度量方法存在一定局限性。在未來的研究中，將通過進一步深入探究社會資本的豐富內涵、擴充社會資本相關數據的來源渠道，盡可能地構建能反映出社會資本豐富內涵更多方面的（例如宏觀、中觀、微觀等層面）並更加契合中國國情的度

量指標體系。

（3）本書探討了非正式制度因素——社會資本對銀行貸款契約的影響，然而其他非正式制度或正式制度都有可能影響銀行貸款契約的設計和安排。在未來的研究中，將系統探究本書以外的制度因素與銀行貸款契約之間的關係，例如，產品市場的競爭性程度、媒體治理、宏觀經濟環境（金融危機、通貨膨脹）等，以全面考察銀行貸款契約的設計和安排的影響機理。

參考文獻

[1] 蔡衛星,曾誠. 市場競爭、產權改革與商業銀行貸款行為轉變 [J]. 金融研究, 2012 (2): 73—87.

[2] 樊綱,王小魯,朱恒鵬. 中國市場化指數——各地區市場化相對進程2011年報告 [M]. 北京: 經濟科學出版社, 2011.

[3] 胡奕明,唐松蓮. 審計、信息透明度與銀行貸款利率 [J]. 審計研究, 2007 (6): 74—85.

[4] 江偉,李斌. 制度環境、國有產權與銀行差別貸款 [J]. 金融研究, 2006 (11): 116—126.

[5] 李小榮,董紅曄,張瑞君. 企業CEO權利影響銀行貸款決策嗎? [J]. 財貿經濟, 2015 (7): 81—95.

[6] 李朝暉. 機構投資者持股和企業銀行借款關係研究 [J]. 經濟與管理, 2012 (2): 42—45.

[7] 連軍,劉星,楊晉渝. 政治聯繫、銀行貸款與公司價值 [J]. 南開管理評論, 2011 (5): 48—57.

[8] 廖義剛,張玲,謝盛紋. 制度環境、獨立審計與銀行貸款——來自中國財務困境上市公司的經驗證據 [J]. 審計研究, 2010 (2): 62—69.

[9] 林志偉. 非標意見與債務融資——基於銀行借款和債務期限結構的經驗證據 [J]. 證券市場導報, 2011 (10): 31—36.

[10] 陸正飛,祝繼高,孫便霞. 盈餘管理、會計信息與銀行債務契約 [J]. 管理世界, 2008 (3): 152—158.

[11] 潘紅波,餘明桂. 集團化、銀行貸款與資金配置效率 [J]. 金融研究, 2010 (10): 83—102.

[12] 錢先航,曹春芳. 信用環境影響銀行貸款組合嗎?——基於城市商業銀行的實證研究 [J]. 金融研究, 2013 (4): 57—70.

[13] 錢先航. 法律、信用與銀行貸款決策 [J]. 金融研究, 2015 (5): 101—116.

[14] 王慶文,吳世農. 政治關係對公司業績的影響——基於中國上市公司政治

影響力指數的研究 [G] //中國第七屆實證會計國際研討會論文集. 成都：西南交通大學. 2008：744－758.

[15] 肖作平. 公司治理影響債務期限結構類型嗎？——來自中國上市公司的經驗證據 [J]. 管理工程學報，2010a (1)：110－123.

[16] 肖作平，廖理. 非財務利益相關者與公司資本結構選擇——一個動態調整模型 [J]. 中國工業經濟，2010 (10)：85－95.

[17] 肖作平，張櫻. 社會資本對銀行貸款契約的影響 [J]. 證券市場導報，2014 (12)：32－40.

[18] 肖作平，張櫻. 終極所有權結構對銀行貸款契約的影響——來自中國上市公司的經驗證據 [J]. 證券市場導報，2015 (11)：19－30.

[19] 肖作平，張櫻. 終極控製股東、社會資本與銀行貸款契約——來自中國上市公司的經驗證據 [J]. 證券市場導報，2016 (4)：35－48.

[20] 徐玉德，李挺偉，洪金明. 制度環境、信息披露質量與銀行債務融資約束——來自滬深A股上市公司的經驗證據 [J]. 財貿經濟，2011 (5)：51－57.

[21] 姚立杰，羅玫，夏冬林. 公司治理與銀行借款融資 [J]. 會計研究，2010 (8)：55－61.

[22] 餘明桂，潘紅波. 政府干預、法制、金融發展與國有企業銀行貸款 [J]. 金融研究，2008a (9)：1－22.

[23] 餘明桂，潘紅波. 政治關係、制度環境與民營企業銀行貸款 [J]. 管理世界，2008b (8)：9－23.

[24] 鄭軍，林鐘高，彭琳. 金融發展、內控質量與銀行貸款——來自中國上市公司的經驗證據 [J]. 財貿研究，2013 (6)：142－151.

[25] 張敦力，李四海. 社會信任、政治關係與民營企業銀行貸款 [J]. 會計研究，2012 (8)：17－24.

[26] 張合金，陳震，鹿新華. 產品市場競爭與銀行貸款定價——基於上市公司債務融資成本的視角 [J]. 投資研究，2014 (10)：56－69.

[27] 張健華，王鵬. 銀行風險、貸款規模與法律保護水平 [J]. 經濟研究，2012 (5)：18－30.

[28] 朱博文，張珏，朝廷求. 貨幣政策與銀行貸款行為——基於公司與銀行的雙向視角研究 [J]. 財貿經濟，2013 (12)：57－67.

[29] 祝繼高，饒品貴，鮑明明. 股權結構、信貸行為與銀行績效——基於中國城市商業銀行數據的實證研究 [J]. 金融研究，2012 (7)：31－47.

[30] 祝繼高，韓非池，陸正飛. 產業政策、銀行關聯與企業債務融資 [J]. 金融研究，2015 (3)：176－191.

[31] ADAM T. R., BURG V., SCHEINERT T., et al. Managerial optimism and debt contract design: The case of syndicated loans [R]. SSRN Working Paper, 2014.

[32] AGGARWAL R., GOODELL J. W. Markets and institutions in financial intermediation: National characteristics as determinants [J]. Journal of Banking and Finance, 2009, 33 (10): 1770-1780.

[33] AGHION P., BOLTON P. An incomplete contracts approach to financial contracting [J]. Review of Economic Studies, 1992, 59 (3): 473-494.

[34] AIVAZIAN V. A., QIU J. P., RAHAMAN M. M. Bank loan contracting and corporate diversification: does organizational structure matter to lenders? [J]. Journal of Financial Intermediation, 2015, 24 (2): 252-282.

[35] AL-FAYOUMI N. A., ABUZAYED B. M. Ownership structure and corporate financing [J]. Applied Financial Economics, 2009, 19 (24): 1975-1986.

[36] ALLEN F., BABUS A. Networks in finance [R] SSRN Working Paper, 2008.

[37] ALLEN F., QIAN J., QIAN M. Law, finance, and economic growth in China [J]. Journal of Financial Economics, 2005, 77 (1): 57-116.

[38] ALLEN F., QIAN J., QIAN M. China's financial system: Past, present, and future [R]. SSRN Working Paper, 2007.

[39] ALLEN F., QIAN J., ZHANG C., et al. China's financial system: Opportunities and challenges [R]. NBER Working Paper, 2012.

[40] AN C., PAN X., TIAN G. G. Ownership structure and collateral requirements: Evidence from China's listed firms [J]. International Review of Financial Analysis, 2014, 36 (1): 168-178.

[41] ANAGNOSTOPOULOU S. C., DRAKOS K. Bank loan terms and conditions: Is there a macro effect? [J]. Research in International Business and Finance, 2016, 37 (1): 269-282.

[42] ANDRIANI L. Social capital, community governance and credit market [R]. Birkbeck Working Papers in Economics & Finance, 2010.

[43] ANG J. S., CHENG Y. M., WU C. The role of social capital and cultural biases in finance: The investment behavior of foreign high tech firms [R]. SSRN Working Paper, 2010.

[44] ANG J. S., CHENG Y. M., WU C. Trust, investment, and business contracting [J]. Journal of Financial and Quantitative Analysis, 2015, 50 (3): 569-595.

[45] ARELLANO M., BOND S. Some tests of specification for panel data: Monte Carlo evidence and an application to employment equations [J]. Review of Economic Studies, 1991, 58 (2): 277—297.

[46] ASLAN H., KUMAR P. Controlling shareholders and the agency cost of debt: Evidence from syndicated loans [R]. SSRN Working Paper, 2009.

[47] BAE K. H., GOYAL V. Creditor rights, enforcement, and bank loans [J]. Journal of Finance, 2009, 64 (2): 823—860.

[48] BARON R. A., MARKMAN G. D. Beyond social capital: the role of entrepreneurs' social competence in their financial success [J]. Journal of Business Venturing, 2003, 18 (1): 41—60.

[49] BARTOLINI S., SARRACINO F. The Dark Side of Chinese Growth: Declining Social Capital and Well—Being in Times of Economic Boom [J]. World Development, 2015, 74 (4): 333—351.

[50] BASTELAER T. Imperfect information, social capital and the poor's access to credit [R]. SSRN Working Paper, 2000.

[51] BEBCHUK L. A., KRAAKMAN R., TRIANTIS G. Stock pyramids, cross—ownership, and dual class equity: The mechanisms and agency costs of separating control from cash—flow rights [M] //Morck R. K. Concentrated corporate ownership. Chicago: University of Chicago Press, 2000.

[52] BECK T., DEMIRGUC-KUNT A. Law and firms' access to finance [J]. American Law and Economics Review, 2005, 7 (1): 211—252.

[53] BECK T., DEMIRGUC-KUNT A., LEVINE R. Bank-based and market—based financial systems: Cross—country comparisons [R]. World Bank Policy Research Working Papers, 1999.

[54] BECK T., DEMIRGUC-KUNT A., LAEVEN R., Maksimovic V. The determinants of financing obstacles [J]. Journal of International Money and Finance, 2006, 25 (6): 932—952.

[55] BECK T., DEMIRGUC-KUNT A., PERIA M. S. M. Bank financing for SMEs around the world: drivers, obstacles, business models, and lending practices [R]. World Bank Policy Research Working Paper, 2008.

[56] BELADI H., QUIJANO M. CEO incentives for risk shifting and its effect on corporate bank loan cost [J]. International Review of Financial Analysis, 2013, 30 (C): 182—188.

[57] BENMELECH E., GARMAISE M., MOSKOWITZ T. J. Do liquidation values affect financial contracts? Evidence from commercial loan contracts and zoning

regulation [J]. Quarterly Journal of Economics, 2005, 120 (3): 1121—1154.

[58] BERLE A. A., MEANS G. C. The modern corporation and private property [M]. New York: MacMillan, 1932.

[59] BHARATH S. T., SUNDER J., SUNDER S. V. Accounting Quality and Debt Contracting [J]. The Accounting Review, 2008, 83 (1): 1—28.

[60] BHARATH S. T., DAHIYA S., SAUNDERS A., et al. Lending relationships and loan contract terms [J]. Review of Financial Studies, 2011, 24 (4): 1141—1203.

[61] BHATTACHARYA U., DAOUK H., WELKER M. The world price of earnings opacity [J]. The Accounting Review, 2003, 78 (3): 641—678.

[62] BHOJRAJ S., SENGUPTA P. Effect of corporate governance on bond ratings and yields: The role of institutional investors and outside directors [J]. Journal of Business, 2003, 76 (3): 455—476.

[63] BILLETT M. T., HRIBAR P., LIU Y. X. Shareholder—Manager alignment and the cost of debt [R]. SSRN Working Paper, 2015.

[64] BILLETT M. T., KING T. D., MAUER D. C. Growth opportunities and the choice of leverage, debt Maturity, and covenants [J]. Journal of Finance, 2007, 62 (2): 697—730.

[65] BLUNDELL R., BOND S. Initial conditions and moment restrictions in dynamic panel data models [J]. Journal of Econometrics, 1998, 87 (1): 115—143.

[66] BOOTH L. Capital structures in developing countries [J]. Journal of Finance, 2001, 56 (56): 87—130.

[67] BORISOVA G., FOTAK V., HOLLAND K., et al. Government ownership and the cost of debt: Evidence from government investments in publicly traded firms [R]. Journal of Financial Economics, 2015, 118 (1): 168—191.

[68] BOUBAKER S. On the relationship between ownership—control structure and debt financing: New evidence from France [R]. SSRN Working Paper, 2005.

[69] BOUBAKRI N., GHOUMA H. Control/ownership structure, creditor rights protection, and the cost of debt financing: International evidence [J]. Journal of Banking and Finance, 2010, 34 (10): 2481—2499.

[70] BOURDIEU P. The forms of capital [M] //Richardson J. G. Handbook of Theory and Research for the Sociology of Education. New York: Greenwood, 1986: 241—258.

[71] BOWLES S., GINTIS H. 『Social Capital' and community governance [J].

Economic Journal, 2002, 112 (487): F419—F436.

[72] BOYTSUN A., DELOOF M., MATTHYSSENS P. Social norms, social cohesion, and corporate governance [J]. Corporate Governance: An International Review, 2011, 19 (1): 41—60.

[73] BRADLEY M. H., ROBERTS M. R. The structure and pricing of corporate debt covenants [R]. SSRN Working Paper, 2004.

[74] BRADLEY M., JARRELL G. A., KIM E. H. On the existence of an optimal capital structure: Theory and evidence [J]. Journal of Finance, 1984, 39 (3): 857—878.

[75] BRANDT L., ZHU X. The Chinese banking sector: problems and solutions [M] // Calomiris C. W. China's financial transition at a crossroads. New York: Columbia University Press, 2007.

[76] BUGGLE J. C. Law and social capital: Evidence from the Code Napoleon in Germany [R]. German Socio—Economic Panel Study Working Papers, 2013.

[77] BURT R. S. Structural holes: the social structure of competition [M]. Cambridge: Harvard University Press, 1992.

[78] BYERS S. S., FIELDS L. P., FRASER D. R. Are corporate governance and bank monitoring substitutes: Evidence from the perceived value of bank loans [J]. Journal of Corporate Finance, 2008, 14 (4): 475—483.

[79] CANTILLO M., WRIGHT J. How do firms choose their lenders? An empirical investigation [J]. Review of Financial Studies, 2000, 13 (1): 155—189.

[80] CAO J., DING Y., ZHANG H. Social capital, informal governance and post—IPO firm performance: A Study of Chinese Entrepreneurial Firms [J]. Journal of Business Ethics, 2014, 16 (10): 1—23.

[81] CARRIZOSA R., RYAN S. G. Borrower private information covenants and loan contract monitoring and renegotiation [R]. SSRN Working Paper, 2015.

[82] CEN L., DASGUPTA S., ELKAMHI R., et al. Reputation and loan contract terms: The role of principal customers [R]. SSRN Working Paper, 2014.

[83] CHAN A. L-C., HSU A. W. Corporate pyramids, conservatism and cost of debt: Evidence from Taiwan [J]. The International Journal of Accounting, 2013, 48 (3): 390—413.

[84] CHAVA S., LIVDAN D., PURNANANDAM A. Do shareholder rights affect the cost of bank loans? [J]. Review of Financial Studies, 2009, 22 (8): 2973—3004.

[85] CHAVA S., PURNANANDAM A. The effect of banking crisis on bank-

dependent borrowers [J]. Journal of Financial Economics, 2011, 99 (1): 116-135.

[86] CHEN S., RONOWSKI M. The changing importance of structural holes and social capital in an emerging industry: Evidence from the internet industry [R]. SSRN Working Paper, 2009.

[87] CHEN H. L., HO M. H., HSU W. T. Does board social capital influence chief executive officers' investment decisions in research and development? [J]. R&D Management, 2013, 43 (4): 381-393.

[88] CHEN D., JIANG D., YU X. Corporate philanthropy and bank loans in China [J]. Pacific-Basin Finance Journal, 2015, 35 (PA): 402-424.

[89] CHENG C. S. A., WANG J., ZHANG N., et al. Bowling alone, bowling together: Is social capital priced in bank loans? [R]. SSRN Working Paper, 2016.

[90] CHEUNG Y. L., RAU R., STOURAITIS A. Tunneling, propping, and expropriation: Evidence from connected party transactions in Hong Kong [J]. Journal of Financial Economics, 2006, 82 (2): 343-386.

[91] CHOI A., TRIANTIS G. Market conditions and contract design: variations in debt contracting [R]. SSRN Working Paper, 2013.

[92] CHUANG C., WU A. Market competition, social capital and firm performance: Evidence from emerging country [R]. SSRN Working Paper, 2012.

[93] CLAESSENS S., DJANKOV S., LANG L. The separation of ownership and control in East Asian corporations [J]. Journal of Financial Economics, 2000, 58 (1-2): 81-112.

[94] CLAESSENS S., DJANKOV S., FAN J. P. H. Disentangling the incentive and entrenchment effects of large shareholdings [J]. Journal of Finance, 2002, 57 (6): 2741-2771.

[95] COLE R. A., TURK R. A. Legal origin, creditor protection and bank lending: Evidence from emerging markets [R]. MPRA Working Paper, 2007.

[96] COLEMAN J. S. Social capital in the creation of human capital [J]. American Journal of Sociology, 1988, 94 (1): 95-121.

[97] COLEMAN J. S. Foundations of social theory [M]. Cambridge: Harvard University Press, 1990.

[98] CREMERS M., NAIR V. B., WEI C. Governance mechanisms and bond prices [J]. Review of Financial Studies, 2007, 20 (5): 1359-1388.

[99] CULL R., XU L. C. Institutions, ownership, and finance: The determinants of profit reinvestment among Chinese firms [J]. Journal of Financial Economics,

2005, 77 (1): 117—146.

[100] CULLINAN C. P., WANG F., WANG P., et al. Ownership structure and accounting conservatism in China [J]. Journal of International Accounting, Auditing and Taxation, 2012, 21 (1): 1—16.

[101] DASS N., MASSA M. The impact of a strong bank-firm relationship on the borrowing firm [J]. The Review of Financial Studies, 2011, 24 (4): 1204—1260.

[102] DEHKORDI H. F. Controlling shareholder and earnings conservatism: Empirical evidences from an emerging capital market [R]. SSRN Working Paper, 2013.

[103] DEMIROGLU C., JAMES C. M. The information content of bank loan covenants [J]. Review of Financial Studies, 2010, 23 (10): 3700—3737.

[104] DENG S. Does pyramid create access to debt financing for entrepreneurs? Evidence from China [R]. SSRN Working Paper, 2008.

[105] DENG S. Y., WILLIS R. H., XU L. Shareholder litigation, reputational loss, and bank loan contracting [J]. Journal of Financial and Quantitative Analysis, 2014, 49 (04): 1101—1132.

[106] DENIS D. K., MCCONNELL J. J. International corporate governance [J]. Journal of Financial and Quantitative Analysis, 2003, 38 (1): 1—36.

[107] DENIS D. J., MIHOV V. T. The choice among bank debt, non-bank private debt, and public debt: evidence from new corporate borrowings [J]. Journal of Financial Economics, 2003, 70 (1): 3—28.

[108] DEWACHTER H., TOFFANO P. Fiscal activism and the cost of debt financing [J]. International Journal of Finance and Economics, 2012, 17 (1): 14—22.

[109] DJANKOV S., MCLIESH C., SHLEIFER A. Private credit in 129 countries [J]. Journal of Financial Economics, 2007, 84 (2): 299—329.

[110] DJANKOV S., LA PORTA R., LÓPEZ-DE-SILANES F. The Regulation of Entry [J]. Quarterly Journal of Economics, 2002, 117 (1): 1—37.

[111] DJANKOV S., LA PORTA R., LÓPEZ-DE-SILANES F. Courts [J]. Quarterly Journal of Economics, 2003, 118 (2): 453—517.

[112] DJANKOV S., LA PORTA R., LÓPEZ-DE-SILANES F. The law and economics of self—dealing [J]. Journal of Financial Economics, 2008, 88 (3): 430—465.

[113] DRUCKER S., PURI M. On loan sales, loan contracting, and lending relationships [J]. Review of Financial Studies, 2009, 22 (7): 2635−2672.

[114] DU J., GUARIGLIA A., NEWMAN A. Does social capital affect the financing decisions of Chinese small and medium−sized enterprises? [R]. China and the World Economy Research Paper Series, 2010.

[115] DU J., GUARIGLIA A., NEWMAN A. Do social capital building strategies influence the financing behavior of Chinese private small and medium−sized enterprises? [J]. Entrepreneurship Theory and Practice, 2015, 39 (3): 601−631.

[116] DURLAUF S. N. On the empirics of social capital [J]. Economic Journal, 2002, 112 (483): F459−F479.

[117] DYCK A., ZINGALES L. Private benefits of control: An international comparison [J]. Journal of Finance, 2004, 59 (2): 537−600.

[118] ELSTER J. Social norms and economic theory [J]. Journal of Economic Perspectives, 1989, 3 (4): 99−117.

[119] ENGBERS T., RUBIN B., AUBUCHON C. Social capital and metropolitan economic development [R]. SSRN Working Paper, 2013.

[120] ESTY B. C., MEGGINSON W. L. Creditor rights, enforcement, and debt ownership structure: evidence from the global syndicated loan market [J]. Journal of Financial and Quantitative Analysis, 2003, 38 (01): 37−60.

[121] EVANS P. Government action, social capital and development: Reviewing the evidence on synergy [J]. World Development, 1996, 24 (6): 1119−1132.

[122] FABBRI D. Law enforcement and firm financing: Theory and evidence [J]. Journal of the European Economic Association, 2010, 8 (4): 776−816.

[123] FABIO S. The empirics of social capital and economic development: a critical perspective [R]. SSRN Working Paper, 2006.

[124] FACCIO M. L., LANG L. H. P., YOUNG L. Debt and corporate governance [R]. SSRN Working Paper, 2001a.

[125] FACCIO M. L., LANG L. H. P., YOUNG L. Dividends and expropriation [J]. American Economic Review, 2001b, 91 (1): 54−78.

[126] FACCIO M. L., LANG L. H. P. The ultimate ownership of Western European corporations [J]. Journal of Financial Economics, 2002, 65 (3): 365−395.

[127] FACCIO M., MASULIS R. W., MCCONNELL J. J. Political connections and corporate bailouts [J]. Journal of Finance, 2006, 61 (6): 2597−2635.

[128] FAMA E., JENSEN M. Separation of ownership and control [J]. Journal of Law and Economics, 1983, 26 (2): 301—325.

[129] FAMA E. What's different about banks? [J]. Journal of Monetary Economics, 1985, 15 (1): 29—39.

[130] FAN J. P. H., TITMAN S., TWITE G. An international comparison of capital structure and debt maturity choices [J]. Journal of Financial and Quantitative Analysis, 2012, 47 (1): 23—56.

[131] FAN J. P. H., WONG T. J. Corporate ownership structure and the informativeness of accounting earnings in East Asia [J]. Journal of Accounting and Economic, 2002, 33 (3): 401—425.

[132] FAN J. P. H., WONG T. J., ZHANG T. Y. The emergence of corporate pyramids in China [R]. SSRN Working Paper, 2005.

[133] FARH J. L., TSUI A. S., XIN K., et al. The influence of relational demography and guanxi: the Chinese case [J]. Organization Science, 1998, 9 (4): 471—488.

[134] FERRARY M. Trust and social capital in the regulation of lending activities [J]. Journal of Behavioral and Experimental Economics, 2003, 31 (6): 673—699.

[135] FIDRMUC J., GERXHANI K. Mind the gap! Social capital, East and West [J]. Journal of Comparative Economics, 2008, 36 (2): 264—286.

[136] FIELDS L. P., FRASER D. R., SUBRAHMANYAM A. Board quality and the cost of debt capital: The case of bank loans [J]. Journal of Banking and Finance, 2012, 36 (5): 1536—1547.

[137] FILATOTCHEV I., MICKIEWICZ T. Ownership concentration, 'private benefits of control' and debt financing [R]. SSRN Working Paper, 2001.

[138] FISCHER H. M., POLLOCK T. G. Effects of social capital and power on surviving transformational change: The case of initial public offerings [J]. Academy of Management Journal, 2004, 47 (4): 463—481.

[139] FORTE A., PEIRÓ-PALOMINO J., TORTOSA-AUSINA E. Does social capital matter for European regional growth? [J]. European Economic Review, 2015, 77 (7): 47—64.

[140] FRANCIS B. B., HASAN I., SONG L. Corporate governance, creditor protection, and bank loan contracting in emerging markets [R]. SSRN Working Paper, 2007.

[141] FRANCIS B. B., HASAN I., WU Q. The impact of CFO gender on bank loan contracting [R]. Bank of Finland Research Discussion Papers, 2011.

[142] FRANCIS B. B., HASAN I., KOETTER M., et al. Corporate boards and bank loan contracting [J]. Journal of Financial Research, 2012, 35 (4): 521—552.

[143] FRANCIS B. B., HASAN I., ZHU Y. Managerial style and bank loan contracting [R]. Bank of Finland Research Discussion Papers, 2013.

[144] FRANCIS B. B., HASAN I., ZHU Y. Political uncertainty and bank loan contracting [J]. Journal of Empirical Finance, 2014, 29 (C): 281—286.

[145] FREIXAS X., ROCHET J. Microeconomics of banking [M]. Cambridge: The MIT Press, 1997.

[146] FRIEDMAN E., JOHNSON S., MITTON T. Propping and tunneling [J]. Journal of Comparative Economics, 2003, 31 (4): 732—750.

[147] FUKUYAMA F. Trust: the social virtues and the creation of prosperity [M]. New York: Free Press, 1995.

[148] FUKUYAMA F. Social capital and the modern capitalist economy: creating a high trust workplace [J]. Stern Business Magazine, 1997, 4 (1): 1—16.

[149] FUKUYAMA F. The Great disruption: Human nature and the reconstitution of social order [M]. New York: Simon and Schuster, 1999.

[150] GADHOUM Y. Politics and finance: An analysis of ultimate ownership and control in Canadian and US corporations [J]. Problems and Perspectives in Management, 2005, 3 (3): 22—33.

[151] GADHOUM Y., LANG L. H. P., YOUNG L. Who controls US? [J]. European Financial Management, 2005, 11 (3): 339—363.

[152] GAIO C. The relative importance of firm and country characteristics for earnings quality around the world [J]. European Accounting Review, 2010, 19 (4): 693—738.

[153] GE W. X., KIM J. B., SONG B. Y. Internal governance, legal institutions and bank loan contracting around the world [J]. Journal of Corporate Finance, 2012, 18 (3): 413—432.

[154] GE W. X., KIM J. B., LI T. M., et al. Offshore operations and bank loan contracting: Evidence from firms that set up subsidiaries in offshore financial centers [J]. Journal of Corporate Finance, 2016.

[155] GIANNETTI M., YAFEH Y. Do cultural differences between contracting parties matter? Evidence from syndicated bank loans [J]. Management Science, 2012, 58 (2): 365—383.

[156] GILLIGAN M. J., PASQUALE B. J., SAMII C. Civil war and social

capital: Behavioral—Game evidence from Nepal [R]. SSRN Working Paper, 2011.

[157] GLAESER E., LAIBSON D., SACERDOTE B. An economic approach to social capital [J]. Economic Journal, 2002, 112 (483): 437—458.

[158] GOSS A., ROBERTS G. S. The impact of corporate social responsibility on the cost of bank loans [J]. Journal of Banking and Finance, 2011, 35 (7): 1794—1810.

[159] GRAHAM J., LI S., QIU J. P. Corporate misreporting and bank loan contracting [J]. Journal of Financial Economics, 2008, 89 (1): 44—61.

[160] GRANOVETTER M. Economic action and social structure: The problem of embeddedness [J]. American Journal of Sociology, 1985, 91 (3): 481—510.

[161] GUISO L., SAPIENZA P., ZINGALES L. The role of social capital in financial development [J]. American Economic Review, 2004, 94 (3): 526—556.

[162] GUISO L., SAPIENZA P., ZINGALES L. Dose culture affect economic outcomes? [J]. Journal of Economic Perspectives, 2006, 20 (2): 23—48.

[163] GUISO L., SAPIENZA P., ZINGALES L. Social capital as good culture [R]. NBER Working Paper, 2007.

[164] GUISO L., SAPIENZA P., ZINGALES L. Long term persistence [R]. NBER Working Paper, 2008.

[165] GUISO, L., SAPIENZA, P., ZINGALES, L. Cultural biases in economic exchange? [J]. The Quarterly Journal of Economics, 2009, 124 (3): 1095—1131.

[166] GUISO L., SAPIENZA P., ZINGALES L. Civic capital as the missing link [R]. NBER Working Paper, 2010.

[167] HAAS R. D., FERREIRA D., TACI A. What determines the composition of banks' loan portfolios? Evidence from transition countries [J]. Journal of Banking and Finance, 2010, 34 (2): 388—398.

[168] HANIFAN, L. J. The rural school community center [J]. Annals of the American Academy of Political and Social Science, 1916, 67: 130—138.

[169] HART O., MOORE J. A theory of debt based on the inalienability of human capital [J]. Quarterly Journal of Economics, 1994, 109 (4): 841—879.

[170] HART O., MOORE J. Default and renegotiation: A dynamic model of debt [J]. Quarterly Journal of Economics, 1998, 113 (1): 1—41.

[171] HASAN I., HOI C. K., WU Q., et al. Beauty is in the eye of the beholder: The effect of corporate tax avoidance on the cost of bank loans [J]. Journal of

Financial Economics, 2014, 113 (1): 109—130.

[172] HASAN I., HOI C. K., WU Q., et al. Social capital and debt contracting: Evidence from bank loans and public bonds [R]. Bank of Finland Research Discussion Papers, 2015.

[173] HASELMANN R., PISTOR K., VIG V. How law affects lending? [J]. Review of Financial Studies, 2010, 23 (2): 549—580.

[174] HAW I., HU B. B., HWANG L., et al. Ultimate ownership, income management, and legal and extra-legal institutions [J]. Journal of Accounting Research, 2004, 42 (2): 423—462.

[175] HE D., WANG H. L. Monetary policy and bank lending in China: Evidence from loan-level data [R]. Hong Kong Institute for Monetary Research Working Paper, 2013.

[176] HE W., HU M. Religion and bank loan terms [J]. Journal of Banking and Finance, 2016, 64 (C): 205—215.

[177] HEIKKIA A., KALMI P., RUUSKANEN O. P. Social capital and access to credit: Evidence from Uganda [R]. SSRN Working Paper, 2009.

[178] HERTZEL M. G., OFFICER M. S. Industry contagion in loan spreads [J]. Journal of Financial Economics, 2012, 103 (3): 493—506.

[179] HOLLANDER S., VERRIEST A. Bridging the gap: The design of bank loan contracts and distance [J]. Journal of Financial Economics, 2016, 119 (2): 399—419.

[180] HOMANS G. Social behavior: Its elementary forms [M]. New York: Harcourt, Brace and World, 1961.

[181] HOUSTON J. F., LIN C., MA Y. Media ownership, concentration and corruption in bank lending [J]. Journal of Financial Economics, 2011, 100 (2): 326—350.

[182] HOUSTON J. F., JIANG L. L., LIN C., et al. Political connections and the cost of bank loans [J]. Journal of Accounting Research, 2014, 52 (1): 193—243.

[183] HU M. R. Industry competition and bank lines of credit [R]. SSRN Working Paper, 2014.

[184] HUGHES J. P., OZKAN A. Ultimate controllers, ownership and the probability of insolvency in financially distressed firms [J]. Managerial and Decision Economics, 2014, 35 (1): 36—50.

[185] HUSON M. R., ROTH L. Cash holdings and bank loan terms [R]. SS-

RN Working Paper, 2015.

[186] ILIEV P., LINS K. V., MILLER D. P., et al. Shareholder voting and corporate governance around the world [J]. Review of Financial Studies, 2015, 28 (8): 2167—2202.

[187] INDERST R., MULLER H. M. Ownership concentration, monitoring, and the agency cost of debt [R]. SSRN Working Paper, 1999.

[188] JACOBS J. The life and death of great American cities [M]. New York: Random House, 1961.

[189] JAMES C. Some evidence on the uniqueness of bank loans [J]. Journal of Financial Economics, 1987, 19 (2): 217—235.

[190] JAVAKHADZE D., FERRIS S. P., FRENCH D. W. Social capital, investments, and external financing [J]. Journal of Corporate Finance, 2015, doi: 10.1016/j.jcorpfin.2015.12.001.

[191] JAVAKHADZE D., FERRIS S. P., FRENCH D. W. Managerial social capital and financial development: A Cross—Country analysis [J]. The Financial Review, 2016, 51 (1): 37—68.

[192] JENSEN M. C. Agency costs of free cash flow, corporate finance, and takeovers [J]. American Economic Review, 1986, 76 (2): 323—329.

[193] JENSEN M. C., MECKLING W. H. Theory of the firm: managerial behavior, agency costs and ownership structure [J]. Journal of Financial Economics, 1976, 3 (4): 305—360.

[194] JHA A. Financial reports and social capital [R]. SSRN Working Paper, 2013.

[195] JHA A., CHEN Y. Audit fees and social capital [J]. The Accounting Review, 2015, 90 (2): 611—639.

[196] JHA A., COX J. Corporate social responsibility and social capital [J]. Journal of Banking and Finance, 2015, 60 (C): 252—270.

[197] JIMENEZ G., SALAS V., SAURINA J. Determinants of collateral [J]. Journal of Financial Economics, 2006, 81 (2): 255—281.

[198] JOHNSON S., LA PORTA R., LOPEZ-DE-SILANES F., et al. Tunneling [J]. American Economic Review, 2000, 90 (2): 22—27.

[199] JONSSON S., LINDBERGH J. The development of social capital and financing of entrepreneurial firms: From financial bootstrapping to bank funding [J]. Entrepreneurship Theory and Practice, 2013, 37 (4): 661—686.

[200] JUNG K., KWON S. Y. Ownership structure and earnings informative-

ness: evidence from Korea [J]. The International Journal of Accounting, 2002, 37 (3): 301-325.

[201] KAASA A. Effects of different dimensions of social capital on innovation activity: Evidence from Europe at the regional level [J]. Technovation, 2009, 29 (1): 218-233.

[202] KAPLAN S., MARTEL F., STROMBERG P. How do legal differences and experience affect financial contracts? [J]. Journal of Financial Intermediation, 2007, 16 (3): 273-311.

[203] KARLAN D. Social connections and group banking [J]. Economic Journal, 2007, 117 (517): F52-F84.

[204] KARLAN D., MOBIUS M., ROSENBLAT T., et al. Trust and social collateral [J]. The Quarterly Journal of Economics, 2009, 124 (3): 1307-1361.

[205] KAUFMANN D., KRAAY A., MASTRUZZI M. Governance matters IV: Governance indicators for 1996-2004 [R]. World Bank Policy Research Working Paper, 2005.

[206] KEEFER P., KNACK S. Social capital, social norms and the new institutional economics [M] // Menard C., Shirley M. M. Handbook of New Institutional Economics. Berlin: Springer-Verlag Berlin Heidelberg, 2008: 701-725.

[207] KIM Y., CANNELLA A. A. Toward a social capital theory of director selection [J]. Corporate Governance: An International Review, 2008, 16 (4): 282-293.

[208] KIM M., SURROCA J., TRIBO J. A. The effect of social capital on financial capital [R]. SSRN Working Paper, 2009.

[209] KIM J. B., SONG B. Y., ZHANG L. D. Internal control weakness and bank loan contracting: Evidence from SOX section 404 disclosures [J]. Accounting Review, 2011a, 86 (4): 1157-1188.

[210] KIM J. B., TSUI S. L., YI C. H. The voluntary adoption of international financial reporting standards and loan contracting around the world [J]. Review of Accounting Studies, 2011b, 16 (4): 779-811.

[211] KIM M., SURROCA J., TRIBO J. A. The effect of social capital on financial capital [R]. SSRN Working Paper, 2009.

[212] KIM M., SURROCA J., TRIBÓ J. A. Impact of ethical behavior on syndicated loan rates [J]. Journal of Banking and Finance, 2014, 38 (C): 122-144.

[213] KNACK S., KEEFER P. Does social capital have an economic payoff? A

cross—country investigation [J]. The Quarterly Journal of Economics, 1997, 112 (4): 1251-1288.

[214] KNACK S. Social capital, growth, and poverty: A survey of cross—country evidence [R]. The World Bank Social Capital Initiative Working Paper, 1999.

[215] KNACK S. Social capital and the quality of government: Evidence from the States [J]. American Journal of Political Science, 2002, 46 (4): 772-785.

[216] KUHNEN C. Business networks, corporate governance, and contracting in the mutual fund industry [J]. Journal of Finance, 2009, 64 (5): 2185-2220.

[217] LA PORTA R., LOPEZ-DE-SILANES F., SHLEIFER A. Legal determinants of external finance [J]. Journal of Finance, 1997, 52 (3): 1131-1150.

[218] LA PORTA R., LOPEZ-DE-SILANES F., SHLEIFER A. Law and finance [J]. Journal of Political Economy, 1998, 106 (6): 1113-1155.

[219] LA PORTA R., LOPEZ-DE-SILANES F., SHLEIFER A. Corporate ownership around the world [J]. Journal of Finance, 1999, 54 (2): 471-517.

[220] LA PORTA R., LOPEZ-DE-SILANES F., SHLEIFER A. Investor protection and corporate governance [J]. Journal of Financial Economics, 2000, 58 (1-2): 3-27.

[221] LA PORTA R., LOPEZ-DE-SILANES F., SHLEIFER A. Investor protection and corporate valuation [J]. Journal of Finance, 2002, 57 (3): 1147-1170.

[222] LA PORTA R., LOPEZ-DE-SILANES F., SHLEIFER A. What works in securities laws? [J]. Journal of Finance, 2006, 61 (1): 1-32.

[223] LAEVEN L., MAJNONI G. Does judicial efficiency lower the cost of credit? [J]. Journal of Banking and Finance, 2005, 29 (7): 1791-1812.

[224] LAEVEN L., LEVINE R. Complex ownership structures and corporate valuations [J]. Review of Financial Studies, 2008, 21 (2): 579-604.

[225] LANG L., FACCIO M., YOUNG L. Dividends and expropriation [J]. American Economic Review, 2001, 91 (1): 54-78.

[226] LEE K. W. Corporate voluntary disclosure and the separation of cash flow rights from control rights [J]. Review of Quantitative Finance and Accounting, 2007, 28 (4): 393-416.

[227] LEMMON M. L., LINS K. V. Ownership structure, corporate governance, and firm value: evidence from the East Asian financial crisis [J]. Journal of Finance, 2003, 58 (4): 1445-1468.

[228] LIN C., MA Y., MALAYESTA P., et al. Ownership structure and the

cost of corporate borrowing [J]. Journal of Financial Economics, 2011a, 100 (1): 1—23.

[229] LIN C., MA Y., XUAN Y. H. Ownership structure and financial constraints: Evidence from a structural estimation [J]. Journal of Financial Economics, 2011b, 102 (2): 416—431.

[230] LIN C., MA Y., MALAYESTA P., et al. Corporate ownership structure and bank loan syndicate structure [J]. Journal of Financial Economics, 2012, 104 (1): 1—22.

[231] LIN C., MA Y., MALAYESTA P., et al. Corporate ownership structure and the choice between bank debt and public debt [J]. Journal of Financial Economics, 2013, 109 (2): 517—534.

[232] LIN C. Y., CHEN Y. S., YEN J. F. On the determinant of bank loan contracts: The roles of borrowers' ownership and board structures [J]. Quarterly Review of Economics and Finance, 2014, 54 (4): 500—512.

[233] LIN T. T., CHOU J. H. Trade credit and bank loan: Evidence from Chinese firms [J]. International Review of Economics and Finance, 2015, 36 (C): 17—29.

[234] LINS K. V. Equity ownership and firm value in emerging markets [J]. Journal of Financial and Quantitative Analysis, 2003, 38 (1): 159—184.

[235] LIU Q., LU Z. J. Earnings management to tunnel: Evidence from China's listed companies [R]. SSRN Working Paper, 2004.

[236] LOURY G. C. A dynamic theory of racial income differences [M] //Wallace P. A., La Mond A. M. Women, Minorities, and Employment Discrimination. Lexington: Heath Publishers, 1977: 153—186.

[237] LOURY G. C. Social exclusion and ethnic group: The challenge to development economics 1999 [M] // Pleskovic B., Stiglitz J. Annual World Bank Conference on Development Economics 1999. Oxford: Oxford University Press, 2000.

[238] LUGO S. Insider ownership and the cost of debt capital: Evidence from bank loans [R]. SSRN Working Paper, 2016.

[239] MALAN I. N. B., SALAMUDIN N., AHMAD N. Level of cash flow rights of the ultimate owner on value relevance of earnings information of pyramid structure firms [R]. SSRN Working Paper, 2012.

[240] MARESCH D., FERRANDO A., Moro A. Creditor protection, judicial enforcement and credit access [R]. SSRN Working Paper, 2015.

[241] MAZAR N., AMIR O., ARIELY D. The dishonesty of honest people:

A theory of self—concept maintenance [J]. Journal of Marketing Research, 2008, 45 (6): 633—644.

[242] MINDZAK J. The impact of pyramid ownership on earnings management [R]. SSRN Working Paper, 2016.

[243] MISTRULLI P. E., VACCA V. Social capital and the cost of credit: Evidence from a crisis [R]. SSRN Working Paper, 2015.

[244] MOHAMMED N. F., AHMED K., JI X. D. Accounting conservatism, corporate governance and political influence: Evidence from Malaysia [R]. SSRN Working Paper, 2010.

[245] MORCK R., YEUNG B., YU W. The information content of stock markets: Why do emerging markets have synchronous stock price movement? [J]. Journal of Financial Economics, 2000, 58 (1—2): 215—260.

[246] MORCK R., YEUNG B. Agency problems in large family business groups [J]. Entrepreneurship: Theory and Practise, 2003, 27 (4): 367—382.

[247] MURFIN J. The supply — side determinants of loan contract strictness [J]. Journal of Finance, 2012, 67 (5): 1565—1601.

[248] MYERS S. C. Determinants of corporate borrowing [J]. Journal of Financial Economics, 1977, 5 (2): 147—175.

[249] NAHAPIET J., GHOSHAL S. Social capital, intellectual capital, and the organizational advantage [J]. The Academy of Management Review, 1998, 23 (2): 242—266.

[250] NANA P. V. Legal rights, information sharing, and private credit: New cross—country evidence [J]. The Quarterly Review of Economics and Finance, 2014, 54 (3): 315—323.

[251] NARAYAN D. Bonds and bridges: Social capital and poverty [R]. The World Bank Policy Research Working Paper, 1999.

[252] NENOVA T. How to dominate a firm with valuable control? Dual class firms around the world: Regulation, security — voting structure, and ownership patterns [R]. SSRN Working Paper, 2001.

[253] NGUYEN T. D. K., RAMACHANDRAN N. Capital structure in small and medium—sized enterprises: the case of Vietnam [J]. Journal of Southeast Asian Economies, 2006, 23 (2): 192—211.

[254] NISKANEN M., KAIKKONEN V., NISKANEN J. The debt agency rates of family ownership: Firm level evidence on small and micro Firms [R]. SSRN

Working Paper, 2007.

[255] NORTH D. C. Institutions, institutional change and economic performance [M]. New York: Cambridge University Press, 1990.

[256] OIKONOMOU I., BROOKS C., PAVELIN S. The effects of corporate social performance on the cost of corporate debt and credit ratings [J]. The Financial Review, 2014, 49 (1): 49—75.

[257] OLSON M. The rise and decline of nations: Economic growth, stagflation, and social rigidities [M]. New Haven: Yale University Press, 1982.

[258] ORLOWSKI J., WICKER P. The monetary value of social capital [J]. Journal of Behavioral and Experimental Economics, 2015, 57 (8): 26—36.

[259] OYOTODE R., RAJA Z. A. Social capital and debt enforcement: An international analysis [R]. SSRN Working Paper, 2015.

[260] PALIGOROVA T., XU Z. X. Complex ownership and capital structure [J]. Journal of Corporate Finance, 2012, 18 (4): 701—716.

[261] PARK S. H., LUO Y. Guanxi and organizational dynamics: Organizational networking in Chinese firms [J]. Strategic Management Journal, 2001, 22 (5): 455—477.

[262] PASTOR J. M., TORTOSA-AUSINA E. Social capital and bank performance: An international comparison for OECD countries [J]. The Manchester School, 2008, 76 (2): 223—265.

[263] PAXTON P. Is social capital declining in the United States? A multiple indicator assessment [J]. American Journal of Sociology, 1999, 105 (1): 88—127.

[264] PENG M., LUO Y. Managerial ties and firm performance in a transition economy: the nature of a micro—macro link [J]. Academy of Management Journal, 2000, 43 (3): 486—501.

[265] PETERSEN M. A., Rajan R. G. The benefits of lending relationships: evidence from small business data [J]. Journal of Finance, 1994, 49 (1): 3—37.

[266] PIOT C., MISSONIER-PIERA F. Corporate governance reform and the cost of debt financing of listed French companies [R]. SSRN Working Paper, 2009.

[267] PORTES A. Social capital: Its origins and applications in modern sociology [J]. Annual Review of Sociology, 1998, 24 (8): 1—24.

[268] POSNER E. A. Law and social norms [C]. Cambridge: Harvard University Press, 2000.

[269] POUND J. Proxy contests and the efficiency of shareholder oversight [J]. Journal of Financial Economics, 1988, 20 (1): 237—265.

[270] POUTZIOURIS P. Z. The financial affairs of smaller family companies [M] // Fletcher D. E. Understanding the Small Family Business. Trowbridge, Wiltshire: The Cromwell Press, 2002: 111-126.

[271] PUTNAM R. Making democracy work: civic traditions in modern Italy [M]. Princeton: Princeton University Press, 1993.

[272] PUTNAM R. Tuning in, tuning out: the strange disappearance of social capital in America [J]. Ps Political Science & Politics, 1995, 28 (4): 664-683.

[273] PUTNAM R. Bowling alone: the collapse and revival of American community [M]. New York: Simon and Schuster, 2000.

[274] PUTNAM R. Social capital: Measurement and consequences [J]. Canadian Journal of Policy Research, 2001, 2 (1): 41-51.

[275] PUTNAM R. Social capital: measurement and consequences [C] // Helliwell J. F. The Contribution of Human and Social Capital to Sustained Economic Growth and Well-Being. Quebec: OECD and Human Resources Development Canada, 2010: 117-135.

[276] QIAN J., STRAHAN P. E. How laws and institutions shape financial contracts: the case of bank loans [J]. Journal of Finance, 2007, 62 (6): 2803-2834.

[277] QIAN M. J., YEUNG B. Y. Bank financing and corporate governance [J]. Journal of Corporate Finance, 2015, 32 (C): 258-270.

[278] QUIBRIA M. G. The puzzle of social capital: A critical review [J]. Asian Development Review, 2003, 20 (2): 19-39.

[279] RAHAMAN M. M., ZAMAN A. A. Management quality and the cost of debt: Does management matter to lenders? [J]. Journal of Banking and Finance, 2013, 37 (3): 854-874.

[280] ROBERTS G., YUAN L. Z. Does institutional ownership affect the cost of bank borrowing? [J]. Journal of Economics and Business, 2010, 62 (6): 604-626.

[281] RUPASINGHA A., GOETZ S. J., FRESHWATER D. The production of social capital in US counties [J]. The Journal of Socio-Economics, 2006, 35 (1): 83-101.

[282] SABATINI F. Social capital and economic development [R]. SSRN Working Paper, 2006.

[283] SANJAYA P. S. The influence of ultimate ownership on earnings management: Evidence from Indonesia [J]. Global Journal of Business Research, 2011, 5

(5): 61—69.

[284] SANTOS A. C. Bank corporate loan pricing following the subprime crisis [J]. Review of Financial Studies, 2011, 24 (6): 1916—1943.

[285] SEELEY J. R., SIM R. A., LOOSLEY E. W. Crestwood heights: A study of the culture of suburban life [M]. New York: Basic Books, Inc, 1956.

[286] SHLEIFER A., VISHNY R. A survey of corporate governance [J]. Journal of Finance, 1997, 52 (2): 737—783.

[287] SHOCKLEY R. L., THAKOR A. V. Bank loan commitment contracts: data, theory and tests [J]. Journal of Money, Credit and Banking, 1997, 29 (4): 517—534.

[288] SMITH C. W., WARNER J. B. On financial contracting: an analysis of bond covenants [J]. Journal of Financial Economics, 1979, 7 (2): 117—161.

[289] SOBEL J. Can we trust social capital? [J]. Journal of Economic Literature, 2002, 40 (1): 139—154.

[290] STIGLITZ J. E. Formal and informal institutions [M] //Dasgupta P., Ismail S. Social Capital: A Multifaceted Perspective. Washington: The World Bank, 2000.

[291] STRAHAN P. E. Borrower risk and the price and nonprice terms of bank loans [R]. SSRN Working Paper, 1999.

[292] TALAVERA O., XIONG L., XIONG X. Social capital and access to bank financing: The case of Chinese entrepreneurs [J]. Emerging Markets Finance and Trade, 2012, 48 (1): 55—69.

[293] TURNER J. C., OAKES P. J. The significance of the social identity concept for social psychology with reference to individualism, interactionism and social influence [J]. British Journal of Social Psychology, 1986, 25 (3): 237—252.

[294] UHLANER C. J. Rational turnout: The neglected role of groups [J]. American Journal of Political Science, 1989, 33 (2): 390—422.

[295] UZZI B. Embeddedness in the making of financial capital: How social relationship and networks benefit firms seeking financing? [J]. American Sociological Review, 1999, 64 (4): 481—505.

[296] UZZI B., Lancaster R. Social capital and the cost of business loan contracting [R]. SSRN Working Paper, 2001.

[297] WAISMAN M. Product market competition and the cost of bank loans: Evidence from state antitakeover laws [J]. Journal of Banking and Finance, 2013, 37 (3): 4721—4737.

[298] WANG C., XIE F., XIN X. G. Managerial ownership of debt and bank loan contracting [R]. SSRN Working Paper, 2011.

[299] WILLIAMSON O. E. The new institutional economics: Taking stock, looking ahead [J]. Journal of Economic Literature, 2000, 38 (3): 595−613.

[300] WOLFENZON D. A theory of pyramidal ownership [R]. SSRN Working Paper, 1999.

[301] WOOLCOCK M. The place of social capital in understanding social and economic outcomes [R]. SSRN Working Paper, 2001.

[302] WOOLCOCK M., NARAYAN D. Social capital: implications for development theory, research and policy [J]. World Bank Research Observer, 2000, 15 (2): 225−249.

[303] WU W. P. Dimensions of social capital and firm competitiveness improvement: The mediating role of information sharing [J]. Journal of Management Studies, 2008, 45 (1): 122−146.

[304] YANG D., LU Z., LUO D. Political connections, media monitoring and long-term loans [J]. China Journal of Accounting Research, 2014, 7 (3): 165−177.

[305] ZARUTSKIE R. Competition, financial innovation and commercial bank loan portfolios [J]. Journal of Financial Intermediation, 2013, 22 (3): 373−396.

[306] ZHANG J. Y. The contracting benefits of accounting conservatism to lenders and borrowers [J]. Journal of Accounting and Economics, 2008, 45 (1): 27−54.

[307] ZHANG S. Institutional arrangements and debt financing [J]. Research in International Business and Finance, 2016, 36 (1): 362−372.